教育部人文社会科学研究规划基金项目（14YJA630057）
北京师范大学中央高校基本科研业务费专项基金项目（SKZZY2014106）
北京师范大学青年教师基金项目（SKXJS2014036）
等资助

全面深化改革中的土地政策创新研究

（修订版）

王宏新　邵俊霖　等◎著

中国经济出版社
CHINA ECONOMIC PUBLISHING HOUSE
北京

图书在版编目（CIP）数据

全面深化改革中的土地政策创新研究／王宏新等著．--2版（修订本）．--北京：中国经济出版社，2021.5

ISBN 978-7-5136-6467-7

Ⅰ.①全… Ⅱ.①王… Ⅲ.①土地政策-研究-中国 Ⅳ.①F321.1

中国版本图书馆CIP数据核字（2021）第079874号

责任编辑	张利影
责任印制	巢新强
封面设计	久品轩

出版发行	中国经济出版社
印 刷 者	北京中石油彩色印刷有限责任公司
经 销 者	各地新华书店
开　　本	710mm×1000mm　1/16
印　　张	16.25
字　　数	220千字
版　　次	2021年5月第2版
印　　次	2021年5月第1次
定　　价	80.00元

广告经营许可证　京西工商广字第8179号

中国经济出版社 网址 www.economyph.com　社址 北京市东城区安定门外大街58号　邮编 100011

本版图书如存在印装质量问题，请与本社销售中心联系调换（联系电话：010-57512564）

版权所有　盗版必究（举报电话：010-57512600）

国家版权局反盗版举报中心（举报电话：12390）　　　服务热线：010-57512564

| 目　录 |
Contents

绪　论 ·· 1

第一篇　城市房价调控与土地供应政策

第一章　土地市场过度竞争及其效应：古诺模型分析 ·············· 9

第一节　土地市场上的过度竞争 ································· 10

第二节　土地市场中开发商过度竞争的效应分析：
　　　　古诺模型的引入 ·· 12

第三节　不同市场状况下土地市场过度竞争的效应 ········ 15

第四节　结论和政策建议 ·· 20

参考文献 ·· 20

第二章　城市土地"招拍挂"出让：制度异化与重构 ·············· 22

第一节　土地"招拍挂"制度的公益性 ························· 23

第二节　土地"招拍挂"制度的异化 ···························· 24

第三节　土地"招拍挂"制度异化的路径分析 ················ 27

第四节　土地"招拍挂"制度重构 ······························· 29

1

第五节 结论 31
参考文献 31

第三章 城市住宅用地供给结构问题与政策优化 33

第一节 城市住宅用地供给机制的特征与发展回顾 34
第二节 城市住宅用地供给机制对房价的影响 38
第三节 政策建议 40
参考文献 42

第二篇 土地储备与融资制度

第四章 城市土地"储备失灵"与制度创新 47

第一节 城市土地储备制度的公益本质 48
第二节 我国城市土地"储备失灵" 49
第三节 城市土地"储备失灵"的制度分析 51
第四节 城市土地储备制度创新的政策建议 53
第五节 结论 55
参考文献 56

第五章 土地储备信托融资模式探索 57

第一节 问题的提出 57
第二节 土地储备信托资产证券化融资模式设计 59
第三节 土地储备信托投资基金融资模式设计 63
第四节 推进土地储备信托投资基金发展的对策建议 67
第五节 结论 69
参考文献 70

第三篇　土地闲置：成因、特征与治理

第六章　不确定性、房地产开发决策与土地闲置：基于实物期权理论的国外研究综述 …… 75

　　第一节　房地产市场不确定性 …… 76
　　第二节　不确定性如何影响闲置土地的实物期权价值 …… 78
　　第三节　土地开发时机选择与土地闲置 …… 80
　　第四节　土地开发规模选择与土地闲置 …… 81
　　第五节　结论与启示 …… 83
　　参考文献 …… 84

第七章　实物期权理论视域下的开发商闲置土地行为分析 …… 89

　　第一节　引言 …… 89
　　第二节　文献回顾 …… 91
　　第三节　实物期权定价基本模型 …… 93
　　第四节　开发商闲置土地成因因素分析 …… 96
　　第五节　结论 …… 97
　　参考文献 …… 98

第八章　国外城市闲置土地特征与热点演进：基于 CiteSpace 的研究 …… 101

　　第一节　数据来源与研究方法 …… 102
　　第二节　基本特征 …… 104
　　第三节　研究热点及其演进 …… 107
　　第四节　结论 …… 114
　　参考文献 …… 114

第九章 中国闲置土地治理政策：政策工具视角下的 192 篇政策文本分析·············· 118

第一节 政策工具理论的国内外研究进展 ·············· 119
第二节 闲置土地治理政策文本来源与研究方法 ·············· 120
第三节 闲置土地治理政策工具：分类与特征 ·············· 124
第四节 结论与展望 ·············· 128
参考文献 ·············· 129

第十章 中国城市闲置土地内在机制、现实根源与治理架构 ·············· 132

第一节 闲置土地的形成机制 ·············· 133
第二节 产生闲置土地的现实根源 ·············· 135
第三节 闲置土地的治理框架 ·············· 138
第四节 结论 ·············· 142
参考文献 ·············· 142

第四篇 土地资源利用：多元治理与自主治理

第十一章 公共资源、公共政策与自主治理
——甘肃省抓喜秀龙乡草场治理案例研究 ·············· 147

第一节 问题的提出 ·············· 148
第二节 研究区概况及研究方法 ·············· 149
第三节 牧民放牧方式、牲畜数量决策与草场载畜状况 ·············· 151
第四节 自主治理原则的缺失 ·············· 156
第五节 政策制定中公共参与的必要性 ·············· 158
第六节 结论 ·············· 160
参考文献 ·············· 161

第十二章　GAP 模式与国际流域资源开发：
对我国西南地区水资源开发的启示 ·············· 163

第一节　GAP 项目概述 ································ 164
第二节　GAP 建设中所面临的问题及其应对策略 ············ 166
第三节　GAP 对我国西南水资源开发的启示 ·············· 170
参考文献 ·· 174

第十三章　城市新建住宅质量管理体制创新：
基于多元合作治理的视角 ·············· 176

第一节　我国城市新建住宅质量管理体制发展回顾 ·········· 177
第二节　现行新建住宅质量管理体制反思 ················ 179
第三节　基于多元主体的城市住宅质量管理体制重构 ········ 182
参考文献 ·· 187

第十四章　加快推进我国住宅工程质量强制保险制度 ········ 188

第一节　我国住宅工程质量保险制度的探索历程 ············ 189
第二节　我国住宅工程质量保险制度发展困境分析 ·········· 192
第三节　建立符合我国国情的住宅工程质量强制保险制度 ······ 195
第四节　加快推进我国住宅工程质量保险制度构建的
　　　　政策建议 ···································· 197
参考文献 ·· 198

第五篇　城市更新国际经验

第十五章　发达国家棕地再开发：经验与启示 ·············· 203

第一节　引言 ·· 203

第二节　治理结构 ·· 205

第三节　法律框架 ·· 206

第四节　资金保障体系 ······································ 208

第五节　启示 ·· 209

参考文献 ·· 212

第十六章　首尔清溪川复原设计经验及其对我国城市更新的启示 ·· 213

第一节　清溪川复原工程兴起背景 ···························· 214

第二节　清溪川复原工程设计方案 ···························· 215

第三节　清溪川复原设计对我国城市更新的启示 ················ 217

参考文献 ·· 219

附　录 ·· 220

附录 A　房价与地价关系：以影院选址与租金的
经济学解释为例 ······································ 220

参考文献 ·· 231

附录 B　房价上涨与城市土地利用：以城市轨道交通线
周边住宅价格特征分析为例 ···························· 233

参考文献 ·· 242

附录 C　关于加快盘活闲置土地、促进稳定增长提质
增效升级的政策建议 ·································· 244

重要术语索引表 ·· 249

后　记 ·· 251

绪 论

党的十八届三中全会通过的《中共中央关于全面深化改革若干重大问题的决定》，提出全面深化改革的总目标，即完善和发展中国特色社会主义制度，推进国家治理体系和治理能力现代化。其中，土地问题与全面深化改革中的经济体制改革、政治体制改革、社会体制改革和生态文明体制改革均有密切关系，如要求"建立城乡统一的建设用地市场"，健全城乡发展一体化体制机制要求"赋予农民更多财产权利""从严合理供给城市建设用地，提高城市土地利用率"，加快生态文明制度建设要求"健全能源、水、土地节约集约使用制度"，等等。可以说，土地问题是社会主义市场经济改革以来尤其是工业化、城市化中长期形成和长期没有得到解决的问题，是"改革进入攻坚期和深水区"中的"硬骨头"。

本书是笔者近年来研究土地资源政策问题中的一次"集成"尝试，旨在将过去一系列局部研究进行整合，通过深入探索当前土地政策创新面临的问题、挑战，使各个局部的土地资源政策形成一个有机整体，实现全面深化改革中的土地政策总体创新。

本书包括五篇，共十六章。

第一篇为城市房价调控与土地供应政策，由第一章（土地市场过度竞争及其效应：古诺模型分析）、第二章（城市土地"招拍挂"出让：制度异化与重构）和第三章（城市住宅用地供给结构问题与政策优化）组成。

土地市场中存在着开发商激烈竞价产生高价地块的现象，这实际上是一种要素市场过度竞争的表现。第一章运用古诺模型对中国土地一级市场中的过度竞争现象进行了理论分析。研究表明，在不同开发程度的地段上，开发商在土地市场中的过度竞争行为会对其产品市场即商品房市场产生不同的影响：即在原先开发程度适中的地段，开发商通过过度竞争抬高地价对其利润水平以及商品房供给量影响不大；在原先开发水平较低的地段，开发商抬高地价会导致房价上升，通过商品房交易量上升而提高利润水平；在开发程度较高的地段，先进入的开发商抬高地价会获得该地段的主导地位，获得更高的利润，造成商品房价格的提高和供给减少，使效率和福利水平降低。为充分说明房价—地价关系以及房价与区位的关系，在本书后面还附了两篇未发表过的论文，分别是"房价与地价关系：以影院选址与租金的经济学解释为例"和"房价上涨与城市土地利用：以城市轨道交通线周边住宅价格特征分析为例"。

第二章进一步考察城市土地一级市场的出让制度。实行土地"招拍挂"出让制度的目的在于建立公平、公正、公开的土地出让环境，规范地方政府土地出让行为，优化土地资源配置。然而，制度变迁的累积效应却导致地方政府成本和收益预期发生变化。土地"招拍挂"有可能偏离其制度初衷，成为地方政府追求短期经济利益的工具。要改变这种状况，应完善土地出让制度，可以采取加大国家财政转移支付力度、丰富和完善土地拍卖机制等措施，从而削弱和消除制度变迁累积效应对地方政府产生的边际影响。

第三章探讨了城市住宅用地供给结构与政策优化问题。房地产市场供需矛盾是房价不断上涨的根本原因。城市住宅用地供给数量、供给方式、供给结构以及供给空间布局等结构性问题都已成为推高房价的重要因素。为减小房价上涨幅度、促进城市住宅市场健康发展，应从增加住宅用地供给数量、改善住宅用地出让方式、调整住宅用地供应结构和优化住宅用地空间布局等结构性政策优化方面着力。

第二篇为土地储备与融资制度，由第四章（城市土地"储备失灵"与制度创新）和第五章（土地储备信托融资模式探索）两章组成。

实行城市土地储备制度的目的在于推进城市存量土地市场化改革，保障土地资源合理利用，促进城市综合开发与均衡发展。第四章运用制度变迁理论分析发现，一系列制度变迁导致地方土地储备工作逐渐偏离其初衷，成为地方政府追求利益的工具，城市土地"储备失灵"现象产生。只有削弱或者消除制度变迁对地方政府价值选择产生的边际影响，才能使其价值取向回归。因此，可以采取加大中央财政转移支付力度、改革土地出让金缴纳方式、剥离土地储备机构开发经营职能等措施，促进城市土地储备制度创新。

在土地储备制度中，资金难是问题的核心。第五章对我国土地储备信托融资模式进行了探索。在国家禁止信托资金用于土地储备贷款的情况下，相较于股权、债券等融资工具，信托融资模式具备更为宽松的制度环境。研究认为，资产证券化及投资基金与信托结合是当代金融融资发展的两大方向。可以从土地抵押贷款证券化、土地信托证券化、项目委托式信托投资基金及土地信托式投资基金四个角度进行土地储备信托融资模式创新。

第三篇为土地闲置：成因、特征与治理，由第六章（不确定性、房地产开发决策与土地闲置：基于实物期权理论的国外研究综述）、第七章（实物期权理论视域下的开发商闲置土地行为分析）、第八章（国外城市闲置土地特征与热点演进：基于 CiteSpace 的研究）、第九章（中国闲置土地治理政策：政策工具视角下的 192 篇政策文本分析）和第十章（中国城市闲置土地内在机制、现实根源与治理架构）共五章组成。

自原国家土地管理局提出"土地闲置时间超过两年者，应依法收回土地使用权"以来，闲置土地治理在中国已经走过近 30 个年头。为提高土地集约节约利用水平，国务院及国土资源部（原国家土地管理局）等相关部门和地方政府几乎每年都会提及或出台闲置土地治理相关政策，国家治理闲置土地决心之强、力度之大有目共睹。然而，全国闲置土地治理形势十分严峻。

第六章首先利用文献研究法系统总结国外实物期权理论在闲置土地开发决策中的应用，展望其应用前景，为闲置土地治理研究提供依据。研究结果发现，不确定性的存在与房地产开发企业闲置土地的行为紧密相关，不确定性越大，闲置土地实物期权价值越高，企业越倾向于闲置土地。以实物期权为理论基础进行的闲置土地开发决策研究重点集中在闲置土地实物期权价值的计算、开发时机的确定、开发密度或开发规模的确定三个方面。

第七章进一步运用实物期权理论分析我国房地产开发商闲置土地行为。将房地产开发商的土地投资决策视为一种实物看涨期权，从而解释了在市场不确定时，房地产企业闲置土地背后的动因；并通过延迟投资期权定价模型分析了开发商开发土地最佳时机的决定和影响因素，可为房地产企业做投资决策和政府调控土地市场提供参考意见。

第八章再次将视野转回到国际。以文献计量学为基础，对 Web of Science 核心合集数据库收录的闲置土地文献及其参考文献进行可视化分析，可动态分析闲置土地研究基本特征、挖掘闲置土地研究热点演进路径。研究结果发现：闲置土地研究不断涌现，已成为土地利用研究的重要组成部分；闲置土地国际合作研究日益紧密，多学科交叉研究特征凸显；从研究发展历程看，可分为三个阶段：自 20 世纪 90 年代闲置土地研究兴起时，研究主题为探讨闲置土地的不良社会经济影响；进入 21 世纪后，闲置土地综合治理成为研究热点；近些年来，生态改造研究主题备受青睐。预计闲置土地研究热度未来将保持平稳增长态势，生态治理研究将在今后一段时期成为本领域研究热点。

第九章从政策工具视角出发，对中央层面闲置土地治理政策文本进行计量分析，将我国闲置土地治理政策工具划分为 3 大类型 16 项。研究表明，针对企业的闲置土地治理政策工具以行政型和经济型为主，以负向激励工具偏多，其中收回和征收土地闲置费两项工具占绝对优势地位；针对地方政府的治理政策工具以信息型工具，如动态监测、信息公开与监督审计为主。同时，不同政策工具随时间演变展现出不同发展特征，信息型工具逐步超越了行政型工具和经济型工具，成为常用治理政策工具。此外，本章还提出通过引入第三方评估、政府问责、政绩考核、加强信息公开等手段，继续完善和创新闲置土地治理政策工具，以从根本达到治理目标。

闲置土地治理体系不完善，部分土地资源遵循一定机制转变为闲置土地，会加剧土地市场混乱无序状态，造成资源和资产浪费，而且阻碍经济社会可持续发展。第十章通过制度分析方法对我国闲置土地的内在机制与现实根源进行分析认为：土地闲置的政治成本和经济成本小而利润巨大的利差，在政府、企业和历史原因的直接影响下，导致大量闲置土地出现。基于此，本章提出要从完善法律制度建设、改变土地闲置巨大利差现实入手，构建闲置土地治理框架，并在相关配套建设的支撑下有效解决闲置土地问题。

第四篇为土地资源利用：多元治理与自主治理，由第十一章（公共资源、公共政策与自主治理——甘肃省抓喜秀龙乡草场治理案例研究）、第十二章（GAP 模式与国际流域资源开发：对我国西南地区水资源开发的启示）、第十三章（城市新建住宅质量管理体制创新：基于多元合作治理的视角）和第十四章（加快推进我国住宅工程质量强制保险制度）共四章组成。

为避免公有地悲剧、明晰产权，草场治理中冬季草场被承包到各家各户，夏季草场仍保持公有，然而草场被承包到户的政策效果存在很大争议。部分学者认为牧民的自主治理能力被忽视，根据奥斯特罗姆的自主治理理论，在满足八项原则的前提下，牧民们可以不依靠外部约束有效管理草场。第十一章通过对甘肃省天祝县抓喜秀龙乡的案例调查发现，自主治理的几项原则——集体选择、监督、分级制裁和对组织权的最低限度的认可——并未满足，良好的草场治理需要牧民、政府的共同参与。

西南旱灾凸显该地区水利建设之积弊，加快当地水资源开发已刻不容缓。但西南地区水资源开发面临着水源分布不均、环保难度较大、建设资金短缺以及国际水权争端四方面的难题。土耳其两河流域 GAP 项目积累了解决类似问题的经验。第十二章通过借鉴 GAP 经验，构建了西南地区水资源开发模式，并在水利建设、环境保护、工程融资和化解国际水权争端四方面为我国水资源开发与利用提供借鉴。

由于新建住宅建设的产品特质与城市新建住宅建设中形成的体制性原因，各地新建住宅质量问题层出不穷，有关住宅质量问题的消费者投诉也呈上升趋势，对现行新建住宅质量管理体制进行反思与重构势在必行。第十三章结合我国新建住宅质量管理体制发展沿革，分析新建住宅交付前后各相关主体的质量责任与义务及存在的问题，提出城市新建住宅质量管理体制重构的政策创新建议。同时，由于住宅工程建设的内在特质与工程建设管理体制原因，我国住宅工程质量问题频发，住宅工程质量保险制度推进缓慢。为适应全面推进依法治国、实现公民权利保障法治化要求，第十四章提出通过加快立法工作、构建信用评价体系、改革保险费率、培育第三方鉴定机构等途径，以加快推进符合我国国情的住宅工程质量强制保险制度。

第五篇为城市更新国际经验，由第十五章（发达国家棕地再开发：经验与启示）和第十六章（首尔清溪川复原设计经验及其对我国城市更新的启示）两章组成。

发达国家因工业化起步较早、科技发达，凭其多层次的治理结构、完善的法律框架与强大的资金保障体系在棕地再开发中走在世界前列。第十五章通过对发达国家棕地再开发的经验进行总结，提出我国应积极借鉴发达国家棕地再开发经验，从治理结构、法律架构和资金保障体系三方面入手，努力推动棕地再开发工作顺利展开，快速实现区域与城市可持续发展。

当前，我国正处于城市更新与新型城镇化建设的快速发展期，城市更新建设项目离不开人文内涵的挖掘。第十六章通过对韩国首尔清溪川复原工程交通改造、河道整治、水体和景观设计创新走出的一条特色道路进行系统总结，为我国城市更新方案设计在注意自然契合与和谐、挖掘人文内涵、重视多元参与网络等方面提供了有益启示。

第一篇

城市房价调控与土地供应政策

第一章
土地市场过度竞争及其效应：
古诺模型分析[①]

中国土地市场中存在着开发商激烈竞价产生高价地块的现象，这实际上是一种要素市场过度竞争的表现。运用古诺模型进行分析发现，在不同开发程度的地段上，开发商在土地市场中的过度竞争行为会对其产品市场即商品房市场产生不同的影响：即在原先开发程度适中的地段，开发商通过过度竞争抬高地价对其利润水平以及商品房供给量影响不大；在原先开发水平较低的地段，开发商抬高地价会导致房价上升，通过商品房交易量上升而提高利润水平；在开发程度较高的地段，先进入的开发商抬高地价会获得该地段的主导地位，获得更高的利润，造成商品房价格的提高和供给减少，使效率和福利水平降低。

长期以来，在家电、钢铁等行业中存在"价格战"等现象，许多学者据此提出产品市场卖方"过度竞争"的概念。事实上，作为要素市场，土地市场中也存在买方过度竞争行为。近几年来，由于中国的商品房需求旺盛，相对于有限的土地供给，土地需求存在很大缺口。土地交易中频频出现数十次甚至上百次的轮番竞价，地价纪录也被不断刷新。这种过度竞争

[①] 本文受国家"十一五"科技支撑重点项目（项目编号：2006BAC18B02）资助，论文最初发表于《经济经纬》2010年第1期，原标题为《中国土地一级市场中的过度竞争及其效应——基于古诺模型的分析》，作者王宏新、周小平、柴铎。本章略有改动。

现象值得关注与深入研究。

第一节 土地市场上的过度竞争

自亚当·斯密开始，主流经济学理论始终认为充分竞争是市场经济实现最大效率的保证。此后，沿着这一思路，马歇尔、张伯伦、罗宾逊、古诺、斯威齐等又对垄断、垄断竞争和寡头市场中厂商均衡与效率损失进行了探讨，一致认为竞争程度越高，市场均衡产量越高，代表福利水平的总剩余越高。

但近年来，许多产业在短期内迅速膨胀，从而导致供给过剩，出现了厂商为争夺市场而频繁发生价格战现象，这种状况被称为"过度竞争"[1]又称为"过当竞争"[2]"恶性竞争"[3]"破坏性竞争"和"毁灭性竞争"[4]等。许多学者认为，竞争应该是"有限度的"，如果"竞争"超过了市场可以接受的水平，则可能会造成效率损失。[5]实际上，学者提出的"过度竞争"并非古典经济学所强调的"竞争"过度状态，而是这样一种情况：在一个供需失衡的市场中，厂商由于具有某种内在的激励或受到外部条件限制而不愿或不能退出市场时，采取非正常的竞争行为，造成市场价格扭曲和效率损失。过度竞争的内涵主要包括：①过度竞争往往产生于畸形的供需状态中，即供给和需求必有一方显著过剩或严重不足；②过度竞争的厂商存在过度竞争的激励，如为了消化存货、弥补一部分固定成本等，从而不愿退出已经出现亏损的市场；③过度竞争往往会形成一个非理性价格。而这种过度竞争的表现同样存在于土地市场中。

本书中的"土地市场"，特指土地一级市场，即土地使用权出让市场，开发商是买方；"商品房市场"即为土地二级市场，即商品房销售市场，这里开发商是卖方。根据2002年国土资源部第11号令，自2002年7月1日起，全国范围内对城市国有经营性用地实行招标、拍卖、挂牌等方式出让土地使用权。2004年国土资源部第71号令再次规定，2004年8月

31日前须将以往通过协议方式出让土地的历史遗留问题处理完毕（习惯上称为"8·31大限"）。自此，政府成为城市土地市场的唯一供给者，通过"招拍挂"方式出让土地使用权。

伴随着"招拍挂"制度的实施，需要深入研究地价形成机制，防止"天价"地块产生。在一次土地拍卖中，几家大型房地产企业为争夺某一特定地块经过几十次甚至上百次加价后，土地往往以底价的几倍甚至十几倍的价格成交。仅以2009年第二季度以来的中国土地市场为例：6月27日，经过89轮竞价，保利地产以38.1亿元拍下重庆鸿恩寺地块；6月30日，北京市朝阳区广渠路15号地经过97轮激烈竞价被中化方兴投资管理（北京）有限公司以40.6亿元竞得，折合楼面地价约14500元/平方米，甚至与周围建成商品房平均售价基本持平，溢价率高达149%；7月23日，金地集团以30.48亿元的总价、近14500元/平方米的楼面地价拿下上海青浦赵巷10号地，溢价率高达222%；11月20日，经过多达190轮的竞价，北京大龙地产以50.5亿元的高价拍下顺义区后沙峪镇天竺开发区22号地，折合楼面地价达29859元/平方米……

综上所述，开发商为获得稀缺的土地资源，在拍卖过程中不断提高出价，经过多轮竞拍最终形成一个多倍于底价的超高价格。这种情形也可以称为土地市场中的"买方过度竞争"，其与产品市场中的卖方过度竞争行为具有逻辑上的一致性，主要表现为以下三点：

第一，土地市场过度竞争源于严重的供需失衡。相对于大量土地需求（商品房市场的引致需求），由政府计划控制的土地供给严重不足，尤其是那些地理位置优越或具备良好开发前景的地块更是稀缺资源，成为开发商竞购的对象。

第二，土地市场中存在买方不能或不愿退出土地争夺战的激励因素。例如：①土地是开发商的"食粮"，没有了土地，开发商就没有存在的价值与意义；②由于消费者具有"买涨不买跌"的心理，且土地具有增值性，开发商通过高价竞得土地可以提高消费者对未来房价的预期，从而抬高区域内房价而回收成本并获取利润；③在资本市场上，开发商可以借助

"地王"噱头提高知名度,为融资创造有利条件;等等。

第三,过度竞争所导致的高地价往往是非理性的。如在上海、北京、深圳、杭州等城市,一些地块的楼面地价水平甚至已经超过了区域内房价水平,陷入"面粉贵于面包"的窘境。一旦房价超过消费者承受能力,就会使开发商的开发、销售计划无法实现。如在 2007 年"地王"浪潮中,退地现象屡见不鲜,而未退者的开发进度也非常缓慢。

第二节 土地市场中开发商过度竞争的效应分析:古诺模型的引入

我们所关心的问题是,作为要素市场的土地市场开发商的过度竞争会对其产品市场即商品房市场产生怎样的影响。在这里,法国经济学家古诺于 1838 年提出的一个旨在分析既定市场需求情况下厂商的行为选择和市场均衡状况的模型可以很好地分析这一问题。

古诺模型有如下假定:在一个地区有 A、B 两个生产某种产品的厂商;厂商生产成本为零,总的市场份额为 Q_e;A 为在位者(即先入者),B 为进入者(即后入者);A、B 都在已知对方产量情况下来确定自己利润最大化产量;A、B 之间无共谋。[6]

基于上述假定,A 先进入市场,由于成本为零,其利润空间为需求曲线和横纵轴围成的三角形面积,他将产量定为 $Q_e/2$ 就能占取最大的利润(从几何意义上讲,此时 A 的收益 $P×Q$ 所形成矩形面积 FEGO 在直角三角形中是最大的)。B 进入后,发现市场份额已经剩下 $Q_e/2$。此时,他将产量定位余下市场份额的 1/2,即 $Q_e/4$,同理也可获得最大利润(矩形 GHIJ)。由于 B 进入,产品市场价格由原先水平下降了 50%,见图 1-1(a)。

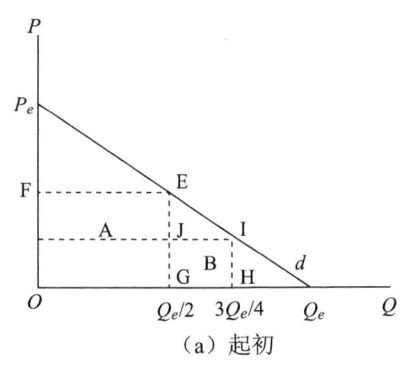 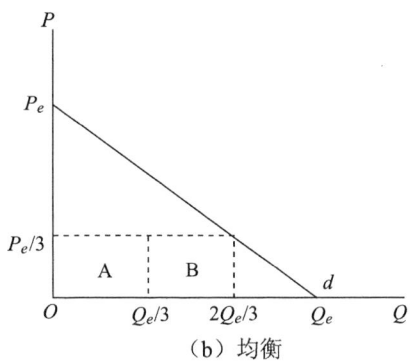

（a）起初　　　　　　　　　　（b）均衡

图 1-1　古诺模型

此后，A 需要根据 B 的进入调整生产策略。本轮中留给 A 的市场份额仅剩 $3Q_e/4$，为实现利润最大化，A 会选择将产量定为余下市场份额的一半，即 $3Q_e/8$。与上一轮相比，A 的产量下降了 $Q_e/8$。随后 B 发现，留给自己的市场份额变为 $5Q_e/8$，他同样会选择生产 $5Q_e/16$ 以实现利润最大化。由此，在利润激励下，双方根据对方策略不断调整自己产量在 Q_e 中所占比例。以此类推，A 的均衡产量 $Q_A = Q_e(1/2 - 1/8 - 1/32 - \cdots) = Q_e[1-(1/2+1/8+1/32+\cdots)] = Q_e[1-1/2(1+1/4+(1/4)^2+\cdots)] = Q_e(1-2/3) = Q_e/3$；B 的均衡产量 $Q_B = Q_e(1/4+1/16+1/64+\cdots) = Q_e/3$。其结果是：A 产量逐渐减少，B 产量逐渐增加，最终达到均衡状态后，A、B 产量相同，均为 $Q_e/3$。这是古诺模型的原型，它最初只分析了两个厂商的市场互动，因而叫作"双头模型"。

古诺模型也可用于分析一个市场中多个厂商的进入行为，即假设市场上有 m 个厂商，市场份额为 Q_e。则无论哪个厂商先进入市场，最终每个厂商的均衡产量均为 $Q_e/(m+1)$，市场均衡总产量为 $mQ_e/(m+1)$。假设价格极值为 P_e（即需求曲线的纵截距，此时需求量为零），则此时的产品价格为 $P_e/3$［见图 1-1（b）］。实际上，古诺模型的零成本和既定需求的假设并不影响其分析结论。[7]

现在，我们引入商品房市场，对古诺模型稍加修改。出于研究目的，本书仅讨论那些拿地之后进行商品房开发销售的开发商，将那些只炒地皮的企业排除在讨论之外。为此，假定如下：商品房用地市场中，某一特定地段内有若干待售地块；存在相互竞争、追求利润最大化的开发商 A、B，A、B 之间无共谋，其中 A 为先在该地段拿地的开发者，B 为后进入者；A、B 共同面对的该地段商品房的需求曲线为 d_1，向右下方倾斜；对于 A、B，开发该地段的预期利润需要高于 $P_eQ_e/15$，这个利润是 A、B 转而用相同的资金开发其他地段能够获得的最高收益即机会成本，如果最终均衡时利润达不到这个水平，开发商就会放弃进入该地段。在不存在过度竞争时，在最初地价水平下，A、B 的总开发成本为 $P_e/5$。① 后进入者 B 还要考察市场最终均衡时自己的利润水平是否高于机会成本 $P_eQ_e/15$，以确定是否跟随 A 进入该市场，见图 1-2。

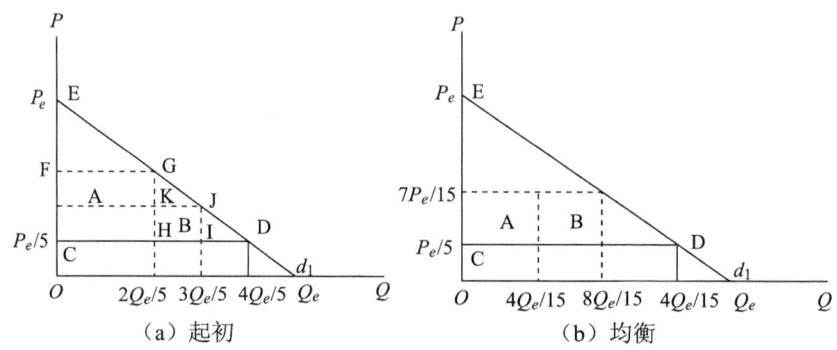

图 1-2　商品房市场中古诺模型分析

在图 1-2 中，A 首先在该地段的特定区域内某地块进行开发。此时该地段商品房需求曲线为 d_1，成本线 $P=P_e/5$ 和 d_1 所围成的三角形 CDE 的面积是利润空间。根据比例关系，开发商有利可图的有效市场份额为三角形 CDE 所对应的 $4Q_e/5$。作为先进入者，A 会选择供给 $2Q_e/5$ 产量，以占取这块利润空间中最大部分矩形 CFGH。随后 B 进入，根据以上古诺模型的推导过程，B 会增加 $Q_e/5$ 产量供给，以占取矩形 HIJK 这块余下利润空

---

① 这里和以下对厂商的机会成本、开发成本以及需求曲线变动的赋值不是绝对值，它们只体现出其应有的逻辑关系与变化趋势，其取值大小并不影响分析结果，只用来说明在不同市场条件下市场可能的趋势。

间中最大部分。重复以上对古诺模型的推导过程。最终，A、B竞争结果是都生产 $4Q_e/15$ 的产量，市场总的商品房供给量为 $8Q_e/15$，市场均衡价格达到 $P_e/5+(4P_e/5)/3=7P_e/15$。A、B 利润均为 $(7/15-1/5)P_e$ $(4Q_e/15)=16P_eQ_e/225>P_eQ_e/15$，见图1-2（b）。此时，B会选择跟随A开发该区域。该模型同样适用于多个开发商竞争的情形。

第三节 不同市场状况下土地市场过度竞争的效应

由于土地资源具有数量有限、区位固定等特征，土地开发受经济、社会、政治等多种因素影响。根据开发程度，可以将土地划分为开发程度适中、较低及较高三种情况。在不同开发程度的地段上，开发商的过度竞争行为将对其自身和新进入者的利润水平产生不同的影响，进入顺序不同的开发商也会根据预期的竞争结果决定自身的进入策略。同时，土地市场的过度竞争对商品房市场的价格、供给量的影响也在很大程度上取决于土地开发程度。为了说明问题，我们假设开发商过度竞争导致地价上升相同的幅度，来比较不同市场状况下开发商抬高地价的激励大小及其影响。

一、开发程度适中地块

开发商在这种地段的土地市场中进行过度竞争，将对该地段的商品房市场造成两方面的直接影响：首先，抬高了拿地成本，进而抬高开发商的总开发成本；其次，在宏观经济处于快速发展阶段（如中国当前状况），土地价格一般会保持上升状态，具有保值增值特性。与普通消费品不同，土地价格上升会提高需求方（消费者和投资者）对未来商品房价的预期，由于"买涨不买跌"的心理，需求方会增大对土地要素产品即商品房的需求。由于开发程度适中，新进入购房者认为该地段尚具备一定的发展、增值空间，房价在未来会上升。此时，新进入购房者数量处于一个较温和的水平。

如图 1-3（a）所示，假如 A 首先进入市场并通过过度竞争的方式取得该地段某一地块，抬高了该地段总体地价水平。由于地价的大幅度上升，设此时 A、B 开发该地段的总成本升至 $2P_e/5$。同时，由于需求方预期改变（属于产品价格变动以外的因素），需求曲线由 d_1 向右移动至 d_2。与原先相比，横纵截距变为 $6Q_e/5$ 和 $6P_e/5$。

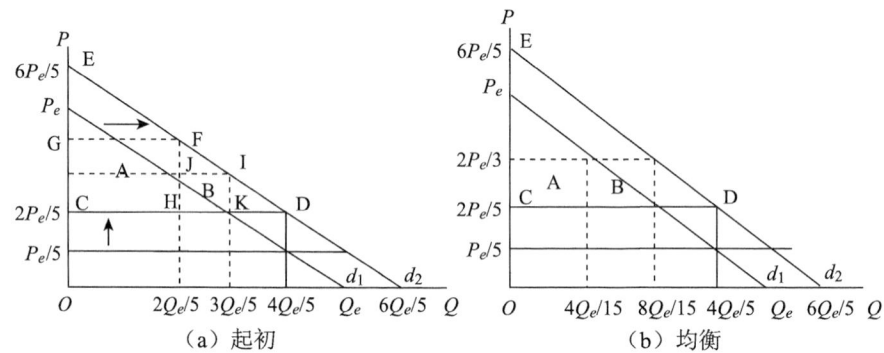

图 1-3　开发程度适中地段商品房市场中开发商选择

此时，总市场份额提高到 $6Q_e/5$，有效市场份额为 $4Q_e/5$。A 首先选择供给 $2Q_e/5$ 产量以占取此时需求曲线 d_2 和成本线 $P=2P_e/5$ 所围成利润空间三角形 CDE 中最大部分矩形 CGFH。随后 B 进入，重复古诺模型推导过程，最终 A、B 竞争结果是都生产 $4Q_e/15$ 的产量，市场总商品房供给量为 $8Q_e/15$。由于开发成本提高和需求增加，市场均衡价格达到 $2P_e/3$。A、B 利润均为 $(10/15-6/15) P_e (4Q_e/15) = 16P_eQ_e/225 > P_eQ_e/15$。

可以看到，土地市场过度竞争导致地价上升，造成了开发商成本上升和商品房需求增加。假如此时需求增加和成本上升处于时间和数量上的同步状态，即地价上升会立即引起需求增加，并且新增需求幅度恰巧抵消了成本上升导致的开发商有利可图的有效市场份额减少。如图 1-3（a）所示，假如需求曲线没有向右移动，此时利润空间会缩小至 d_1 和成本线 $P=2P_e/5$ 所围成三角形，有效市场份额为 $3Q_e/5$，减少了 $Q_e/5$，而需求曲线右移恰好抵消这个减少量），则地价上升结果是：市场的商品房总供给量不变，而房价由 $7P_e/15$ 上升至 $2P_e/3$；B 仍会选择进入市场和 A 进行竞争，均衡时开发商利润仍为 $16P_eQ_e/225$，见图 1-3（b）。也就是说，地价上升成本全部由开发商转嫁给了需求方，即购房者。

由此可见，在开发程度适中的地段上，开发商过度竞争抬高地价对于住宅市场的影响更多体现在房价的上涨上，而对于开发商的利润水平和商品房的供给量影响不大。因而，开发商在这种地段上的竞争程度可能较低。

二、开发程度较低地块

如果原先该地段开发程度较低，但受城市规划变迁或者交通设施新建等因素影响，该地段地价被突然抬高从而影响到需求方预期后，新进入购房者会认为该地段发展、升值空间非常广阔，进而会大量涌入，与情况一相比，此时需求曲线会更大幅度地向右移动（见图 1-4）。

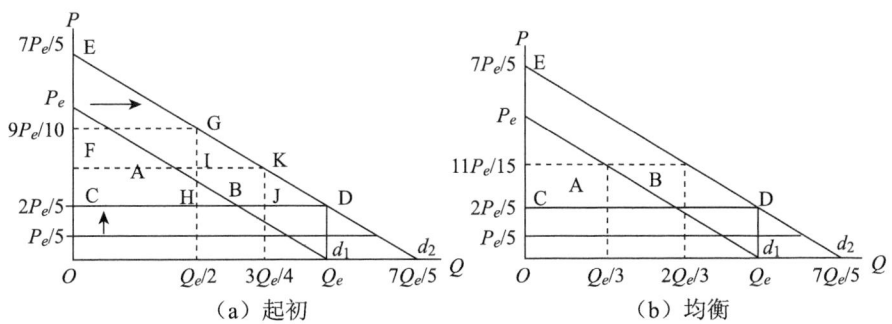

图 1-4　开发程度较低地段商品房市场中开发商选择

如图 1-4（a）所示，如果 A 首先进入该地段并通过过度竞争的方式取得某一地块，抬高了该地段总体地价水平，A、B 开发成本升至 $2P_e/5$，由于大量新增需求，需求曲线由 d_1 更大幅度向右移动至 d_2，横纵截距变为 $7Q_e/5$ 和 $7P_e/5$。

此时，总市场份额提高到 $7Q_e/5$，有效市场份额为 Q_e。A 首先选择供给 $Q_e/2$ 产量以占取此时需求曲线 d_2 和成本线 $P=2P_e/5$ 所围成利润空间三角形 CDE 中最大部分矩形 CFGH。随后 B 进入，重复古诺模型推导过程，最终 A、B 竞争结果是都生产 $Q_e/3$ 的产量，市场总商品房供给量为 $2Q_e/3$。由于开发成本提高和需求增加，市场均衡价格达到 $11P_e/15$。A、B 的利润均为 $(11/15-6/15)P_e(4Q_e/15)=20P_eQ_e/225>P_eQ_e/15$，见图 1-4 (b)。

由此可见，由于新进入者认为该地段开发、升值空间较大，地价上升结果是：商品房供给量上升，房价更大幅度地提高，开发商不仅将地价上升成本全部转嫁给了需求方，其利润还会增加。这种情况多发生在原先开发程度较低的、处于快速发展期的中小城市或者大城市的新区、规划或建设中的轨道交通沿线等区域。对于开发商而言，此时主动抬高地价可以更大程度地影响需求方预期，从而获得更多利润。这就是在这种地段中开发商进行过度竞争的动力。

三、开发程度较高地块

假如原先该地段开发已较为成熟，未利用地较少。地价升高后，虽然也会提高需求方对于未来房价的预期，但是投资者会认为该地段发展、升值空间已经有限，因而新增需求可能会较少，需求曲线向右移动幅度比情况一、情况二要小。

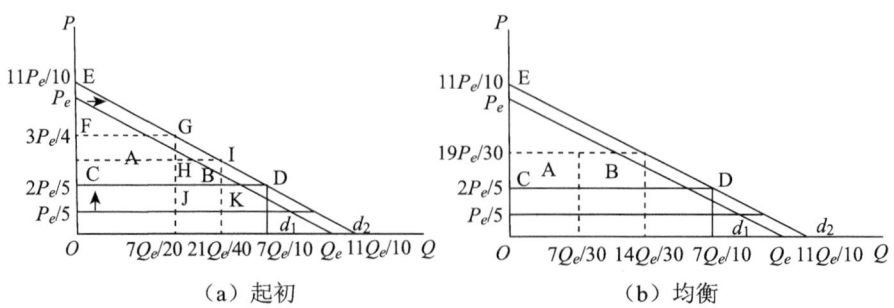

图 1-5　开发程度较高地段商品房市场中开发商选择

如图 1-5 (a) 所示，如果 A 首先进入该地段并通过过度竞争的方式取得某一地块，抬高该地段总体地价水平。此时，A、B开发成本升至 $2P_e/5$。由于新增需求有限，总市场份额提高到 $11Q_e/10$。A首先选择供给 $7Q_e/20$ 产量以占取此时需求曲线 d_2 和成本线 $P=2P_e/5$ 所围成利润空间三角形 CDE 中最大部分矩形 CFGH。随后，如果 B 选择进入，重复古诺模型推导过程，最终 A、B 竞争结果是都生产 $7Q_e/30$ 产量，市场总商品房供给量为 $14Q_e/30$，市场均衡价格达到 $19P_e/30$。A、B 利润均为 $(19/30-12/30)P_e(7Q_e/30)=49P_eQ_e/900<P_eQ_e/15$。

这种情况可能多发生在城市中心区成熟地段。由于该地段可开发空间有限，新增需求较少，对于 B 而言，在 A 进入该地段后，如果自己也进入市场与 A 竞争，最终会使得双方利润水平下降，形成一个两败俱伤的局面。因此，这种情况下 B 一开始就不会进入该市场，即古诺模型中双方竞争过程不会发生。此时 A 通过过度竞争抬高地价在该地段抢得某一地块从而首先进入后，就可以在该地段形成"一家独大"的局面。A 只要供给 $7Q_e/20$ 的产量，就可以获得利润 $(3/4-2/5)P_e(7Q_e/20)=49P_eQ_e/400$。可以看到，由于 B 的退出，开发商 A 所获得的利润甚至大于情况二时需求大幅上升的状况 $20P_eQ_e/225$。这时问题的关键就转变为谁最先取得土地，并将地价抬高到他人不愿承受的水平。这可能就是某些成熟地段的土地市场中开发商过度竞争的激励。此时，市场供给量为 $7Q_e/20$，在三种情况中处于最低水平，而价格达到 $3P_e/4$，在三种情况中处于最高水平。因此，此时的市场状况是最无效率的——产量最低而价格最高，先进入的开发商"一家独大"并最大限度地榨取了消费者剩余（即利润空间三角形），并将地价成本全部转嫁给了需求方。

综合以上三种情况，我们可以看到：虽然由于土地的稀缺，在三种地段，开发商都存在争夺土地的过度竞争激励，但激励的强弱有所不同。在开发程度适中的地段，开发商过度竞争虽然会抬高房价，但对于其利润影响较小，因而开发商竞争的激烈程度也就较低；在开发程度较低的地段，谁先进入市场都无所谓，只要先进入的开发商抬高地价，无论高价地块由谁拿到，最后所有开发商均能够获得更高利润；在开发程度较高的地段，谁先通过过度竞争获得土地进入市场，谁就能在该地段占据主导地位，从而获得更高利润。因此，在某些经济发达、开发程度较高的一线城市配套设施完善的黄金地段，开发商过度竞争激励也最为强烈。由此我们看到，"地王"也往往产生于这种地段。

第四节　结论和政策建议

与产品市场卖方过度竞争是被迫自保不同的是，作为要素市场的土地市场买方过度竞争源于其产品市场，即商品房市场的利润驱动。对土地这种具有保值增值特性的生产要素而言，开发商在竞地时不仅从当前账面状况上考虑其盈亏，更重要的是对日后该地块发展趋势、其他开发商行为选择以及需求方变化等因素进行综合考虑。因而政府在调控土地市场时也应考虑对不同地块的具体情况进行分类对待。

对于开发程度适中的地段，开发商过度竞争的激励较小，供给量变化不大。因而政府可以适当放宽对其管制。

对于开发程度较低的地段，地价上升虽然会带来房价上涨，但也会增加商品房供给量，有利于加快城市落后地区开发。此时，政府可以适度放松对土地市场过度竞争行为限制，同时应从这种较高的土地出让收入中相应增加支出，以加强公共设施和保障性住房等方面的建设与供应，保障低收入群体的基本住房需求。

对于开发程度较高（如中心城区）的地块，开发商主动哄抬地价的行为则会减少供给，抬高房价，降低市场效率和消费者福利水平。此时，政府应该完善"招拍挂"制度，如多采用招投标出让方式，"综合条件优者得"，推动土地综合开发。

参考文献

[1] 秦海. 对中国产业过度竞争的实证分析 [J]. 改革，1996（5）：

81-90.

[2] 郑胜利. 日本反过度竞争的经验及其对我国的启示 [J]. 日本问题研究, 2001 (2): 9-12, 16.

[3] 赵春玲. 我国经济运行中的"过度竞争"现象分析 [J]. 产业经济研究, 2006 (5): 66-70.

[4] 于立, 吴绪亮. 关于"过度竞争"的误区与解疑: 兼论中国反垄断立法的"渐进式"思路 [J]. 中国工业经济, 2007 (1): 5-13.

[5] 李志强. 过度竞争的现实与理论 [J]. 经济与管理, 2008 (2): 44-47.

[6] DAVIDSON, CARL, RAYMOND DENECKERE. Long-run competition in capacity, short-run competition in price, and the Cournot model [J]. The Rand journal of economics, 1986, 17 (3): 404-415.

[7] ANDERSON S P, D J NEVEN. Cournot competition yields spatial agglomeration [J]. International economic review, 1991, 32 (4): 793-801.

第二章
城市土地"招拍挂"出让：
制度异化与重构[①]

我国实行土地"招拍挂"出让制度的目的在于建立公平、公正、公开的土地出让环境，规范地方政府土地出让行为，优化土地资源配置。然而，制度变迁的累积效应却导致地方政府成本和收益预期发生变化。土地"招拍挂"有可能偏离其制度设计初衷，成为地方政府追求短期经济利益的工具。要改变这种状况，应完善土地出让制度，可以考虑采取加大国家财政转移支付力度、丰富和完善土地拍卖机制等措施，从而削弱和消除制度变迁累积效应对地方政府产生的边际影响。

为改变长久以来无偿、无期限的城市土地利用状况，提高城市土地利用效率，减少土地腐败现象，我国于20世纪90年代初开始以"协议、招标、拍卖"为主要方式的城镇国有土地使用权公开出让制度改革。目前，招标、拍卖、挂牌（以下简称"招拍挂"）已经成为我国城镇国有土地使用权公开出让的主要方式。以2008年为例，全国"招拍挂"出让土地共117297.82公顷，占同年土地出让总面积的83.9%；"招拍挂"出让价款9531.35亿元，占同年土地出让总价款的比重达92.9%。[1]

[①] 北京市哲学社会科学规划项目（项目编号：11JGC113）；北京市社科联青年社科人才资助项目（项目编号：2010SKL005）和北京师范大学文科青年教师发展培育项目资助。原文发表于《中州学刊》2012年第2期（原文标题《中国城市土地招拍挂制度的异化与重构》）。本章略有改动。

与此同时，近年来与普通百姓居住权利息息相关的房价等问题凸显，引起了社会各界的普遍关注。对土地"招拍挂"制度效果进行研究十分重要，可以有力回应公众疑惑：土地"招拍挂"为何是政府建立公开、公平、公正土地出让环境的手段？土地"招拍挂"制度的公益性体现在哪里？如何防止其制度异化形成？本章试图就上述问题进行探讨和说明。

第一节　土地"招拍挂"制度的公益性

一般地，土地"招拍挂"制度是指城市政府根据社会、经济和环境可持续发展目标，按照土地利用总体规划和城市规划，结合城市建设用地客观需要和土地供应计划，采取招标、拍卖或者挂牌的方式，将增量城市土地投入市场的一种土地有偿使用制度。早在 20 世纪 90 年代初期，我国就明确提出招标、拍卖的土地出让方式。然而，由于认知水平、经验和配套制度的局限，招标、拍卖的公开出让方式在 20 世纪 90 年代并没有广泛推行。进入 21 世纪后，随着土地储备、土地闲置等制度的相继建立，我国才真正开始着手建立国有土地使用权的招标拍卖出让机制。2007 年 9 月，《招标拍卖挂牌出让国有建设用地使用权规定》的颁布，标志着在我国政府主导下，包括工业、商业、商品住宅在内的经营性用地"招拍挂"出让制度的最终确立。现阶段来看，我国土地"招拍挂"制度的公益性主要体现在两个方面：一是制度缘起的时代背景，二是制度服务的现时目标。

一、制度缘起的时代背景

20 世纪 90 年代以前，我国土地供给长期实行"无偿、无期限、无流动"的行政划拨制度。虽然自 1990 年起，我国提出推行土地有偿使用制度改革，但是这一时期土地出让仍以划拨和协议为主，市场参与很少。协议出让的最大特点在于行政色彩大于市场色彩，即土地使用权的取得和土地使用权价格的确定不是通过市场机制下用地单位之间的竞价来决定的,而是更大程度上取决于地方政府的选择偏好和用地单位的寻租能力。[2]由于没能充分引入竞争机制,协议出让导致出现以下三个方面的问题:一是地方政府以开发、招商为名引发的权力设租、以权谋私、权钱交易等腐败现象频发[3];二是协议地价普遍偏低,导致国有土地资产价值被低估,国有土地资产流失严重;三是协议出让的土地往往面积较大且闲置成本低,导致开发商不及时开发、土地闲置现象严重、土地利用效率低,造成国土资源浪费。可见,我国土地"招拍挂"制度缘起的公益性基础并非来自复杂的理论构建,而是针对当时土地出让和使用中存在的现实问题。

二、制度服务的现时目标

2002年7月,国土部颁布《招标拍卖挂牌出让国有土地使用权规定》(以下简称《规定》),首次就土地招标、拍卖和挂牌的内涵、原则、范围、程序等问题做出了说明。《规定》明确指出,土地"招拍挂"服务的现时目标由三部分组成:一是为用地单位建立公平、公正、公开的土地使用权竞价出让环境,二是规范地方政府土地使用权出让行为,三是优化城市土地资源配置。2007年,随着工业用地被纳入土地"招拍挂"范围之内,我国土地"招拍挂"制度最终确立起来。现阶段,全国大多数地区都已根据《规定》要求,建立了具有地方特色的土地公开出让制度。土地"招拍挂"制度在推进中国城市土地有偿公开使用改革过程中发挥了至关重要的作用。

第二节 土地"招拍挂"制度的异化

由于土地资源具有典型的地域性特征,我国在土地管理实践中采取属地管理原则,即通过不同政府间的"委托代理"设计,土地管理和收益的实际权力掌握在地方政府手中。这样,土地供应也主要掌握在地方政府手中。在这一过程中,受逐利性及其他制度变迁的叠加影响,土地"招拍挂"工作有可能与其应有的制度目标发生偏离。现阶段，土地"招拍挂"的制度异化主要体现在以下四个方面。

一、主体角色异化

2007年修订的《招标拍卖挂牌出让国有建设用地使用权规定》指出，我国土地"招拍挂"工作由市、县人民政府国土资源行政主管部门组织实施。然而，现实中多数地方国土资源行政主管部门并未担负起土地"招拍挂"的职责，而是将其交由当地土地储备机构承担，即由土地储备机构在完成土地收购、开发、储备后，统一供地。然而，随着地价不断上涨，不少土地储备机构在进行土地储备出让过程中，难以抗拒巨额利益的诱惑，身份从最初职能管理者角色逐渐演化为土地市场的经营者和利益分配者。

二、客体范围异化

2007年11月，我国《土地储备管理办法》（以下简称《办法》）正式发布实施，标志着我国政府主导下国有土地垄断供应制度最终确立起来。《办法》规定，我国土地"招拍挂"工作的客体，即土地来源主要由五个方面组成：一是依法收回的国有土地；二是收购的国有土地；三是行使优先购买权购得的国有土地；四是已办理农用地转用和土地征收批准手续的集体土地；五是其他依法取得的土地。可见，依照《办法》规定，我国土地"招拍挂"制度的客体应当主要来源于城市存量国有土地，包括依法没收的、到期收回的、行使优先权购买的以及根据城市规划进行旧城改造时强制征收的等，农村集体土地只是其中的一部分。然而，经过多年的发展，在一些城市化程度较高、城市规模不断扩大的地区，土地"招拍挂"的范围呈现出向城市次中心、城郊甚至向农村扩大的趋势，如果失地农民的社会保障和再就业工作不能及时跟进，就会引起社会矛盾，土地相关工作的合理性与正当性也容易引起基层群众的质疑和不满。

三、出让机制异化

我国实行土地"招拍挂"制度的初衷之一是引入竞争机制,使土地价格更好地反映当时当地的市场供求关系,显化资产价值,防止国有资产流失。然而,现实运行中却出现两个方面的问题。一是在市场经济活跃的地区,大多数土地都是通过拍卖方式出让。诚然,拍卖作为一种价值发现手段,有助于显化资产价值并降低权力寻租的概率。但是,在一级市场中,土地拍卖价格是在一种"卖方垄断供应、买方寡头竞争"的特殊情况下形成的,由此产生的拍卖结果与充分竞争下的拍卖存在本质不同,对于存在"垄断—过度竞争"的土地出让市场,高地价往往是非理性竞争的结果。二是在土地价值显化过程中,不少地方政府面对高收益与土地合理利用之间的博弈时,未必会做出有利于长远发展的选择,反而容易滋生"以地谋财"的短视行为。

四、出让金征收方式异化

现阶段,我国绝大多数地区实行的是限期付清土地出让金的缴纳方式,即用地单位须在签订土地出让合同后的一定时期内付清土地"招拍挂"所确定的土地使用权出让价款,且首付比例和付清期限在楼市宏观调控的打压下一再下调、缩短。诚然,限期付清土地出让金的方式能够在短时间内快速增加地方财政收入,支持地方各项社会事业发展,但也存在着很多不利于持续发展的弊端:一是对于用地单位而言,短时期内付清使用期内的全部土地价款,势必对资金的充裕度和流动性具有极高的要求,而信贷政策普遍对土地抵押贷款有所限制,这就大大削弱了中小用地单位在一级市场中的竞争力,挤占了中小企业的生存空间,不利于行业协调发展;二是当届政府班子透支未来政府班子的土地收益,削弱了未来政府班子增加财政收入的权力和进行社会建设的能力,不利于行政代际公平关系的维护;三是开发企业必然通过提高未来房价转嫁高额土地成本,房价上涨不利于保障普通居民的居住权利。

第三节　土地"招拍挂"制度异化的路径分析

新制度经济学秉承边际和渐进的思想,认为任何制度变迁都不是一蹴而就的,而是通过累加的边际调整逐步实现的。制度的边际变化和调整往往因改变参与主体的成本和预期收益而产生新的获利机会,为获得新机会带来的好处,新的制度安排被创造出来。[4]在这一过程中,偏好和价格扮演着重要角色。[5]我国土地"招拍挂"制度的异化路径正是一系列制度变迁累积作用的结果。

一、税制改革带来的财政压力为地方政府创造了"开源"偏好

1994年,我国实行分税制改革,"财权集中、事权留置"成为这次税制改革的主要特点。国家统计局统计资料显示,1993年以前,中央和地方的财政收入比基本维持在3∶7~1∶4,同一时期财政支出比也基本维持在3∶7的均等水平。而分税制改革后,中央对地方的财政收入比提高为1∶1,甚至1.2∶1,但中央财政对地方财政的支出比例并没有相应增加,反而在逐年降低,2009年更是降到了1∶4的低点。可以说,分税制削弱了地方财政的支付能力,在事权不变的情况下,财力的减小势必造成地方经济建设出现巨大的缺口,"开源"成为地方财政的必然要求。[6]

二、土地出让制度改革带来的竞价机制为地方政府创造了"开源"手段

20世纪90年代,我国开始探索建立土地使用权的公开出让制度。1987年,深圳率先敲响了国有土地使用权有偿出让的第一锤,以拍卖竞价的方式公开出让国有土地。1988年,我国宪法修正案通过了关于土地使用权可以有偿转让的决议,以根本大法的形式承认了土地使用权的商品属性,为有偿出让提供了制度保障。2002年,国土资源部颁布《招标拍卖挂

牌出让国有土地使用权规定》，明确要求除工业用地外的其他经营性用地必须通过"招拍挂"的方式出让。2007年，《招标拍卖挂牌出让国有建设用地使用权规定》要求包括工业用地在内的一切经营性用地及存在两个以上用地意向者的其他土地在出让时一律采取"招拍挂"的方式出让。至此，土地出让的公开竞价机制成形，高地价的形成机制有了制度基础。据统计，截至2008年，全国"招拍挂"出让土地宗数占土地出让总宗数的比例已达44.8%，面积比达83.9%；其中，以拍卖、挂牌这两项公开竞价方式出让的土地宗数占"招拍挂"总宗数的98%，两项土地纯收益占"招拍挂"总收益的94%。[7]

三、住房金融制度改革带来的资产价值彰显为地方政府创造了"获利"机会

1998年，我国开始推行城镇住房体制改革，旨在通过制度改革消除传统福利分房制度下"等、靠、要"的住房模式，通过市场力量解决居民住房难题。同一时期，在亚洲金融危机的影响下，我国开始进行金融改革，银行按揭贷款业务出现，大大提高了普通居民的购房消费能力。在两项制度的效应累加下，我国长期压抑的住房需求得以迅速释放，以商品住宅建设为代表的国内房地产市场高速发展，在竞价制度的配合下，政府手中的土地资产价格也水涨船高，土地财政规模日益凸显。据统计，2002年后，各省土地出让收入占地方财政比重呈现上升趋势。2001年仅有6个省份比重超过10%，而到2006年只有3个省份比重低于10%。[8]据不完全统计，2019年全国土地出让金收入7.6万亿元，占同年地方财政总收入的52.9%。①

---

① 2019年地方政府对土地财政的依赖度报告［EB/OL］．［2020-02-05］．http://www.fangchan.com/data/134/2020-02-25/6637964452304327335.html.

第四节 土地"招拍挂"制度重构

任何一项制度的出台都是服务于特定时期的特定需求,制度也只有随着现实的改变加以修正才能够做到与时俱进,更好地服务现实需要。因此,只有消除制度变迁对地方政府价值选择产生的边际影响,才能使制度本身回归其公益性和正当性。

一、扩大中央财政支付比例,削弱地方政府"土地财政"偏好

分税制改革的目的之一在于扭转中央财政过低的分配比例,在中央与地方的博弈过程中,中央既是参与者,又是规则的制定者,其特殊地位决定了地方政府的不利地位。[9]分税制改革后,我国中央和地方政府财政收支的严重失衡直接导致地方政府财政紧张,无法充分履行政府职能。事实上,与美国及西欧很多福利国家相比,我国中央和地方政府的财政收入比并不高。问题在于,"二战"后这些发达国家中央财政的支出比例一直处于60%~80%的高位,正是这种同比例的财政支出有力地支持了地方政府各项社会职能的履行。[10]为此,我国必须加大中央财政对地方各项建设事业的转移支付力度,保持"财权"与"事权"的合理比例,缓解地方财源紧张的局面,削弱地方政府"以地谋财"的内在动力。

二、明确土地"招拍挂"主管机构,消除土地储备机构多重身份

早在《招标拍卖挂牌出让国有建设用地使用权规定》中,我国就对土地招标拍卖挂牌的主管机构做出明确规定,即由市、县人民政府国土资源行政主管部门负责。实践中,各地成立土地储备机构具体负责土地"招拍挂"工作的做法并无不妥,问题在于不应使其亲自参与到土地一级开发之中,同时兼具了管理者和经营者的角色。为应对这一问题,2010年9

月，国土部发文要求全国土地储备机构须在半年内与其下属或挂靠的从事土地开发相关业务的机构脱钩，国土资源部门及所属企事业单位不得直接从事土地储备开发业务。这表明国家主管部门已经意识到问题的严重性，只有消除土地储备机构的多重身份才能重塑政企分开、事企分开的明确架构，切实履行管理职能。

三、改革"价高者得"竞价方式，实现拍卖竞价方式多样化

拍卖是市场参与者按照一定规则，通过竞价决定资源价格和分配的市场机制。当前，我国绝大多数土地出让都是采取第一价格拍卖的方式，即由出让人发布拍卖公告，由竞买人在指定时间、指定地点进行公开竞价，由报价最高者获得土地使用权。[11]然而，这类竞价方式更多的是关注土地资源的稀缺特点，对土地资源公共属性的认识不足。由于地方政府基本采取"非饱和"限量供地政策，土地市场始终处于卖方市场状态，市场供需失衡，必然造成土地价格飙升。为此，可以从两点出发遏制非理性竞价的可能。一是引入权重评价法，增加新的评价因素，不以价格作为唯一决定因素。例如，进入2010年11月后，北京市房山区多个地块的出让就出现了综合打分和竞建配套保障房的尝试。二是可以从拍卖制度本身出发探寻遏制用地单位非理性博价的可能。例如，近年来很多地区探索"限房价，竞地价"或者"一限多竞"等新的竞价机制，都是良好的尝试。然而，这些竞价机制仍属于第一价格拍卖范畴，可以考虑突破这一范畴限制，实现竞价机制的多样化，如尝试实行第二价格密封拍卖法等，加强竞买人之间的博弈程度，抑制博价冲动。

四、改革土地出让金缴纳方式，实行实质年租制

鉴于一次性缴纳土地出让金的诸多弊端，我国有必要对现行土地出让金缴纳方式进行改革。例如，可以尝试实行年租制，即土地出让时，受让人只需缴纳较低比例的价款，其余价款在合理评估资产价值和预测土地未来收益的基础上在剩余年期内贴现收取，让各届政府班子都能够享有土地

出让带来的收入和未来土地增值带来的效益,即通过代际转移保持土地资源的价值量,实现代际共享与均衡发展。[12]目前,我国正处于城市快速发展时期,如果政府能够采用收取实质年租制的办法,则不仅可以降低用地单位的资金负担,还可改变"谁出让、谁受益"的现状,使历届政府都能分享城市发展所带来的土地红利。当然,此种年租缴纳方法的最大挑战是每年需对土地价值重新进行评估,因此不可避免地会对评估成本和评估技术提出较高要求,但这也有利于促进土地估价行业和地价管理的发展。因此实质年租制的做法仍具有较强的实践意义。

第五节 结论

制度需要随着社会的发展不断改进和完善。土地"招拍挂"制度建立之初首先要解决的是土地出让领域的非市场化现象,实现国有土地的市场化配置,防止国有资产流失。因此,市场秩序和市场定价是其主要目标,这与当时的政治经济形势相符合。发展到今天,土地"招拍挂"制度在完成经济任务的同时,更应当承担稳定市场、保障民生、促进产业结构调整、优化土地资源配置等多种社会职能,只有这样,制度才能因适应时代发展而焕发出新的生命力。

参考文献

[1] 中华人民共和国国土资源部. 中国国土资源统计年鉴2009 [M]. 北京: 地质出版社, 2009.

[2] 李松, 甘金龙, 苏晶晶. 我国土地出让制度存在的问题及对策研究 [J]. 经济纵横, 2010 (5): 66-68.

[3] 黄涛, 袁柏顺. 试论我国土地出让领域腐败的制度与法律根源 [J]. 云南行政学院学报, 2011 (1): 90-93.

[4] 徐万刚. 我国土地储备制度变迁的路径分析 [J]. 中州学刊,

2010, 5 (3): 65-69.

[5] 诺思. 制度、制度变迁与经济绩效 [M]. 上海: 上海人民出版社, 2008.

[6] 罗必良. 分税制、财政压力与政府"土地财政"偏好 [J]. 学术研究, 2010 (10): 27-35.

[7] 朱丽娜, 石晓平. 中国土地出让制度改革对地方财政收入的影响分析 [J]. 中国土地科学, 2010, 24 (7): 23-29.

[8] 王昊. 浅析中央地方分税制引发的财政税问题 [J]. 管理世界, 2010 (9): 165-166.

[9] 吕炜. 政府间财政关系中的支出问题（下）[J]. 财贸经济, 2005 (2): 48-52.

[10] 邓保同, 吴彬. 基于二级密封拍卖机制下的土地出让研究 [J]. 社会科学论坛, 2010 (16): 172-176, 181.

[11] 但承龙. 代际公平原则与可持续土地利用规划: 南京市的实例研究 [J]. 中国人口·资源与环境, 2004 (2): 100-104.

[12] 张鸣明, 朱道林. 我国土地出让收益分配的代际关系分析 [J]. 农村经济, 2005 (4): 21-23.

第三章
城市住宅用地供给结构问题与政策优化[①]

房地产市场供需矛盾是房价不断上涨的根本原因。现行城市住宅用地供给数量、供给方式、供给结构以及供给空间布局等结构性问题都已成为推高房价的重要因素。为减小房价上涨幅度、促进城市住宅市场健康发展，应从增加住宅用地供给数量、改善住宅用地出让方式、调整住宅用地供应结构和优化住宅用地空间布局等结构性政策优化方面着力。

1998年实行住房商品化至今，我国住宅价格涨幅明显，政府先后出台多项措施平抑房价。2010年4月，国务院发布《关于坚决遏制部分城市房价过快上涨的通知》（即"新国十条"），采取紧缩信贷、监管企业融资、加大土地供给等手段减缓房价过快上涨趋势，全国房价过快上涨势头在5月得到初步遏制。虽然房价增幅有所回落，但幅度较小。据国家统计局统计，全国70个大中城市房屋销售价格指数第二季度同比月均上涨幅度比第一季度高1.6%，而北上广深等核心城市房屋成交量虽有下跌，但房价依旧在高速上涨。另据北京市房地产交易管理网数据，2010年上半年北京市商品住房均价已达2.3万元/平方米，其中东钓鱼台家园第二季度成交价更是突破11万元/平方米。

---

① 原文发表于《新视野》2010年第1期（原文标题《"地王"形成机理及住宅用地市场调控政策》），作者王宏新、甄磊，本章略有改动。

房价高涨不仅会严重挤压普通消费者的生存空间，改变家庭消费结构，致使内需疲软，也会诱导社会闲散资金大举进入房地产市场，减少新兴行业社会投资；同时，房价迅猛上涨更会迅速拉大社会贫富差距，影响社会和谐。如今，房价问题已超出狭义经济学范畴，成为重大社会问题。有效减缓房价增幅，推进住宅市场平稳发展已成为党和政府亟须解决的问题。

第一节 城市住宅用地供给机制的特征与发展回顾

在我国，城市住宅不仅是房地产市场上的主要交易产品，更是公民基本人权实现的物质载体。作为城市住宅的核心生产资料，住宅用地就拥有了市场产品和政府保障品的双重属性。因此，城市住宅用地供给机制亦即为政府保障供给和市场竞价供给两方面的结合体。具体来讲，城市住宅用地供给可分为两大部分：一部分是由开发企业按照"招拍挂"原则进行土地竞拍，价高者得；另一部分是政府为推进保障性住房和限制性商品房建设，通过协议出让或招投标的形式进行供给。这两大类住宅用地的供给数量、供给方式、供给结构及供给空间布局一同构成我国城市住宅用地供给机制。

一、住宅用地供给数量

从1998年实行住房体制改革至今，伴随着高速城市化进程，我国政府不断加大城镇居住用地投放力度，为进一步推进城镇土地开发快速、高效开展，各地政府纷纷成立土地储备中心，直接进行土地征收、收购、置换和一级开发，为城市住宅用地供给提供强有力的支持。如图3-1所示，2004—2009年，我国城市住宅用地供给量从最初的43323.26公顷迅速上升到2009年的76461.00公顷，增加了0.76倍。但是这种增长趋势还远不能满足市场需求。纵观发达国家城市化进程，美国在1945年城市住宅用地占全国土地面积的比重不足0.8%，而到了2002年，其比重已达3.1%。[1]与国外发达国家相比，我国人均住宅用地面积也呈较低水平。据《全国土地利用总体规划纲要（2006—2020年）》统计，我国目前全国城镇居住用地仅占全国城镇建设用地的30%，占全国土地总面积的0.11%，而英国城镇建房用地则占其土地总面积的1.8%，日本、美国等国的比例更高。[2]

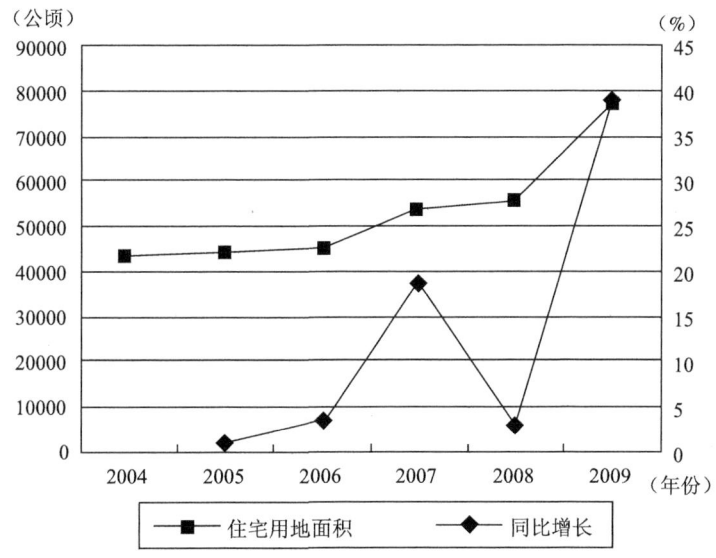

图3-1 2004—2009年全国住宅用地出让面积

二、住宅用地供给方式

新中国成立后很长一段时间，我国住宅用地实行的是无偿、无限期和无流动的行政划拨使用制度，这种多头土地供给体制不仅不利于土地资源有效配置，还极易滋生腐败行为，引发诸多社会经济问题。20世纪90年代，伴随着国家实行住房商品化改革，尤其是2004年"8·31大限"之后，商品住宅用地必须通过"招拍挂"获得。

另外，为保障中低收入家庭的住房需求，国家和各地政府先后于1998年和2007年开始推进保障性住房和两限房建设。其中，保障性住房土地供给方式为划拨出让；两限房土地供给方式不固定，一些地区（如北京、广州等）采取招投标出让；另一些地区（如上海等）采取协议出让。

三、住宅用地供给结构

住宅用地供给结构和我国社会经济发展水平密切相关。1998年国务院下发"23号文"之前，因福利分房是城市住宅供给的主要力量，无偿划拨也就成为住宅用地供给结构的主体，另有少部分住宅用地通过协议出让方式予以供给。1998年之后，福利分房被叫停，商品住宅和集资住宅数量越来越多，相应地，协议出让和"招拍挂"出让在住宅用地供给结构中的比重不断提高。到2004年，政府规定凡是经营性建设用地都必须通过"招拍挂"形式予以出让，加之商品住宅已成为市场供给的主要部分，城市住宅用地供给中采取"招拍挂"形式出让的土地占绝大份额，而以划拨形式供给的住宅用地比例则很低，即便在国家大举进行保障性住房建设的2010年，保障性住宅用地供给也仅占全部住宅用地供给面积的13%。以北京为例，2005年至今，"招拍挂"出让的商品住宅用地数量远高于保障性住宅与政策性商品住宅的供地量；且廉租房和经济适用房的土地供给增长量远低于商品房和两限房，其2010年供给数量几乎与2006年持平。见图3-2。

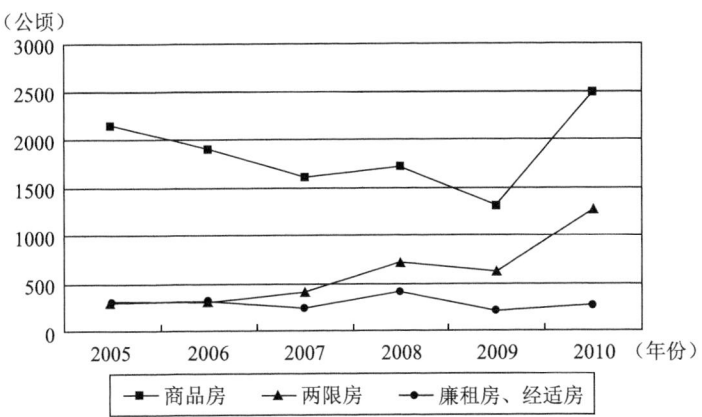

图 3-2　2005—2010 年北京各类住宅用地供给数量

四、住宅用地供给空间布局

改革开放至今，我国的城市化加速发展，城市化率由原来的17%提高到近年的46%，但与发达国家和地区80%以上的城市化率还有较大差距，这种差距决定了我国城市化进程还要持续二三十年。不断增长的人口迁移所带来的居住需求对城市土地资源产生了持续不断的诉求，选择合适土地进行城市住宅建设是各级政府必须面对的问题。我国政府住宅用地出让是在城市规划指导下进行的。目前，我国城市"招拍挂"出让的商品住宅用地、划拨出让的保障性住房用地和招投标出让（或划拨出让）的两限房的土地在位置上并没有实行严格的差异化管理，"招拍挂"出让的住宅用地位置一般要比保障性住宅用地好，但这也不是绝对的，如2009年上海市政府就在徐汇区的中环区域建设经济适用房。我国城市住宅用地一般为零散的点状供给，除大规模的居住小区外很少有聚集性住宅用地供应项目。

第二节　城市住宅用地供给机制对房价的影响

房价高企的根源乃是住宅市场供需矛盾，改革开放至今，我国城市化水平快速提升，大量人口涌向城市，快速拉动房地产市场需求。但同时，因城市土地资源供给有限，住房市场供需矛盾日益凸显，房价势必呈上升趋势。供需矛盾虽决定了房价在今后一段时期将继续呈上涨态势，但现阶段不断上涨的房价与现行城市住宅用地供给机制有关。

一、住宅用地供给量不足，加剧住宅市场供需矛盾

市场供求决定均衡价格，房价是房地产市场供需共同作用的结果。土地是住宅建设的基础性资源，城市住宅建设用地供给量对住宅市场的供给起决定性作用，在政府垄断土地一级市场的情况下，土地供给实行非市场自由调节的有限投放，住宅市场均衡价格的高低就由市场需求的多寡决定了。

近十年来，我国城市化水平不断提高，大中城市人口规模急剧膨胀，以北京为例，2009年底其常住人口已达1972万，比"十一五"规划多300余万人。[①] 虽然我国城市住宅用地供给量呈不断上升趋势，但仍不能满足市场需求，尤其是北京、上海等一线城市，住宅建设用地稀缺程度依然较高。以商品住宅用地为例，2004年至今，房地产企业购置土地增长率与商品房需求上涨率之间的缺口为10%~80%。除市场自发形成的土地供需缺口外，20世纪90年代至21世纪初的十余年，因地方政府追求GDP目标和地方财政收入税源，将大量的土地供给开发区、工业园区及大工业区等，导致城市住宅用地供给不足。土地增量市场供给从紧，不可避免地提高地价以及房价上涨的预期。

---

① 数据来源于《关于促进首都人口与资源环境协调发展的建议案》。

二、"招拍挂"制度影响地价和房价

在城市化不断加速、大量人口涌向城市而使城市土地市场需求急剧膨胀的同时,传统的"福利分房"体系被打破,开始实行"住房商品化",住宅用地获取方式也由"福利分房"和"集资建房"时期的多头供给向按市场经济运行的"招拍挂"制度转变。从理论上讲,"招拍挂"通过公开竞标,可以提高土地交易的透明度,避免腐败,提升土地价值,推进中国土地市场化进程。但从实际效果来看,"招拍挂"制度会影响待供住宅用地使用权价格,从而在成本上对住宅交易价格产生驱动作用。

在实行土地"招拍挂"制度之前,土地管理权力分散到各部门,各个部门都可以影响土地利用,虽然缺乏有形的住宅用地供给市场,但市场供给口径和渠道较多,难以形成供给垄断。"招拍挂"制度的实施将所有待供土地集中在一个有形的交易市场内,众多需求方在市场上会形成充分竞争。在这样一个住宅用地市场中所形成的土地均衡价格为垄断价格,价格高低将取决于供地数量。

三、保障性住宅用地供给比例总体偏小,大量消费者涌入商品房市场

在住宅市场中,不同层次的消费者有不同的需求和承受能力。中高收入者按市场供需原则购买商品房,低收入者由政府提供的保障性住房来满足其基本生活需要。1998 年我国实行住宅产业化政策的同时,也出台一系列相关政策进行保障性住房建设。如 2007 年国务院 24 号文强调要搞好廉租房和经济适用房建设,2009 年国务院又出台保障性住房优惠政策,2010 年的新"国四条"则承诺到 2012 年末解决 1540 万户低收入和住房困难家庭的住房问题。

在实践中,地方政府为追求更多财政收入往往将住宅用地比例向商品房倾斜,虽然保障性住房供应有所增加,但仍无法满足中低收入人群的住房需求。加之保障性住房和政策性商品房的购置门槛较高,迫使很大一部

分被剔除在外的消费者涌向商品住宅市场，推升商品住宅需求量，抬高了房价。

政府对保障性住房建设非常重视，2010年各地政府都提升了保障性住房用地在总供地中的比重，如北京将一般住宅供地用作保障性住房建设。但房地产开发周期为2~3年，政府扩大保障性住宅用地比重的实际效应在2~3年后才能真正显现。

四、土地出让布局欠合理，加剧城区住宅市场供需矛盾

住宅用地供给应是在土地利用总体规划和城市建设规划等规范的指导下进行的。现阶段，我国待供住宅用地主要源自农地征用和旧城改造。这两部分土地供给决定了现行住宅用地出让只能采取零散的点状供应，虽然部分发展迅速的城市也在谋划或正在建设卫星城，如北京将通州、亦庄、良乡、长辛店、沙河等周边区县乡镇设定为卫星城，上海也先后对闵行、吴泾、嘉定、松江等卫星城进行大规模建设。但目前我国大中城市住宅用地供给在城区和近郊的比重依旧很大，这种格局虽然会在一定程度上增加中心城区住宅供给量，但是会导致卫星城经济发展和基础设施建设迟缓，刺激消费者在中心城区或城市近郊购房欲望，进一步拉升中心城区和近郊住宅市场需求，推升房价。

第三节　政策建议

我国房价不断攀高和现行住宅用地供应机制密切相关：首先，住宅用地供应量少，直接加剧市场供需矛盾；其次，保障性住宅用地供给比例小，会促使大量人口涌入商品房市场，而商品住房用地的"招拍挂"制度又直接以成本增加方式进一步促进房价上涨；最后，住宅空间欠佳的空间布局也会在一定程度上拉动核心城区及城市近郊住宅市场需求，增加房价上涨压力。为平缓住宅市场价格，推进房地产市场健康发展，应对目前住

宅用地供应机制采取以下改进措施。

一、增加住宅用地供给量

虽然住宅建筑方式各异，但在某个时期内造价都是极其相似的[3]，住宅价格在一定时期内由住宅用地供需所决定。我国土地资源限制性供应的直接后果就是住宅市场供给增量有限，与日益增长的住宅需求相互作用形成较高均衡价格。加大住宅用地供给量是平稳住宅市场、控制住宅价格的重要手段。

随着城市化进程的加快，我国诸多大中城市常住人口已达数百甚至数千万人，在增加住宅用地的同时实现城市规模的最小化扩张是实现整个城市和谐的重要基础。这就需要加大住宅用地供给在整体城市建设用地供给中的比重。目前，我国城市住宅用地占建设用地的比重仅为30.0%，其中北京为29.0%、上海为25.0%、广州为21.0%。这一比重低于西方国家或地区，如日本住宅用地占城市建筑用地的76.0%、伦敦为46.7%、首尔为62.5%。[4]因此，在提升住宅用地供给量的同时，也应提高其在整个城市建设用地供给中所占的比重。

二、改善住宅用地出让方式

土地"招拍挂"制度是目前商业住宅用地的唯一供给方式，其"价高者得"的运行机制也会抬升土地出让价格。优化土地供给机制应从以下两方面入手：首先，在住宅用地供给方面打破政府单一供地主体的局面，允许现行土地使用单位参与土地使用权交易，实现多头供应；其次，在住宅用地需求者选定方法上要逐步废除"价高者得"模式，在综合考虑竞标企业的出让价款、付款进度、开发建设周期、建筑规划、建设条件、土地节约集约程度、企业资质、业绩、财务状况等因素基础上选择合适的住宅用地受让方。这种商业住宅用地出让模式可破除拦截投机基金、抑制开发企业"高价制胜"的冲动，进而平缓商业住宅价格上涨率，降低保障性住房和两限房价格上涨预期。

三、完善住宅用地供应结构

有些学者认为稳定房地产市场的关键在于"政府不能直接介入房地产的分配",要求政府只做裁判员。[5]这种观点看似有理,但住宅不仅是商品,更是公民生存的必备品,满足中低收入阶层的居住需求是政府的重要职责。即便是新加坡这样的发达市场经济国家,其住宅供给体制也为"以计划为主、以市场为辅"的双轨体制,目前大约有84%的家庭住房靠政府保障解决。

为解决高房价问题并满足中低收入者的居住需求,政府应优化现有住宅用地供给结构,实行划拨供给、协议出让、招拍挂出让的土地供给联动机制,扩大政府无偿供给和协议出让比重,推进保障性住房和两限房的建设,降低其申购门槛,在满足低收入家庭居住需求的同时,也可通过分流商品住宅市场中部分需求,拉动房价均衡点回落。

四、优化住宅用地供应布局

住宅用地在城市建设用地中占据较大份额,且其比重在日益提升。因此,应制定适宜的城市发展规划,在平稳房价和实现城市有序扩容的基础上对住宅用地布局进行控制和引导。新加坡的经验可以作为借鉴,新加坡政府通过统一指导规划实行保障性住房土地供给郊区化,开发设计了许多类似小市镇的保障性住房社区,这些小社区以新加坡河两岸的市区为中心,由内向外分布,形成一个个卫星镇。这些保障性住房区再通过地铁或公交车,把人们和中心城区连接起来,方便各居民到金融区上下班。北京、上海、广州等大型城市,可以将保障性住房用地和政策性住房用地有计划地划归到远郊,并进行基础设施尤其是交通设施建设,这样不仅可以实现城市空间的有序扩容,也能够对平稳城市房价起到积极作用。

参考文献

[1] RUBEN N. LUBOWSKI, etc. Major uses of land in the United

States, 2002 [J]. Economic information bulletin, 2006 (5): 54.

[2] Generalised land use database statistics for England 2005 [R]. London: CLG, 2007 (9).

[3] 雷利·巴洛维. 土地资源经济学: 不动产经济学 [M]. 北京: 北京农业大学出版社, 1989: 224.

[4] 中金公司研究部. 土地并不稀缺 中国建设用地供给潜力分析 [EB/OL]. https://www.doc88.com/P-6854473541814.html.

[5] 徐滇庆. 经济适用房难以有效照顾困难群体 [J]. 中州建设, 2005 (11): 18-19.

第二篇

土地储备与融资制度

第四章
城市土地"储备失灵"与制度创新[①]

我国实行城市土地储备制度的目的在于推进城市存量土地市场化改革，保障土地资源合理利用，促进城市综合开发与均衡发展。然而，一系列制度变迁导致地方土地储备工作逐渐偏离其初衷，成为地方政府追求利益的工具，城市土地"储备失灵"现象产生。只有削弱或者消除制度变迁对地方政府价值选择产生的边际影响，才能使其价值取向回归。因此，可以采取加大中央财政转移支付力度、改革土地出让金缴纳方式、剥离土地储备机构开发经营职能等措施。

城市土地储备制度是我国城市土地使用制度改革中出现的一种强制性市场化改革手段，其实质是对国家在城市土地一级市场供地地位的确认与强化。自1996年8月上海成立国内首家土地发展中心起，城市土地储备制度的实践在全国各地竞相展开，呈现出"由点及面、百花齐放"的特点。据统计，截至2006年，全国共有土地储备机构2000多家，土地储备制度在城市土地一级市场中占据绝对主导地位。仅以2007年为例，全国共储备供应土地234960.59公顷，纯收益高达45414161.11万元，是2003年土地供应纯收益的2.5倍。[1]

---

① 本章内容受教育部"纪念建党九十周年"专项项目（项目编号：10JDJNJD021）、国家"十一五"科技支撑计划重点项目（项目编号：2006BAC18B02）资助，原文发表于《城市问题》2011年第5期（原文标题为《城市土地储备制度的异化与重构》），作者为王宏新、勇越。本章略有改动。

与此同时，近年来"地价飙升、滥占耕地、土地闲置"等伴生性问题受到了社会广泛关注。土地储备为何是政府进行土地调控、规范市场运行的手段？土地储备的正当性基础究竟是什么？本章主要就上述一系列问题进行探讨和说明。

第一节 城市土地储备制度的公益本质

一般地，土地储备制度是指城市政府或政府委托机构根据社会、经济、环境可持续发展目标，按照土地利用总体规划和城市规划，对通过征收、收购、到期回收、优先购买等方式取得的土地进行开发、整理和储存，再根据城市建设用地的客观需要和土地供应计划，将储备土地投入市场的制度。严格地讲，土地收购储备制度是土地征用与土地储备两个概念的综合。但无论是为了公共利益征用土地，还是为了城市发展而进行的土地储备，都要经历土地取得、土地开发、土地储备和土地供应四个环节，体现了土地发展权收归公有，另行分配的意义。[2] 概括而言，目前，我国城市土地储备的公益本质主要体现在两个方面：一是土地储备制度缘起的基础，二是土地储备制度的目标价值。

一、土地储备制度缘起的基础

我国建立城市土地储备制度的初衷在于解决城市存量土地利用管理混乱问题。20世纪90年代以前，我国长期实行行政划拨"无偿、无期限、无流动"式土地供给制度。1990年起，我国尝试推行土地使用权出让转让制度，但并未改变城市存量土地由各企事业单位控制的既成事实。随着我国土地使用制度改革及国企改革不断深化，仅仅依靠市场诱致性的企业主导型土地开发显然无法满足经济发展与城市化进程的要求，建立政府主导型的强制性土地市场化机制成为解决存量土地利用、加快土地市场化进程的关键。由此，我国土地储备制度的缘起并非复杂的理论构建，而是体制转轨和经济社会结构转型期的现实需要，概括起来主要包括以下五个方面：一是推进城市存量划拨土地市场化改革、实现政府集中供地、调控市场的要求；二是推进国有大中型企业改制进程、解决国有土地资产低效利用或闲置问题的要求；三是推动旧城改造以及公共基础设施和公益事业建设的要求；四是提高城市土地利用效率、对低效利用土地以及闲置土地进行再分配的要求；五是促使政府更好地管理城市、促进城市综合开发和均衡发展的要求。

二、土地储备制度的目标价值

2007年11月，我国《土地储备管理办法》（以下简称《办法》）正式颁布实施，以国务院部门规章的形式首次就土地储备内涵、储备机构性质、储备土地的范围与程序、开发与利用、资金管理等事项做出规定。根据《办法》规定，土地储备制度的目标由具备递进关系的三部分组成：一是加强土地调控，规范土地市场运行；二是促进城市土地的节约集约利用，提高城市建设用地的保障能力，保障城市的健康发展；三是促进土地资源的合理利用。简而言之，就是要实现市场、城市和资源的有效运行与合理利用。这也从广义立法角度构成了我国土地储备制度的目标价值。显然，土地储备的社会性与公益性是其价值选择的最终归宿。

第二节　我国城市土地"储备失灵"

我国现行土地管理制度中存在着"多层次委托—代理"关系，这也导致土地储备过程中不同层次间的利益诉求、激励机制和监督机制难以传导和维系。[3]在这一演化过程中，受地方自利性等因素的引导或影响，城市土地储备制度的公益性目标发生偏离，"储备失灵"现象由此产生。实践中，土地储备制度失灵主要表现在以下三个方面。

一、土地储备范围的异化

根据《办法》的规定，明确纳入土地储备范围的土地主要包括四个方面，即依法无偿收回的国有土地，根据土地储备计划收购的国有土地，行使优先购买权取得的国有土地，以及已办理农用地转用、土地征收批准手续的集体土地。显然《办法》秉承了土地储备缘起的实践基础，储备土地的对象以城市存量国有建设用地为主，致力于解决土地市场化改革中的问题和有效城市管理。然而，经过十多年的城市土地储备实践，其征购范围呈现出肆意扩大之势，并不断地向农村集体土地发展。例如，在城市化进程较快的个别地区，城区土地已被出让殆尽的情况下，大量征收农村集体土地，假借公共利益之名侵占集体土地的问题越发严重，而对农民失地的合理补偿及征后安置工作则普遍缺位，导致失地农民生存与社会保障问题出现。这种土地储备范围异化现象的出现，不仅侵犯了相关利益主体及农民的生存权利，更直接激化了社会基层矛盾。

二、土地储备机构的异化

根据《办法》的规定，我国土地储备工作的具体实施由土地储备机构承担，即由土地储备机构代表地方政府进行土地的统一收购、开发、储备和供应，以实现地方政府对城市土地市场的宏观调控。然而，随着土地有偿使用制度的逐步建立以及城市土地资产价值的显化，地方政府在土地储备的四大环节中，难以抗拒现实利益的诱惑，土地储备机构也开始由行政参与者身份向市场参与者身份转变。2002年，上海市政府率先将其下属事业单位土地发展中心与上海地产集团实施"一套人马，两块牌子"式改组，从而通过市场运作机制参与到一级开发。此后，不少地方纷纷效仿，很多地区的土地储备中心都成立或挂靠开发公司，将土地一级开发业务纳入自己的经营范围，以实现利益的最大化。土地储备机构角色从最初行政管理部门下属事业单位逐渐演化为土地市场的经营参与者和利益分配者，自身也具有了经济利益追求目标。

三、土地储备出让机制的异化

我国土地有偿使用制度改革的一大成果即为土地"招拍挂"制度的运用。然而,作为土地储备出口的"招拍挂"制度,本身存在与土地储备宏观调控功能相背离的机制缺陷——拍卖。目前,在土地储备制度发展充分的地区,大多数土地都通过拍卖和挂牌的方式进行出让,而多数情况下挂牌也会因多个用地意向者的存在而以拍卖告终。诚然,拍卖是一种良好的价值发现工具,有助于显化资产价值,降低权力寻租的概率。但是,目前出让市场中的土地价格是在一种"卖方为垄断者、买方为寡头"的特殊市场机制下形成的,由此而产生的效率与充分竞争条件下的市场效率存在本质的不同。[4]竞价拍卖机制更多适用于私人竞争性市场,而对于存在"垄断—过度竞争"情况的城市土地出让市场来说,高地价往往是非理性竞争的结果。[15]

第三节 城市土地"储备失灵"的制度分析

新制度经济学认为,制度的变迁是通过一系列边际调整实现的。边际的变化或调整往往因改变制度变迁的成本和预期收益而产生新的获利机会,为得到由获利机会带来的好处,新的制度安排被创造出来。[6]因此,新制度产生的路径可以看作一系列调整与变迁累计作用的结果。我国土地"储备失灵"可以看作一系列制度变迁累计的结果,地方政府在一系列制度变迁的过程中,根据成本和预期收益的变化做出有利于自身的博弈选择。这些制度变迁主要表现在以下三个方面。

一、分税制改革(制度变迁 I)驱使地方政府财政"开源"

1994年,中国实行了分税制改革,中央政府对政府间财政关系进行了重新调整,在政府间支出责任分配维持原有格局的情况下(事权不变），中央政府重新集中大部分财政收入，政府间财政关系由分税制改革前的"收入分权，支出分权"双分权模式转变成了"收入集权，支出分权"模式。[7]统计资料显示，1993年中央和地方的财政收入占全部财政收入的比重分别为22.0%和78.0%，而到了1994年这一比重则分别骤变为55.7%和44.3%，此后双方权重基本维持在这一水平不变。相反，1993年中央和地方的财政支出占全部财政收入的比重分别为28.3%和71.7%，而进入2004年后，地方财政支出一路上升，2007年、2008年更是分别达到77.0%和78.7%。[8]显然，与分税制改革前相比，地方财政收入下降了30.0%，而地方政府所要承担的事权并没有相应减少，支出不减反增，财政吃紧，地方政府必然谋求财政"开源"。

二、土地使用权有偿使用制度（制度变迁Ⅱ）为土地财政奠定了制度基础

20世纪90年代起，我国开始探索建立城镇国有土地使用权有偿使用制度，以期改变土地无偿划拨使用的现状，推进土地市场化改革步伐。2002年、2004年及2007年，国土部依次下发《招标拍卖挂牌出让国有土地使用权规定》《关于继续开展经营性土地使用权招标拍卖挂牌出让情况执法监察工作的通知》《招标拍卖挂牌出让国有建设用地使用权规定》三份部级文件，直接推动了包括工业用地在内的经营性用地公开、有偿、有期限出让制度的最终成形。正是基于土地使用权有偿制度的变迁，我国政府主导下以招标、拍卖、挂牌为主要方式的土地储备出让制度得以确立，为土地财政奠定了制度基础。

三、住房与金融体制改革（制度变迁Ⅲ）促使城市土地资产价值彰显

1998年实施的城镇住房体制改革，其目的在于改变传统的国家统包统配、低租金使用的福利分房制度，将城镇住房还原为以商品房为主，建立市场—政府联动的住房保障体系。同一时期，金融制度改革带来了金融竞

争和信贷业务创新，按揭贷款的出现为住房体制改革提供了巨大的资金保障。在住房和金融体制改革双双推动下，我国城市土地市场以商品住宅用地为基础迅速扩展到商业地产以及工业地产，在土地"招拍挂"制度的配合下，土地资产价值得到充分彰显，城市地价快速上涨。

综上，制度变迁Ⅰ为土地储备机构提供了异化的经济动力，制度变迁Ⅱ为土地储备机构提供了异化的制度基础，制度变迁Ⅲ为土地储备机构提供了异化的市场价值。在三重制度变迁的作用下，面对既成获利机会的诱惑，不少地方政府做出价值变迁的选择，土地储备机构土地管理与经营的双重角色也由此形成。统一收购和供应不仅有效地防止了土地收益的流失，也达到了地方政府土地经营的目的。[9] 统计资料显示，2007年全国土地出让收入12216.72亿元，占同年全国财政收入的比重高达23.8%；2008年虽受房地产市场低迷影响，全国土地出让收入缩水，但仍然维持在10259.80亿元的高水平上。[10]

第四节 城市土地储备制度创新的政策建议

我国城市土地储备制度与城市存量划拨土地的市场化改革同步，伴随着国有企业改制一路走来，发展到今天，其产生的时代背景基本淡去，旧制度也只有在进行价值的重新定位和功能的设计再造之后才能彰显出新的价值，服务于社会实践的新需要。《办法》的出台正是这一制度价值观与时俱进的集中体现，它所构建的市场、城市和资源三位一体价值目标剔除了旧时代背景的影子，基本涵盖了当前国情下我国城市土地管理服务的主要领域，其法定价值的正义性和现势性良好，问题在于如何削弱或者消除制度变迁对主体价值选择产生的边际影响，使主体价值取向回归制度目标再造的本源。

一、加大中央财政转移支付力度，遏制地方政府"土地财政"动力

分税制改革后，我国中央和地方政府财政收入比例基本维持在11∶9左右，而财政支出却长期维持在3∶7的水平，最近几年更有向2∶8发展的趋势。中央财政支出的收缩直接表现为地方财源紧张，县域公共物品供给不足，政府职能怯于履行。事实上，与美国13∶7的联邦、地方财政收入相比，我国中央政府所集中的财权并不算太高。问题在于自20世纪40年代起，美国联邦政府对地方政府的财政支出一直维持在7∶3的高位，即便进入80年代后也从未跌破过6∶4。奥地利、法国等一些国家中央政府的财政支出占总支出的比例更是高达80%左右。[11]在这些国家中，正是高水平的中央财政转移支付支持了地方政府公共管理职能的履行。因此，我国有必要加大中央财政对地方的转移支付力度，保持"财权"与"事权"合理的负担比例，切实缓解地方财政负担，遏制地方政府追求"土地财政"的内在动力。

二、改革土地出让金缴纳方式，推行形式混合年租制

我国现行的城市土地使用权"招拍挂"制度源于香港。但是，内地在学习香港"招拍挂"制度的同时并未引入香港的形式混合年租制。所谓形式混合年租制是指在出让土地时，受让人除了一次性缴纳一笔地价款外，在租期内，每年还要缴纳一定的地租，用以表示批出的土地并非卖断，所有权仍归政府。[12]由于每年缴纳的地租量固定且数额微小，因此称为形式混合年租制。而内地目前推行的一次性缴纳土地出让金的方式虽能暂时增加财政收入，但却存在着诸多弊端。比如，透支未来土地收益，既无法保障长期财政收入的稳定，更容易激发政府的短期卖地行为；拿地成本增高所带来的地价房价飞涨也容易激化社会矛盾，不利于人民生存居住权利的保障；等等。因此，我国有必要改革土地出让金的缴纳方式，实行形式混合年租制，在合理评估资产价值和预测土地未来收益的基础上进行

贴现，让年租真正成为土地价值和收益的体现，而不仅仅是所有权的象征。只有这样才能切实减少地价上涨压力，降低政府卖地冲动和短期行为，遏制价值异化的土地财源。

三、剥离储备机构开发经营职能，重塑地方政府的公共管理角色

地方政府作为国有土地管理者与经营者的双重身份悖论是角色行为冲突的原因之一，更是制度赋予主体价值异化的一种表现。2010年9月，国土部发文要求全国土地储备机构须在半年内与其下属和挂靠的从事土地开发相关业务的机构脱钩，国土资源部门及所属企事业单位不得直接从事土地储备开发业务。这表明国家主管部门主动剥离利益渠道、回归公益的努力拉开了序幕。同时，我们也应该认识到，剥离储备机构与土地开发相关业务机构的实质是要重塑政企分开、事企分开关系，唯有如此才能重塑地方政府的公共管理角色。

第五节　结论

我国城市土地储备制度建立的初衷在于实现城市存量划拨土地的市场化改革，保障土地资源合理利用，促进城市的综合开发与均衡发展。然而，一系列的制度变迁最终导致城市土地储备制度发生异化，土地储备制度偏离了其缘起的实践基础和价值归宿，逐步成为地方政府追求经济利益的工具。土地储备制度价值异化产生的本源并不在于储备本身，当土地公有制下的制度变迁已成定局，地方政府兼具管理者和经营者两种身份暂时无法改变时，必须提供一系列能够稳定而规范地实现其管理职能和相关利益的新制度，打消其靠土地供应获利的动机，也只有一系列新制度带来的利益变迁，才能够改变地方政府的成本与收益博弈，实现其管理职能的价值重构。

参考文献

[1] 中华人民共和国国土资源部. 中国国土资源统计年鉴2009 [M]. 北京：地质出版社，2009：171.

[2] 王小映. 我国城镇土地收购储备的动因、问题与对策 [J]. 管理世界，2003（10）：50.

[3] 熊晖. 异化与回归：我国城市土地储备制度的正当性考辨 [J]. 现代法学，2006，28（4）：162.

[4] 王宏新，甄磊. "地王"形成机理及住宅用地市场调控政策 [J]. 新视野，2010（1）：28.

[5] 王宏新，周小平，柴铎. 中国土地一级市场中的过度竞争及其效应：基于古诺模型的分析 [J]. 经济经纬，2010（1）：31.

[6] 科斯等. 财产权利与制度变迁：产权学派与新制度学派译文集 [M]. 上海：上海三联书店，上海人民出版社，1994：385-389.

[7] 江庆，李光龙. 分税制、转移支付与县域财政差距：基于安徽省个案的研究 [J]. 财贸研究，2010（4）：75.

[8] 中华人民共和国国家统计局. 中国统计年鉴（2009）[M]. 北京：中国统计出版社，2009.

[9] 杨继瑞，朱仁友. 建立城市土地储备制度的探讨 [J]. 管理世界，2002（3）：14.

[10] 中华人民共和国国土资源部. 中国国土资源统计年鉴2009 [M]. 北京：地质出版社，2009：5.

[11] 吕炜. 政府间财政关系中的支出问题（下）[J]. 财贸经济，2005（2）：48-52.

[12] 戴双兴. 香港土地批租制度及其对大陆土地储备制度的启示 [J]. 亚太经济，2009（2）：118.

第五章
土地储备信托融资模式探索[①]

土地储备面临资金难题,在国家禁止信托资金用于土地储备贷款的情况下,相较于股权、债券等融资工具,信托融资模式具备更为宽松的制度环境。资产证券化及投资基金与信托相结合是当代融资发展的两大方向。目前,可以从土地抵押贷款证券化、土地信托证券化、项目委托式信托投资基金及土地信托式投资基金四个角度进行土地储备信托融资模式的再创设。为此,需要明确土地储备机构和地方政府在融资中的角色,明确储备期内土地的产权性质,为信托融资模式的创设奠定基础。

第一节 问题的提出

资金是城市土地储备工作得以开展的前提。自我国实行土地储备制度以来,在各地土地储备机构营运资金构成中,银行贷款一直占据主导地位。据统计,2009 年全国 84 个城市土地储备抵押面积近 3 万公顷,各类用地抵押贷款总额近 2.6 万亿元,全年新增土地抵押贷款率达 50.0%。[②]

---

① 本章部分内容发表于《宁夏社会科学》2012 年第 6 期(发表原文标题为《中国城市土地储备融资模式探讨——基于信托投资基金视角》),作者为王淑彩、王宏新、勇越,受北京市哲学社会科学规划项目(项目编号:11JGC113)、北京市社会科学联合会青年社科人才资助项目(项目编号:2010SKL005)和北京师范大学文科青年教师发展培育项目资助。本章略有改动。

② 数据来源于《2009 年中国国土资源公报》。

然而，银行贷款存在着利息重、门槛高、易受政策影响等弊端，[①] 难以满足土地储备工作日益增长的资金需求，实现土地储备机构融资的良性发展。为了扩大融资渠道，2002年起，国内开始出现土地储备信托融资的地方尝试。截至目前，已实施土地储备信托融资的地方均采取了"贷款资金信托计划"的形式（见表5-1），即信托投资公司设立信托计划，募集社会资金后再以贷款的方式提供给土地储备机构，专门用于土地收购储备开发。

表5-1 土地储备贷款资金信托计划一览

实施地区	推出时间	信托公司	计划金额（亿元）	信托期限（年）	预计收益（%）	资金门槛（万元）
北京	2002年10月	北京国际	6.0	5	4.80	5
袁州	2004年3月	江西国际	0.3	2	4.60	5
漯河	2005年10月	百瑞信托	1.5	2~4	4.0~4.60	5
郑州	2005年11月	中原信托	1.5~1.6	2	4.00	5
焦作	2006年3月	中原信托	1.5	2~3	4.00~4.30	5
重庆	2006年3月	平安信托	2.0	1	4.00	50
郑州	2006年3月	北京国际	2.0	2	5.00	60
铜陵	2006年4月	安徽国元	0.8~1.2	2	4.88	30
内蒙古	2008年1月	华宸信托	10.0	2	6.45	5

信托贷款的出现部分弥补了银行信贷的缺陷，丰富了土地储备机构的融资渠道。然而，2009年2月，银监会发布《关于支持信托公司创新发展有关问题的通知》（以下简称《通知》），大大限制了土地储备机构通过

[①] 2003年央行发布了《关于进一步加强房地产信贷业务管理的通知》，要求各商业银行规范对政府土地储备机构的贷款管理，审慎发放土地储备贷款；2007年央行和银监会联合下发了《关于加强商业性房地产信贷管理的通知》，要求对土地储备机构发放的贷款必须为抵押贷款，且贷款额度不得超过所收购土地评估价值的70%，贷款期限不得超过2年。2009年，为了应对房地产发展带来的价格飙升和土地闲置等问题，国家曾多次实施紧缩房地产信贷的政策，通过提高商业银行放贷门槛，限制土地储备开发获得资金的机会。

"信托计划"获得信贷资金的数量,① 削弱了土地储备信托计划的融资能力。2010年2月,银监会再次下发《关于加强信托公司房地产信托业务监管有关问题的通知》,明确要求信托公司不得以信托资金发放用于土地收购、整理和前期开发等工作的土地储备贷款。至此,信托集合资金用于土地储备贷款的实践暂时失去了合法性。

但是,这种暂时的禁止仅仅意味着国家对于信托资金用于贷款的不认同或是出于部门调控的需要,绝不是对信托融资机制的否定。银监会的两次通知也恰恰为深入发掘信托机制的内在精神、进行信托融资模式再造提供了契机。信托资产证券化和信托投资基金正是这一背景下可供选择的新型土地储备信托融资渠道。

第二节 土地储备信托资产证券化融资模式设计

信托是有关财产权转移和管理的制度安排。② 在信托发源地英、美等国家,信托观念根植于私人日常民事财产管理之中,而近年来盛行于金融领域的商事信托,③ 也基本遵从私人信托的原理和规范。[1] 相反,在信托的

---

① 《通知》规定,信托公司管理集合资金信托计划时,向他人提供贷款不得超过其管理的所有信托计划实收余额的30%,超过30%的不得再新增贷款类集合信托计划,直至该比例降低至30%。

② 在英、美法系国家,信托财产权的转移通常指所有权转移。受托人享有信托法上的财产所有权,以便按照自己的意志对财产进行管理。而受益人则享有衡平法上的所有权,以此体现出对受益人的保护和对受托人权利的制约。我国《信托法》并未明确规定所有权转移,而只规定了财产权委托,这就为基于土地使用权转移的信托机制提供了实践的可能。[2]

③ 在信托发源地英、美等国家,按照委托人转移财产给受托人时是否要求受托人支付对价,将信托分为民事(私人)信托和商事信托。无偿的私人信托一直是英、美信托制度的灵魂,近年来兴起的商事信托虽然被广泛应用于资本市场,但其原理基本沿袭了私人信托的基本理论,英、美对此均没有特别研究。甚至连美国的《信托法第三次重述》对商事信托原理也只字未提。[3] 而美国信托法学者也曾一度认为,受托人支付对价只是信托关系中的特例。[4] 在中国,法律没有明确承认信托财产所有权的转移问题,因此,目前中国基本没有像英、美那样的有偿商事信托,大多数都是无偿信托。还原到土地储备方面,由于其带有明显的政府色彩,有偿无偿也并非信托机制作用的关键。

"移植地"日本、韩国等地区，民事信托发展相对落后，信托更主要地被作为一种投融资工具应用于金融领域。[5]现实中，金融领域的信托融资机制通常表现为一定目的的信托载体，是一种信托机构作为受托人接受投资者或融资者委托，通过对投资者或融资者信托的资金或其他财产进行投资管理，满足投资者或融资者需求的金融交易结构。[6]

一、土地储备信托资产证券化的本质

信托资产证券化正是信托机制在金融领域作用的表现之一。一般来说，资产证券化是指以被证券化资产可预见的未来现金流为支撑，在金融市场上发行证券的技术和过程。[7]从理论上讲，一切能够产生现金流入的资产都有被证券化的可能。信托机制是资产证券化得以完成的主要机制之一，资产证券化借助信托本身的制度设计能够达到"真实出售"和"破产隔离"的目标，同时获得除银行和公司法之外信托法律规范的保护。① 现实中，资产证券化的融资功能往往通过增强被证券化资产的流动性而得以实现。② 土地储备信托资产证券化是资产证券化在土地储备开发领域的应用，其本质是利用信托机制，以能够产生可预见现金流的储备土地资产作为支撑，通过专业分工，发行资产支持证券，谋求多方参与者利益共赢的技术和过程。

二、土地储备信托资产证券化运作流程设计

从广义角度看，储备土地资产证券化可分为现金资产证券化、信贷资产证券化、证券资产证券化和实体资产证券化四种类型。然而，目前只有

---

① 资产证券化融资的优越性在于它是基础资产支持融资，而非整体信用支持融资，从而起到降低风险、保护投资者利益的作用。[8]为此，需要设计特定目的载体（SPV），以便实现"真实出售"和"破产隔离"。理论上，可以通过公司、信托和合伙三种形式实现。其中，信托主要是依赖信托"财产权转移机制"和"信托财产独立机制"实现真实出售和破产隔离。目前，信托机制是我国资产证券化实践的主流模式。

② 即将那些缺乏流动性，但能够产生可预见现金流的资产，通过一定的结构安排，转换成可以在金融市场上交易和流通的证券。

信贷资产证券化是我国法律认可的主要模式。2005年起，国开行、建行等单位相继进行了信贷资产证券化的试点。截至2009年底，我国信贷资产证券化产品的发行总规模已经达到667.83亿元。[9]虽然我国对于实体资产证券化暂无法律规定，但利用信托机制发行土地支持证券进行土地开发融资的做法在英、美、日本与中国台湾等地均存在着广泛的实践。可以预见，实体资产证券化也必将是我国资产证券化发展的趋势之一。在此基础上，根据受托人所承诺受托财产（权）的性质不同，土地储备信托资产证券化有两种设计模式（见图5-1、图5-2）。

模式1：

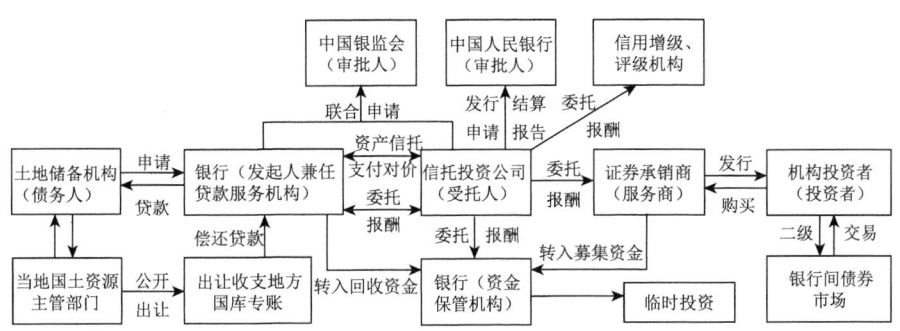

图5-1 土地储备抵押贷款证券化运作流程

土地储备抵押贷款证券化属于信贷资产证券化范畴。① 简而言之，由债权持有人银行作为资产证券化发起人，将作为基础资产的土地抵押贷款做成资产池，信托给信托投资公司借助信托机制实现基础财产的独立和破产隔离。信托投资公司以土地抵押贷款可预见的未来现金流入支撑，进行资产结构重组，设计资产支持证券，并委托承销团负责证券的销售。此时，发起人银行是信托关系中的委托人，信托投资公司是受托人，机构投资者和发起人（如果结算后信托财产还有剩余）是持有资产支持证券的受

---

① 一般来说，信贷资产证券化的基本流程包括确定基础资产并组建资产池、设立特定目的信托载体、转移资产、资产结构化重组、信用增级、信用评级、发行资产支持证券、支付对价、管理资产和结算等步骤。[10]土地储备抵押贷款证券化在上述方面与一般信贷证券化基本相同，此处不另做阐述。

益人。整个运作流程中只存在一个信托关系。

待储备土地公开出让后,结合地方国库土地收支预算和土地储备开发成本、报酬等支出项目进行清偿与结算,剩余出让收入归入地方国库土地收支专账,由政府根据相关法律规定安排使用。

值得注意的是,由于我国土地储备的政府背景及公共性极强,上述模式中,土地储备机构有土地储备开发资金需求时,可以主动与银行和信托投资公司提出资产证券化合作意向。银行在证券化之前也未必需要真正向土地储备机构发放贷款,可待信托投资公司募集资金支付对价后再放贷,以便缓解银行的资金压力。①

模式2:

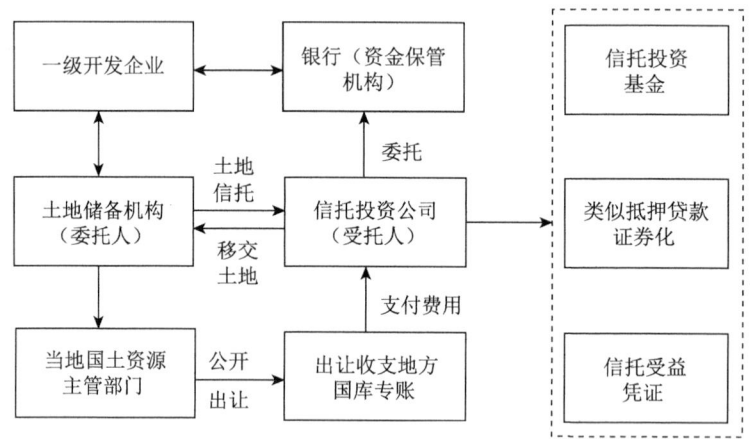

图5-2　土地储备实体资产证券化运作流程

土地储备实体资产证券化是一系列广义证券化方式的统称。目前,我国土地领域尚没有专门的资产证券化法律法规,因此,可以采取土地信托

---

① 值得注意的是,由于目前信贷资产证券化需要经过央行和银监会批准,条件和程序较为严苛,为减少成本,实践中每次资产证券化的体量都较大,至少都在几十亿元。而单个项目的土地储备所需资金仅为几亿元甚至几千万元。因此,为降低成本,可以探寻行政区域内土地储备项目的集体融资规划,例如,推行省级土地储备模式,以此来增加资产证券化的体量。

开发的方式完成广义证券化的过程。① 由储备机构作为委托人,将待开发土地的某项权利信托给信托投资公司。② 信托的方式可以是民事,也可以是商事。例如,若选择民事信托,则无须受托人支付信托财产对价,信托投资公司可以选择信托受益凭证、信托投资基金或者类似抵押贷款证券化这类较为正规的方式发行土地受益凭证、基金份额或者资产支持证券,之后由受托人用募集的资金雇用一级开发企业进行储备开发。

开发完成后由土地储备机构收储。待储备土地公开出让后,结合地方国库土地收支预算和土地储备开发成本、报酬等支出项目进行清偿与结算,剩余出让收入归入地方国库土地收支专账,由政府根据相关法律规定安排使用。

第三节 土地储备信托投资基金融资模式设计

一、土地储备信托投资基金的本质

信托投资基金是信托机制在金融领域作用的另一种表现形式。土地储备信托投资基金则是将基金的投资对象固定到了土地储备开发这一特殊领域。从资金募集的角度看,土地储备信托投资基金可以理解为信托投资公司向投资者发行受益凭证,将投资者的不等额出资汇集成具有一定规模的信托资产,再由专门的投资管理机构将其投资于土地储备活动,所获收益由基金持有人按契约约定分享的过程。[13] 因此,通俗地说,土地储备信托

---

① 土地信托开发融资模式在美国和日本较为流行,分为出租式和出售式两种,主要通过"信托—受益凭证"的方式解决土地权利人或者政府在开发土地时资金短缺的困境。[11]

② 之所以说是某项土地权利,原因有二:一是按照信托发源国传统,信托转移的财产权利必须是所有权,甚至有非所有权转移就不成立信托的说法,[12] 而我国土地无所有权转移之说,从这个意义上讲,要进行土地信托必须要有某项财产权利来代替所有权。二是我国法律虽规定储备土地可发放土地证书并用于抵押,但土地储备中心对所储备土地具体享有什么性质的权利及权限大小并没有明文规定。但从目前情况来看,作为临时土地使用权处理的可能性较大。

投资基金的本质就是利用信托机制,集小钱为大钱,通过专业分工,谋求多方参与者利益共赢的金融工具。

根据我国《信托公司集合资金信托计划管理办法》的规定,信托公司可以以债权、股权、物权等方式运用信托资金,但现实中集合资金的运用范围却十分有限。① 事实上,与证券投资基金相比,土地储备信托投资基金更倾向于一种基础设施类产业投资基金。② 而产业投资基金的关键在于获得未上市企业或项目控股权后,参与企业或项目经营,通过上市或转让等退出机制实现资本增值。现实中,土地储备机构作为政府管理土地的一个职能部门,并不是股份制公司,不可能通过股权受到市场资本的控制。[16]但这并不意味着土地储备开发项目本身和储备土地的物权权利不可以暂时交由市场资本来运营。事实上,实现土地储备开发项目运营权由土地储备机构向信托投资基金的转移,正是突破贷款信托资金计划投资形式缺陷,实现信托融资模式再造的着力点。

二、土地储备信托投资基金运作流程设计

理论上,基金投资者购买基金份额成立信托基金的行为在前,受托人寻找投资对象的交易行为在后。但在实践中,先出现的往往不是投资者,而是投资对象。这是因为信托基金的发起往往由资金需求方向信托公司提出需求,再由信托公司设计产品发起成立集合资金来对接。在此基础上,根据受托人控制土地储备项目的方式不同,土地储备信托投资基金有两种设计模式,见图5-3、图5-4。

---

① 这与我国资本市场发展程度和投资渠道狭窄有关。目前,中国整个信托业都存在着后续投资方式过于简单的倾向。截至2008年9月底,全行业信托资产运用于贷款的资金有8801.74亿元,占总额的65.07%,而用于金融产品投资、股权投资、资产证券化投资的比例相加仅占20%左右。
② 一般认为,组合投资于证券买卖的基金是证券投资基金,而组合投资于不同产业或项目的基金属于产业投资基金。我国虽然尚无产业基金的立法,但通常认为它是指一种对未上市企业进行股权投资和提供经营管理服务的利益共享、风险共担的集合投资制度,主要分为创业投资、企业重组投资和基础设施投资等实业投资类型。[14-15]

模式1：

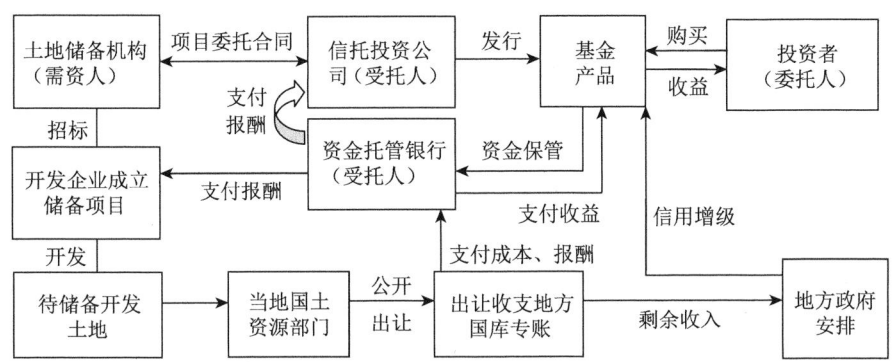

图 5-3　项目委托式土地储备信托投资基金运作流程

土地储备机构有土地储备开发资金需求时，向信托投资公司提出申请，信托投资公司对该土地储备开发项目进行必要的投资评价，如果投资可行，则接受申请，并在与储备机构就后续合作事宜取得合意后，设计基金产品，发行基金份额募集社会资金，所募集资金由银行托管。此时，社会投资者是信托关系中的委托人，信托投资公司和银行是受托人，投资者是持受益凭证的受益人。整个运作流程中只存在一个信托关系。

土地储备机构通过公开招标方式确定一级开发企业后，与信托投资公司签订委托代理协议，委托信托投资公司作为土地储备开发项目的运营者，运用募集的资金进行土地储备开发。① 开发完成后由土地储备机构收储。待储备土地公开出让后，结合地方国库土地收支预算和土地储备开发成本、报酬等支出项目进行清偿与结算，剩余出让收入归地方国库土地收支专账，由政府根据相关法律规定安排使用。

模式1中，土地储备机构与信托投资公司通过项目委托形式实现了储备开发运营权的转移，规避了法规所禁止的信贷形式，土地储备机构与信托投资公司最终形成的是委托代理关系。

---

① 也可先委托信托投资公司，再由信托投资公司选择一级开发企业的合作伙伴。由于目前各地土地储备机构往往有固定的一级开发合作企业，所以此处的先后顺序已不重要。

模式2：

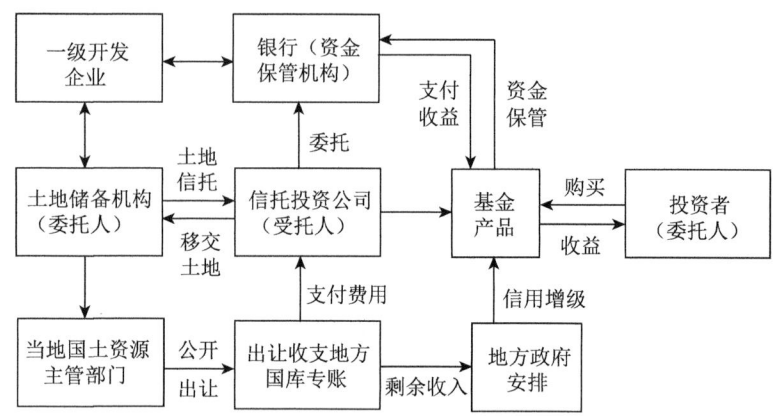

图 5-4　土地信托式土地储备信托投资基金运作流程

储备机构作为委托人，将待开发土地的某项权利信托给信托投资公司。信托的方式可以是民事，也可以是商事。例如，若选择民事信托，则无须受托人支付信托财产对价，信托投资公司根据项目需要设计基金产品，发行基金份额募集社会资金，所募集资金由银行托管。此时，整个运作流程中存在两个信托关系。土地储备机构是土地信托的委托人，这个信托属于资产信托；而社会投资者是投资基金的委托人，这个信托属于资金信托。信托投资公司在两个信托关系中均作为受托人，而作为资金托管机构的银行只是后一个信托关系中的受托人。投资者是持受益凭证的受益人。

信托投资公司用募集的信托资金聘请土地开发公司进行土地整理开发工作。开发完成后由土地储备机构收储。待储备土地公开出让后，结合地方国库土地收支预算和土地储备开发成本、报酬等支出项目进行清偿与结算，剩余出让收入归入地方国库土地收支专账，由政府根据相关法律规定安排使用。

模式2中，土地储备机构与信托投资公司成立信托契约，不仅实现了储备开发控制权的转移，更实现了开发期内基于信托原理的土地物权的转移，土地储备机构与信托投资公司最终形成的不是委托代理关系，而是信托关系。

相较模式1而言，模式2在实践中会遇到一些法律障碍，如信托土地权利的定性问题、两次土地转移过程中土地权利的登记与注销问题等。但如果能从土地储备入手推动模式2的实现，则将对信托业务在中国不动产领域的发展提供宝贵的实践支持。

第四节　推进土地储备信托投资基金发展的对策建议

随着我国信托法律环境的日臻成熟和信托实践经验的逐步积累，国内信托理财市场规模迅速壮大。截至2008年9月底，全国53家信托公司固有资产总额达836.13亿元，管理的信托财产余额共13526.52亿元，平均每家达255.22亿元，2008年全行业共实现营业收入171.12亿元，实现利润总额120.05亿元。[17]信托市场的迅速发展彰显了信托机制在中国巨大的制度价值，将信托投资基金制度引入土地储备开发领域，既是信托业务全面发展的需要，也是满足土地储备资金的需求，实现土地储备机构融资良性发展的重要选择。为此，需要从以下三个方面着手，推进土地储备信托融资机制发展。

一、明确土地储备机构角色，推动土地一级开发业务转移

我国《土地储备管理办法》规定，土地储备工作的具体实施，由土地储备机构承担。现实中，土地收购储备开发往往由各地土地储备中心及其挂靠的一级开发企业来完成。然而，2010年9月，国土部发文要求各地土地储备机构必须在2011年3月底前与其下属和挂靠的从事土地开发相关业务的机构彻底脱钩，各地国土资源部门及所属企事业单位都不得直接从事土地一级开发业务。这意味着国家首次以部门规章的形式将土地一级开发

业务从土地储备机构的业务中剥离出来,划归市场。因此,土地储备机构也应明确自己的角色和定位,实现由"运动员"到"裁判员"的转变,积极开展土地一级开发权的转移尝试,在实际业务中作为监督者,不可越权干预信托投资公司和一级开发企业的正常经营行为。

二、明确地方政府角色,探寻新的信用增级方式

在已实施的贷款资金信托计划中,为了增加信托计划对于公众投资者的吸引力,不少地方政府均采用了财政担保的方式,将信托计划贷款资金纳入同期同年度财政预算,以保证及时足额支付投资者本金和收益,如北京市、焦作市、郑州市、铜陵市等。然而,我国《土地储备管理办法》规定,各类财政性资金依法不得用于土地储备贷款担保;《中华人民共和国担保法》也明确规定,除经国务院批准为使用外国政府或者国际经济组织贷款进行转贷外,国家机关不得为保证人。虽然以上信托融资模式中只有土地储备抵押贷款证券化涉及贷款问题,但也应该明确地方政府在融资中的角色和地位,避免出现与法律相违背的情况。相反,应该采用市场化的方式增强信托产品吸引力。例如,可以引进信誉好、影响力高的评级机构在独立、客观、公正的原则下,通过标准化的风险评估流程和技术,对信托投资产品进行信用评级,提示风险,保护投资者利益。此外,地方政府也可以采用一些如税收等经济手段增加信托产品的吸引力。

三、明确储备期内土地的产权性质,为土地信托投资基金建立制度基础

信托法理论与立法实践均强调信托财产权的确定性。英、美信托法学者强调"设立一项信托,必须有确定无误的信托财产"。[18]无论何种模式中的土地信托都需要对开发土地有一个明确的产权定位。这也是解决我国土地储备抵押争议、明确银行抵押贷款权利的重要环节。目前,一种说法认为,储备土地是一种特殊形态的土地,土地储备中心对所储备的土地享有什么样的权利,法律尚没有明文规定,储备机构对所储备土地应该只有

短时间的管理权限,只是代理国家对所储备的土地行使管理职能,并不拥有土地使用权。[19]这种保守的说法值得商榷。

《土地储备管理办法》规定,储备土地可以办理登记、核发土地证书并用于抵押,在供应已发证储备土地前,应收回土地证书,设立土地抵押权的,要先行依法解除。按照民法的一般原理,抵押权是一项重要的担保物权,物权原本是所有权的自然延伸,但在我国土地实践中,由于所有权缺失,一般将其理解为土地使用权的延伸。[20]同时,我国法律规定国家土地所有权不能进行抵押。因此,虽然土地收购后国家土地所有权归于完整,但是国家土地所有权不能成为储备土地抵押的对象,可设定抵押的土地权利一般是土地使用权。[21]此外,我国法律明确规定,只要不影响土地供应,储备土地可以临时利用,且土地登记中设定土地所有权和他项权利都不合适。由此可见,我国储备土地在实质上具备用益物权和担保物权的重要权利要素,法律虽未明文规定储备土地使用权,但隐藏了土地使用权存在的可能。目前来看,这类土地使用权在得到法律承认之前,应该属于一种预设土地使用权。储备土地抵押实质是一种在土地供应环节计划设定的土地使用权上预先设定的抵押。随着实践的发展,这种模糊的法律定位已经没有存在的必要了,在法理和现实都有条件廓清储备土地产权的情况下,理应明确土地权利的性质和权限,为土地储备融资模式的发展提供良好的制度基础。

第五节　结论

土地储备工作面临资金难题,需要突破银行信贷单一渠道的限制。相对于发展股权融资、地方政府债券融资等工具而言,再造信托融资模式具备更为宽松的制度环境。资产证券化和投资基金是活跃在当今世界资本市场的两大资产运营工具。作为两项有效的融资机制,其与信托的结合已经在世界不少地方的土地开发与城市开发中成功运用,解决了政府、企业资金困难的问题,促进了城市建设与发展。虽然在大陆法系国家,由于缺少衡平法上所有权的保护,信托发展常常受到阻碍,但随着日本、韩国等早期"信托移植地"本土化的完成与中国大陆信托法律环境和实务日渐丰富,信托原理和信托意识开始慢慢被人们所熟知,衡平法保护的缺失也不再是阻碍发展的理由。在银监会禁止贷款资金信托计划的情况下,将信托与资产证券化和投资基金相结合,成为扩大土地储备融资渠道可供尝试的上佳选择。或许自土地储备信托资产证券化和投资基金开始,先试点后立法的过程,不仅能为地方土地储备工作扩大融资渠道,更能成为中国土地信托业务发展的先驱。

参考文献

[1] 高凌云. 被误读的信托:信托法原论 [M]. 上海:复旦大学出版社,2010.

[2] 勇越. 中国农村土地信托运行机制探讨 [D]. 北京:北京师范大学,2009.

[3] SITKOFF, ROBERT H. Trust as "Uncorporation": a research agenda [R]. Research paper No. 05-13, Northwestern University School of Law, 2005.

[4] American Law Institute. Restatement of the law trusts 3d. 3 Vols [M]. American Law Institute Law Publisher's, 2009.

[5] 魏甫华,高如华. 如何监管信托:专访英国信托法委员会副主席海顿教授和伦敦大学国王学院马休斯教授 [J]. 中国法律,2004 (3):45.

[6] 李勇,陈学文. 信托产品的制度解析:兼与《信托制度异化论》作者商榷 [J]. 广东金融学院学报,2010,25 (2):118-128.

[7] 袁彩云. 我国城市土地资产证券化及突破模式探析 [J]. 广东财经职业学院学报,2005 (5):40-44.

[8] 黄嵩,魏恩遒,刘勇. 资产证券化:理论与案例 [M]. 北京:中国发展出版社,2007.

[9] 刘文雯,高平."影子银行体系"的崩塌对中国信托业发展的启示[J].上海金融,2010(7):55-59.

[10] 王克强,刘红梅.城市土地储备机制运作过程中的土地资产证券化研究:中国大陆资产证券化的突破口[J].经济地理,2001(S1):88-91.

[11] 朱柏松.公有土地信托之研究[EB/OL].http://140.112.114.62/handle/246246/26942/.

[12] 中野正俊,张军建.信托法[M].北京:中国方正出版社,2004.

[13] 李耀丽.土地储备投资信托基金运行模式研究[D].西安:西安建筑科技大学,2009.

[14] 鲁育宗.产业投资基金导论:国际经验与中国发展战略选择[M].上海:复旦大学出版社,2008.

[15] 华雷,李长辉.私募股权基金前沿问题:制度与实践[M].北京:法律出版社,2009.

[16] 宋锋,张燕.完善我国土地储备信托投资的思考[J].荆门职业技术学院学报,2007,22(8):70-73.

[17] 中国人民大学信托与基金研究所.中国信托业发展报告2008[M].北京:中国经济出版社,2009.

[18] RICHARD EDWARDS, NIGEL STOCKWELL. Trust and equity[M]. Beijing: Law Press,2003.

[19] 张婉丽.土地矿产争议典型案例与处理依据[M].北京:中国法制出版社,2006.

[20] 陈明添.中国民法学[M].北京:法律出版社,2007.

[21] 王小映.收购储备土地的抵押研究[J].国土资源,2003(8):26.

第三篇 土地闲置：成因、特征与治理

第六章
不确定性、房地产开发决策与土地闲置：基于实物期权理论的国外研究综述[①]

土地闲置已成为新型城镇化面临的重要问题，以实物期权理论为基础的闲置土地研究也逐年增多。本章在总结房地产市场不确定性与闲置土地实物期权价值的基础上，重点回顾了房地产开发企业开发决策与土地闲置关系的研究概况，即开发时机选择与开发规模选择对土地闲置问题的影响研究。得出以下研究结论：不确定性的存在与房地产开发企业闲置土地的行为紧密相关，不确定性越大，闲置土地实物期权价值越高，企业越倾向于闲置土地。因此为实现闲置土地的有效治理，在如何降低市场不确定性、提高政策的稳定性和执行力方面还需进一步研究。

土地市场是一个不完全竞争市场，具有很大的不确定性。不确定性是影响房地产开发企业进行项目开发决策的重要因素，而企业拿到土地后延迟开发或者分期开发直接导致土地闲置问题的产生。[1] 近30年来，随着我国城镇化建设进入加速阶段，对土地资源需求日益增加，但与此同时闲置土地也大量存在。国外学者基于实物期权理论探讨不确定性下的房地产开发决策与闲置土地问题的研究层出不穷，但尚未形成体系，国内也有学者

---

① 本章作者为王宏新、蔡梦晗、邵俊霖、高姗姗。

利用实物期权理论构建了土地开发决策模型,讨论房地产开发的最优时机,并为投资者在房地产市场存在不确定性时的投资决策提供建议,但罕有学者对房地产开发决策与闲置土地问题进行详细研究。本文旨在系统总结基于实物期权理论的房地产开发决策与闲置土地问题的国内外研究成果,在明确房地产市场不确定性及其对闲置土地实物期权价值影响的基础上,论述不确定性下房地产开发企业开发时机选择、开发规模选择引发的土地闲置问题,并对未来研究方向进行展望,以期为我国新型城镇化背景下的闲置土地研究与治理提供参考。

第一节 房地产市场不确定性

不确定性是房地产市场的普遍特征,广泛存在于房地产开发全过程,是推动房地产市场发展的重要因素。[2]从经济学角度看,不确定性是决策者不能确切知道当前事态的未来发展变量及状态。不确定性分为横向不确定性(指经济当事人对当前的竞争对手、市场供求状况以及经济政策近期效果等只掌握有限信息,因而不能确信自己的决策结果)和纵向不确定性(指引入时间因素后对未来市场变化的不确定性)。[3]然而,目前学术界对于房地产市场不确定性仍无一个公认的精确定义。房地产市场不确定性因素有很多,如未来资产价格、开发成本、利率、税收及管制政策等。[1,4-5]周焯华和李文苹在总结各类不确定性因素的基础上,指出房地产市场的不确定性可概括为宏观环境、微观环境和房地产项目自身特征等三个方面。宏观环境包括国内外经济形势、土地政策、投融资政策、房地产市场价格预期等;微观环境包括区域城市规划、区域房地产需求、家庭收入等因素;房地产项目自身特征导致的不确定性是基于房地产项目自身开发周期长、资金占用量大、投资资金不可逆等因素而言的。[6-7]相比理论研究,经验研究为了方便模型构建,在处理不确定性时通常选取经济环境中的一个或几个变量进行量化解释,不少学者以房价波动率、成本波动率来解释房地产市场不确定性。例如，国内学者曾力勇等为了构建房地产企业投资决策模型并进行数值分析，以房地产投资品价格来衡量不确定性[8]；骆世广等根据多维 Ito 定理和无套利原理构建房地产定价模型，通过租金波动率和单位成本波动率来衡量不确定性，认为波动率增加，市场不确定性增加；[9]王媛等则构建了房价预测自回归方程，运用新建商品房房价波动率解释不确定性。[10]

实物期权理论正是基于不确定性的投资理论，可以有效解释房地产市场中存在的不确定性及影响。[11]该理论认为不确定性是期权价值的基础，也是影响投资者进行项目决策的重要因素，它通过改变实物期权的价值影响土地价值。[4]实物期权理论是金融期权理论在实物（非金融）资产期权上的扩展，研究不确定环境下的实物期权价值变动，以及期权所有者基于这一变动所采取的决策。[11]期权本质上是在一定时期内按特定价格买进或卖出某种标的物的权利，以股票、债券等金融产品为标的物的期权一般被称为金融期权。1973 年，Black 和 Scholes 提出了著名的 B-S 期权定价模型，标志着金融期权的研究已趋于成熟。借鉴金融期权的思想和理论体系，[12]Arrow 和 Fisher 最早提出实物期权的思想，他们认为在不确定环境下延迟投资决策是有价值的。[13]Myers 最早正式提出"实物期权"概念，他认为许多公司实物资产，尤其是增长机会可以被看作一种看涨期权，只不过这种期权标的物不再是股票、债券等金融工具，而是投资项目、自然资源等实物资产，其价值依赖于公司未来的投资选择。与金融期权相类似，实物期权价值也会随市场波动而变化，其市场价格就是项目的总现值，执行价格就是投资成本。在公司进行投资以后，就相当于执行了该期权，获得了这项资产，同时也意味着放弃了不执行期权而在等待过程中出现的诸如产品价格上升、投资成本下降等收益。如果资产价值上升，投资收益也随之上升；如果资产价值下降，企业则无须继续投资，损失的仅仅是为获得这项投资机会而花费的成本。把所有的投资选择权（如投资时间、投资规模、进入或退出等）都看成有价值的期权正是实物期权理论的基本思想。[14]该理论一经提出，就在具有高度不确定性的实物投资和管理领域得到积极应用。自 1985 年 Titman 首次把实物期权理论引入闲置土地的研究领域，利用其解释不确定性下的闲置土地价值以来，以实物期权理论为基础的闲置土地研究逐步成为学界热点。

第二节　不确定性如何影响闲置土地的实物期权价值

闲置土地的实物期权价值主要来自未来的不确定性，如房价波动、租金变动等，不确定性越大，闲置土地实物期权价值越高，[15-19]这一观点得到大量的理论和实证检验。Quigg 利用大规模房地产交易数据集，第一次通过实证方法计算了闲置土地的实物期权价值，检验了等待期权定价模型的效果。Quigg 的基本思路是，假定开发成本和标的资产（建筑物）均服从几何布朗运动、标的资产价格可以观察得到、无风险利率固定、土地所有者是价格接受者、投资不可逆等，以此为基础构建期权模型，进而求出闲置土地实物期权价值的表达式，把相关市场数据代入求出实物期权价值的理论解；最后将理论解与实际价格进行一般线性回归，通过拟合程度判断模型的解释力。结果发现，这个模型可以解释超出土地内在价值部分的交易价格；根据预测，交易价格中平均有 6% 的部分属于期权溢价。[16] Yamazaki 在引入特征价格模型的基础上利用东京的数据进行分析，得到与 Quigg 类似的结论，即不断上升的土地价格中有相当一部分是不确定性带来的实物期权溢价。[20] Ooi、Sirmans 和 Turnbull 则直接估计土地期权的价值，基于新加坡 1994—2004 年的交易数据，发现可开发土地价值中有大约 45% 属于嵌入的实物期权价值。[21] Cunningham 利用华盛顿州 King County 1982—2002 年数据运用期权模型模拟发现，未来不确定性越大，土地实物期权价值越高并造成未来的高房价。[17] Clapp、Bardos 和 Wong 通过引入期权变量的特征价格模型，利用康涅狄格州 53 个城镇 1994—2007 年超过 162000 个房地产交易数据，测量了不确定性下闲置土地再开发的期权价值，并评估期权价值与价格波动之间的关系，结果发现闲置土地再开发实物期权价值与房价波动呈正相关关系，与通过结构特征调整后的房价呈 U 形关系，同时更高的房产税会减少再开发期权价值。不仅如此，竞争也会对实物期权价值产生影响。[19] Grenadier 和 Bulan、Mayer 和 Somerville 发现，竞争的存在会侵蚀实物期权价值，减少实物期权价值对闲置土地开发决策的影响，因为竞争者会驱动投资者尽快投资。Yavas 和 Sirmans 通过投资实验发现，在个体水平上不存在其他竞争者时，投资者难以觉察实物期权的存在和影响；而多名投资者为获得投资权利相互竞争时，其竞价会达到足以反映期权价值的水平。[22-25]

与国外研究相较，国内对闲置土地实物期权价值的研究相对滞后，且以理论研究为主，缺乏相应的实证检验。有学者将期权定价模型应用于中国房地产市场，发现土地的真实价值包括投资成本与土地的期权价值[26-27]，并进一步指出只有当房价达到某一正临界值时立即开发最优，否则延迟开发最优，且不确定性提高会增大临界值。[27] 目前，学术界普遍认为房地产开发企业获得土地就获得了一个未来收益权，未来房地产价格是不确定的，因此未来收益也是不确定的。从期权的角度看，房地产价格受城市发展、房地产市场、环境、政策等多方面因素影响，闲置土地价值还应含有一个延迟投资的期权价值，其中，期权的执行价格是建筑成本，标的资产是未来收益的现金流。[7]

对房地产市场而言，不确定性影响土地实物期权价值，进而改变房地产开发企业投资行为。房地产开发企业获得土地，就拥有了一种决策柔性，即在进行土地投资决策时拥有根据不确定的环境选择投资行为的权利，可以在一定时间里选择是否进行投资，以怎样的方式投资以及投资规模的大小[28]等。目前，房地产开发决策主要集中在开发时机和开发规模的选择两个方面，不确定性越大，企业越倾向于延迟开发时机，减小开发规模，不可避免地产生闲置土地。

第三节　土地开发时机选择与土地闲置

预期不确定性增大，房地产开发企业更倾向于选择延迟开发时机。实物期权理论研究认为，不确定性的增大会提高土地的期权价值，因此，在市场投资条件不确定时，房地产开发企业会在立即开发和延迟开发之间进行比较。[29]高不确定性会提高土地实物期权价值，此时房地产开发企业更愿意持有土地等待升值，在房地产开发企业等待最佳投资时机的过程中，土地处于闲置状态。[30]Titman 最早研究了立即开发与延迟开发的差别，他认为很多土地闲置或未充分利用的原因是投资者认为未来开发比现在开发更有价值。立刻开发的价值很容易计算，即建筑的市场价值（包括土地）减去地块的准备和建设成本。但是，未来的房地产价格和这块土地上的建筑类型都是不确定的。基于这种考虑，Titman 借用 Scholes 和 Merton 的方法，采用二叉树分析框架，提出一个模型用以指明在何种情况下推迟建筑时间是理性的。[15]这是因为，闲置土地可以看成购买一系列不同可能建筑中的一个期权，而执行价格等于它们各自的建筑成本。利用这个模型，Titman 证明了当根据实物期权理论计算的未来闲置土地价值超过立刻开发带来的利润，土地所有者会选择使土地闲置，延迟开发。在 Titman 研究的基础上，Capozza 和 Li 利用最优停时方法构建了一个分析长期资本投资决策的一般模型。研究发现，更高的不确定性能够增加闲置土地实物期权价值，由于投资支出是不可逆的，如果未来收益有可能增加，企业倾向于推迟开发时机。[31]Cunningham 通过西雅图的数据实证检验发现，房价不确定性增加一个标准差会降低 11.0% 的开发可能性，提高 1.6% 的闲置土地价格，与实物期权理论的探讨结果一致。[17]Grovenstein 和 Munneke 估计了包含延迟期权的闲置土地开发期权的价值，发现延迟溢价平均约占整个开发期权价值的 6.7%，并且随着土地利用类型的不同而不同，具有低延迟溢价的土地使用者应该比具有高延迟溢价的土地使用者更早开发土地，从而减少闲置。[32]

国内研究引用学术界经典的实物期权模型并结合中国实际分析房地产开发企业闲置土地的原因。王宏新等运用 Black-Sholes 模型分析房地产开发企业"囤地"背后的原因，指出项目总价值的波动率越大，无风险利率越大，延迟投资期权价值越高。就土地市场而言，房地产开发企业作为投资决策的主体，面对充满不确定性的市场，更倾向于闲置土地、推迟开发。[1]同时，这一论点也得到国内经验数据的验证。周焯华认为闲置土地期权属于存在"负红利分配"的看涨期权，在此基础上构建了红利分配率的期权定价模型，以探索房价波动率不确定下的土地期权价值，并将该模型应用于计算广州市某地块的延迟开发期权价值，发现如果延迟一年后开发，在此期间可以等待更多信息，项目的价值会更大。[6]骆世广等通过构建房地产市场需求函数与成本函数，根据多维 Ito 定理和无套利原理推导出房地产定价模型，对广东省 2005—2008 年的房地产相关数据进行分析，得出单位租金波动率和单位成本波动率增加，使期权价值增加，房地产开发企业会选择继续持有土地，待价而沽。[9]翟东等运用房价波动率衡量市场不确定性，构造一个无风险投资组合求解项目期权的价值，同时构建计量模型，对我国 34 个大中城市商品住宅开发的面板数据进行描述性统计检验，发现市场不确定性每提高 1 个单位的标准差将使房地产项目的开工量降低 11.54%。上述观点从理论和实证角度论证了不确定性越高，房地产开发企业更倾向于闲置土地。[33]

第四节　土地开发规模选择与土地闲置

与土地开发时机决策同样重要的另一类决策就是土地开发规模的选择，并且二者之间存在相互影响关系。国外研究集中在开发规模限制存在与否对土地闲置的影响并形成丰富的研究成果，由于国情与市场发展阶段的不同，国内闲置土地开发规模的研究相对滞后。

国外学者通过构建开发规模期权模型，设定房地产开发企业可以自主选择土地开发规模，发现可选的开发规模会增加土地实物期权价值，此时房地产开发企业倾向于延迟开发时机；而开发规模的限制，弱化了未来不确定性因素对土地实物期权价值的影响，加速了项目开发。Titman 论证了限制建筑物高度会导致某一地区建筑单元数目的上升，因为这一限制使最优建筑高度的不确定性降低；换句话说，建筑高度限制会促进开发。[15] Cunningham 运用 1985—2002 年的西雅图土地开发数据，实证检验了开发规模对实物期权价值的影响，发现可选的开发规模是延迟型实物期权的必要因素，对开发规模的限制会降低土地的实物期权价值从而加速开发进程，因为这一举措减少了土地未来使用的不确定性。[34] Clark 和 Reed 引入开发规模期权分析，允许土地所有者先后决定开发时机和开发规模。研究发现，在不确定的环境下，一旦开发时机和最低可接受租金确定，房地产开发企业就可以选择最优开发规模，但开发时机和开发规模选择的先后顺序忽略了二者间相互作用。[35] Williams 引入连续时间无套利模型，允许土地所有者同时决定开发时机和规模，通过理论建模发现，在法律允许的范围内，土地所有者可以自行决定开发时机或开发规模，但该选择要受到最大可行规模的约束，同时更严格的规模限制会延迟开发；且已开发房产获得的营业收益和开发成本都服从几何维纳过程，这一随机演变会影响最优开发规模，未开发地产的现金流增加、最大可行规模的提高以及规模成本的降低都会提高最优开发规模。[36] Lee 和 Jou 修正 Williams 文章中的结论，认为 Williams 关于最大可行规模的结论并不具有普遍意义，尤其是当规模限制不再与无管制条件下土地所有者选择的规模水平低相关时，该结论不再成立。[36-37] Turnbull 进一步在其动态实物期权模型中引入开发规模限制，发现土地持有者为实现不确定环境下的利润最大化，会选择最优开发规模和开发时机组合，在存在开发规模限制的情况下，会加快开发。[38] Capozza 和 Li 将税收分析和租金结构纳入期权模型发现，闲置土地的开发价值中包含一定的开发规模溢价，在不存在开发规模的限制且当租金随机变化时，财产税率会降低开发规模；可选的开发规模会与开发时机和项目价值交互作用，开发规模的最优化会延迟土地开发。[31,39-40]Ooi、Sirmans 和 Turnbull 认为最优开发规模由单位建筑物的价格和房地产开发企业的供给函数决定，满足利润最大化的原则；利用新加坡土地市场数据，实证检验发现允许更大的开发规模会提高土地价值，低开发规模使用对土地开发产生较少的回报。[21]

国内学者近几年开始关注房地产开发企业的开发规模决策与闲置土地的关系，尚未涉及对开发规模限制政策的研究。骆世广等研究发现当市场波动率从 5% 上升至 70%，表明经济环境不确定性增加，此时房地产开发企业更愿意持有期权，降低开发规模；而当波动率较小时，房地产开发企业倾向于积极执行期权并且增加开发规模。[9]王媛等设计偏误纠正的联立方程模型以控制内生性，结果显示市场未来不确定性增加，房地产开发企业拥有的土地期权价值变大，企业更愿意采取延迟销售策略；同时，为规避政策风险，企业可能通过项目分期开发变相"捂盘"，人为造成土地闲置。[41]

第五节　结论与启示

针对房地产市场的不确定性，国内外运用实物期权理论研究房地产开发决策与土地闲置问题关系的观点基本相似；国内由于实物期权理论研究起步较晚，运用其解释房地产开发企业闲置土地问题的实证研究表现出一定的滞后性。总体而言，可得到以下初步结论：一是在市场不确定环境下，土地作为一种稀缺资源，它的未来收益价值中包含实物期权价值，不确定性增大会提高土地的期权价值，而竞争会侵蚀期权价值。二是面对未来不确定的房地产市场，波动率越大，土地期权价值越高，此时房地产开发企业倾向于选择等待最佳投资时机，从而延迟开发、导致土地闲置。三是在土地开发规模选择与土地闲置关系问题上，国外研究起步较早，取得了较为丰富的研究成果，研究重点在于探究开发规模限制的存在与否对土地闲置的影响，认为可选的开发规模会增加土地实物期权价值，从而延迟开发；国内研究刚起步，认为项目分期开发是房地产企业"囤地"的另一种方式，会导致土地部分闲置。

投资的不可逆性让房地产开发企业对市场不确定性极其敏感，这些不确定性可能来自产品价格和运营成本波动导致的未来现金流的变动、预期利率波动以及投资的最终成本等。因此，如果一项政策的目标是刺激投资，那么其稳定性和可信度可能比税收激励或利率调整更重要。[42]20世纪90年代以来，闲置土地的治理已成为中国土地管理面临的重要问题，目前存在着大量的土地闲置、开工率不足、利用效率低下、房地产开发企业"囤地"现象，这些问题均可以从实物期权理论中找到动因。为促进闲置土地更快地开发，实现土地资源高效利用，必须提高市场环境稳定性和政府政策稳定性从而降低不确定性，这是清除或抑制土地闲置的重要因素。同时，我国闲置土地管理体系尚不完善，加之相关法规政策执行力欠缺，就会使房地产开发企业闲置土地的政治、经济成本降低，风险减小，可以通过各种手段变相规避查处。[43]房地产企业更倾向于冒着承担土地闲置费、土地被收回等的风险，拖延开发时间、缩小当期开发规模，以获得长期最大的经济收益。因此，为有效治理闲置土地，制定有关政策以不断提高房地产开发企业闲置土地成本，并采取相应举措确保政策落到实处尤为重要。

参考文献

［1］王宏新，蔡梦晗，邵俊霖．实物期权理论视域下我国房地产开发企业闲置土地行为分析［J］．地域研究与开发，2013（5）：114-118.

［2］陈郿山．房地产开发中的不确定性和风险及其处理［J］．中国房地产，1994（4）：42-45.

［3］王文寅．不确定性、观望与政策干预［J］．宏观经济研究，2009（8）：47-50.

［4］王媛，贾生华，张凌．土地投资决策的实物期权理论述评

[J]. 中国土地科学, 2010 (9): 76-80.

[5] 蔡晓钰, 陈忠, 蔡晓东. 随机条件下房地产开发的最优时机选择及其可达性问题研究 [J]. 管理工程学报, 2007 (1): 12-19.

[6] 周焯华. 房地产开发评估的实物期权方法 [J]. 重庆建筑大学学报, 2005 (6): 101-105.

[7] 李文苹, 刘晔. 实物期权在房地产投资决策中的应用研究 [J]. 财会通讯, 2009 (12): 15-16.

[8] 曾力勇, 陈收, 裘亚峥. 商品房价格不确定条件下房地产企业投资决策的期权模型研究 [J]. 经济管理, 2007 (12): 56-61.

[9] 骆世广, 陈凡. 房地产开发的最优时间和最优强度 [J]. 数学的实践与认识, 2011 (9): 73-78.

[10] 王媛, 贾生华. 不确定性、实物期权与政府土地供应决策: 来自杭州的证据 [J]. 世界经济, 2012 (3): 125-145.

[11] 于洋, 王辉, 杜永怡. 我国实物期权研究的回顾与思考 [J]. 科研管理, 2003 (4): 116-121.

[12] BLACK F, SCHOLES M. The pricing of options and corporate liabilities [J]. The journal of political economy, 1973, 81 (3): 637-654.

[13] ARROW K J, FISHER A C. Environmental preservation, uncertainty, and irreversibility [J]. The quarterly journal of economics, 1974, 88 (2): 312-319.

[14] MYERS S C. Determinants of corporate borrowing [J]. Journal of financial economics, 1977, 5 (2): 147-175.

[15] TITMAN S. Urban land prices under uncertainty [J]. The American economic review, 1985, 75 (3): 505-514.

[16] QUIGG L. Empirical testing of real option-pricing models [J]. The journal of Finance, 1993, 48 (2): 621-640.

[17] CUNNINGHAM C R. House price uncertainty, timing of development, and vacant land prices: evidence for real options in Seattle [J]. Journal

of urban economics, 2006, 59 (1): 1-31.

[18] SCHWARTZ E S, TRIGEORGIS L. Real options and investment under uncertainty: classical readings and recent contributions [M]. Cambridge: The MIT Press, 2004: 11-12.

[19] CLAPP J M, BARDOS K S, WONG S K. Empirical estimation of the option premium for residential redevelopment [J]. Regional science and urban economics, 2012, 42 (1): 240-256.

[20] YAMAZAKI R. Empirical testing of real option pricing models using land price index in Japan [J]. Journal of property investment& finance, 2001, 19 (1): 53-72.

[21] OOI J, SIRMANS C F, TURNBULL G. The option value of vacant land [J]. Available at SSRN 952556, 2006.

[22] GRENADIER S R. The strategic exercise of options: development cascades and overbuilding in real estate markets [J]. The journal of finance, 1996, 51 (5): 1653-1679.

[23] GRENADIER S R. Option exercise games: an application to the equilibrium investment strategies of firms [J]. Review of financial studies, 2002, 15 (3): 691-721.

[24] BULAN L, MAYER C, SOMERVILLE C T. Irreversible investment, real options, and competition: evidence from real estate development [J]. Journal of urban economics, 2009, 65 (3): 237-251.

[25] YAVAS A, SIRMANS C F. Real options: experimental evidence [J]. The journal of real estate finance and economics, 2005, 31 (1): 27-52.

[26] 徐爽, 李宏瑾. 土地定价的实物期权方法: 以中国土地交易市场为例 [J]. 世界经济, 2007 (8): 63-72.

[27] 蔡晓钰, 陈忠, 蔡晓东. 房地产投资的实物期权理论研究回顾与述评 [J]. 管理工程学报, 2006 (3): 108-112.

[28] 李红波. 不确定性环境下经营性土地出让相机策略研究 [J]. 中国土地科学, 2012 (5): 44-49.

[29] 孔煜, 魏锋, 任宏. 房地产投资的实物期权决策方法 [J]. 生产力研究, 2007 (2): 16-17.

[30] 杨明, 王国华. 投资时限对项目期权价值的影响 [J]. 管理科学学报, 2006 (10): 82-87.

[31] CAPOZZA D., LI Y. The intensity and timing of investment: the case of land [J]. The American economic review, 1994, 84 (4): 889-904.

[32] GROVENSTEIN R A., KAU J B., MUNNEKE H J. Development value: a real options approach using empirical data [J]. The journal of real estate finance and economics, 2011, 43 (3): 321-335.

[33] 翟东, 严伟, 王媛. 房地产项目开发时机与土地闲置问题研究: 基于34个大中城市面板数据的检验 [J]. 中国土地科学, 2015 (4): 41-48, 56.

[34] CUNNINGHAM C R. Growth controls, real options, and land development [J]. The review of economics and statistics, 2007, 89 (2): 343-358.

[35] CLARKE H R, REED W J. A stochastic analysis of land development timing and property valuation [J]. Regional science and urban economics, 1988, 18 (3): 357-381.

[36] WILLIAMS J T. Real estate development as an option [J]. The journal of real estate finance and economics, 1991, 4 (2): 191-208.

[37] JOU J, LEE T. Do tighter restrictions on density retard development? [J]. The journal of real estate finance and economics, 2007, 34 (2): 225-232.

[38] TURNBULL G K. A comparative dynamic analysis of zoning in a growing city [J]. Journal of urban economics, 1991, 29 (2): 235-248.

[39] CAPOZZA D R, LI Y. Residential investment and interest rates: an empirical test of land development as a real option [J]. Real estate

economics, 2001, 29 (3): 503-519.

[40] CAPOZZA D R, LI Y. Optimal land development decisions [J]. Journal of urban economics, 2002, 51 (1): 123-142.

[41] 王媛. 预期、不确定性与房地产销售策略：来自杭州的经验证据 [J]. 中国经济问题, 2015 (4): 46-61.

[42] PINDYCK R S. Irreversibility, uncertainty and investment [J]. Journal of economic literature, 1991, 29 (3).

[43] 王宏新, 周拯. 城市闲置土地的生成机理及治理 [J]. 城市问题, 2012 (9): 78-82.

第七章
实物期权理论视域下的开发商闲置土地行为分析[①]

运用实物期权理论分析我国房地产开发商闲置土地行为。土地作为一种有限资源,在推动城镇化进程和促进经济平稳发展中有重要作用,其能否得到有效利用关系重大。因此,将房地产开发商的土地投资决策视为一种实物看涨期权,从而解释了在市场存在不确定时,房地产企业闲置土地背后的动因;并通过延迟投资期权定价模型分析开发商开发土地最佳时机的决定和影响因素,可为房地产企业做投资决策和政府调控土地市场提供参考意见。

第一节 引言

房地产行业作为国民经济发展的先导性产业,其健康发展不仅事关国民经济的稳定运行,也影响城镇化进程的推进。土地作为房地产企业最大的成本构成,如何恰当地选择开发时机是每个房地产企业都会慎重考虑的

[①] 本章初稿完成于2013年秋,发表于《地域研究与开发》2013年第5期(发表原文标题为《实物期权理论视域下我国开发商闲置土地行为分析》),受北京市哲学社会科学规划项目(项目编号:11JGC113)、北京市社会科学联合会青年社科人才资助项目(项目编号:2010SKL005)和北京师范大学文科青年教师发展培育项目资助,作者为王宏新、蔡梦晗、邵俊霖,本章略有改动。

问题。2013年6月4日，融创中国与绿城中国出资约79.96亿元，从新世界发展有限公司手中收购了上海黄浦地块项目，而该地块1993年的获得价格仅仅为7.5亿元。据悉，该地块自购得后，直到2007年3月才真正开工建设。如新世界发展这般故意拖慢开发节奏的房企不在少数，为何这些企业宁愿冒着被土地部门查处甚至收回土地的风险，也要延迟开发时间？本书用实物期权的方法，探究土地开发的最优时机，进而解释房地产开发商"囤地"行为。

分析企业投资策略、定价土地的传统方法是贴现现金流法中的净现值法（NPV）和内部收益率法（IRR），即通过计算现金流贴现值，评估某一项目的投资是否合适。由于这种传统方法的假设前提与房地产业实际情况不符，在分析中存在一定偏差，如一个项目用净现值法分析得出不宜投资的结论，实际却有着不错的收益前景等。造成这种分析偏差的原因在于：第一，传统方法假设未来现金流收益是可预测的，并可通过确定的贴现率进行贴现。房地产市场风云莫测，开发主体很难准确预测开发项目的市场反应情况，这种前提下确定的贴现率很难保证绝对客观准确。第二，传统方法假设投资是可逆的。由于房地产企业的每笔项目资金投入中，有相当大一部分变成沉淀成本，如土地等，因此，房地产项目的投资基本是不可逆的。第三，传统方法假设项目投资决策是刚性的，项目初期认定不可行的投资决策，不会随市场环境等因素的改变而变更。然而，房地产企业的投资决策是柔性的，存在一定的延迟性。大多企业并不急于在拿地当下就决定开工建设，这是因为考虑到市场观望过程中会获得更丰富的信息，从而尽可能地规避风险。

除此之外，传统方法还忽略了不确定性（土地市场的不确定性因素主要有未来资产价格、开发成本、利率、税收及管制政策等）和开发期权对定价的影响，导致其无法解释"房价上涨的同时依然有大量闲置土地存在"的现象。[1]由此可见，传统的贴现现金流法在分析房地产企业对土地的决策中，存在一定的局限性。

而考虑到不确定性的实物期权方法可以很好地解释房地产开发商将土

地暂时闲置等一系列土地开发行为、促使投资者面对高度不确定性的市场环境做出更明智的投资决策。除此之外,实物期权方法还关注项目的潜在价值以及项目经营者的决策柔性等方面,因此,在土地投资及房地产开发决策领域得到广泛应用,受到学界及业界的广泛关注。

第二节 文献回顾

实物期权理论是金融期权在实物资产中的应用,是期权所有者对某实物资产进行投资或不投资的选择权。它传达了这样一种观点:即企业可以取得一个权利,在未来以一定价格取得或出售一项实物资产或投资计划,可以应用类似评估一般金融期权的方式来评估实物资产的投资价值。由于这种评估方法的对象为实物资产,故称其为实物期权。

在国外,Stewart Myers 最先提出实物期权理念。[2]他发现许多公司实物资产,尤其是成长机会,可以看成一种看涨期权,这种期权的价值依赖于公司未来的投资选择。对公司投资项目来讲,其产生的现金流会受到两方面影响,一是对实物资产的使用情况,二是所选择的未来投资机会。因此,早期的投资决策会给未来项目扩张带来价值。这种以投资项目、自然资源等实物资产为标的期权,其价值会随市场的波动而变化,其市场价格就是项目的总现值、执行价格就是投资成本。当公司进行投资以后,就相当于执行了该期权,获得了这项资产,同时也意味着放弃了不执行期权而在等待过程中出现的诸如产品价格上升、投资成本下降等收益。如果资产价值上升,投资收益则随之上升;如果资产价值下降,企业则无须继续投资,损失的仅仅是为了获得这项投资机会而花费的成本。实物期权理论的基本思想正是把所有的投资选择权(投资时间、投资规模、进入或退出等)都看成有价值的期权。

自此,以实物期权为基础的理论研究和应用研究成为学界热点,并被逐步扩大到自然资源估价、技术创新、土地开发等各个领域。J. Cox 等提出二项式模型，该模型假设资产未来价值呈离散状态。[3] S. Titman 首次将期权定价理念引入土地定价研究中，运用简单的两阶段、两时期的二叉树分析框架对闲置土地进行估计，发现市场不确定性因素的增加会带来等待期权价值的上升。[4] 随后，Williams 引入连续时间的无套利模型，采用了双不确定性变量——开发成本和租金，验证了 Titman 的结论。[5] Laura Quigg 运用实证方法得出未开发土地的价格比已开发土地的价格高出 6 倍，证明了期权价值的存在。[6] D. R. Cappozza 等将土地市场的空间和时间风险结构引入构建的地价模型中，发现等待转换的土地价格随着城市租金增长率的增加而增加、随着风险规避程度减少而减少。[7] Martha Amram 等专注于闲置土地开发案例的研究，并与贴现现金流法进行比较。[8] T. Joseph 等通过分析新加坡房地产市场发现，开发权价值约占地价的 45%。[9] E. Oikarinen 等运用实物期权定价模型分析赫尔辛基市的地价与房价动态波动关系，发现地价波动幅度较大，同时建筑用地的价格直接影响着当地空置土地的价格。[10] C. R. Cunningham 利用西雅图的数据，通过实证检验发现房价不确定性增加一个标准差会降低 11% 的开发可能性，提高 1.6% 的空置土地价格，与实物期权理论一致。[11] J. M. Clapp 等通过引入期权变量的特征价格模型，发现闲置土地再开发的实物期权价值与房价波动正相关，同时还指出更高的房产税会减少再开发期权价值。[12]

我国学界在 20 世纪 90 年代开始关注实物期权理论，主要集中在理论介绍研究和实物期权模型在企业价值评估、投资决策和项目评估等方面的应用。首先从国外引入实物期权概念的是陈小悦等，他们先介绍了实物期权的种类，并利用离散模型和连续模型对实物期权进行估值。[13] 范龙振研究了企业经营柔性影响下时间选择型实物期权的价值，后与唐国兴将项目投资机会看作美式看涨期权，运用蒙特卡洛模拟法和二叉树法研究项目暂停生产的管理柔性价值及影响。[14] 陈永庆等认为应将风险投资项目中的实物期权看作欧式期权，运用 Black-Sholes 模型予以定价，并在此基础上构建了风险项目投资的时机选择模型。[15] 张维等立足于信息经济学，将实物期权法与贴现现金流法进行对比，分析了实物期权价值对不充分信息的客观处理方式,并建立了基于最优信息系统的信息选择实物期权数理模型。[16]而针对土地投资及房地产开发决策领域的研究主要集中在农地征用补偿方面与房地产投资行为分析方面。黄祖辉等利用实物期权理论分析非公共利益性质下的征地补偿制度侵害了农民的土地发展权,并指出因这种不符合社会正义的征地行为产生土地配置低效率、土地开发时机的延误等消极影响。[17]张金明等指出当市场不确定时,土地开发可被看作一种等待型实物期权,并运用实物期权定价模型分析土地开发的最佳时机,从而探讨了在离散条件下和连续条件下土地开发决策的一般模型。[18]无独有偶,王勇等也利用实物期权理论研究农地征用补偿问题,他们认为应通过实物期权定价模型估算农地征用的货币补偿标准,并在此基础上提出混合补偿方式,即除了货币补偿形式外,还可用具有相同收益特征的资产组合来补偿被征地农民。[19]徐爽等首先结合中国1998—2006年土地和住房市场的数据证实,土地的真实价值由地租的折现和土地的期权价值共同构成;其次指出不能有效证实房价上涨是地方政府对土地的垄断和高价出让导致的;最后建议构建并完善土地的合理定价制度,促进农民收入的合理提高。[20]王媛等则将实物期权模型运用到政府供地分析中,结合杭州市243宗地块样本,考察影响土地供应时机的因素,结果发现政府供地也出于财政收入最大化目的选择何时供应土地。[21]综合以上不同研究可以看出:在土地投资及房地产开发决策方面的一系列选择权构成待开发土地价值的一部分;市场不确定性因素将影响选择权的价值,进而影响土地价值;市场不确定性增加,投资价值上升,最佳投资时机推迟。

第三节 实物期权定价基本模型

一般认为,如果一个项目当前投资的净现值较少或为负,而推迟到下一时期投资,其净现值为正或较大,那么这个项目既不可放弃,也不适于立即开发,应当选择等待适合的投资时机,这种思想符合实物期权应用领域中的延迟投资期权宗旨。就房地产市场这个不完全竞争的市场而言,不确定性因素很多,政府政策、未来房价预期、税率等众多因素都会影响到房地产开发商拿地后的投资决策。因此,当市场、经济、技术条件对当前投资不利、投资项目有升值预期时,开发商可以运用延迟投资期权理论,闲置拿到手的地块,等待进一步更明确的市场信息,并分析何时是比较合理的开发时机。

一、Black-Sholes 模型

Fischer Black 和 Myron S. Scholes 于 1973 年提出了无红利分配的看涨期权定价模型,即 Black-Sholes 模型。[22]

$$C(S, t, E) = SN(d_1) - Ee^{-rt}N(d_2)$$

$$d_1 = \frac{\ln\frac{S}{E} + \left(r + \frac{\sigma^2}{2}\right)t}{\sigma\sqrt{t}}$$

$$d_2 = d_1 - \sigma\sqrt{t}$$

式中,S 表示标的项目现金流现值;E 表示标的项目初始投资支出;t 表示该期权的剩余寿命期,其期权价值为 $C(S, t, E)$;$N(d)$ 表示标准正态分布函数 $N(x)$ 当 $x=d$ 时的值,是随机变量小于 d 的概率;r 表示无风险利率,一般以国债利率为准;σ 表示项目资产价格的波动率。

当开发商购得某块土地的开发权,即拥有一个看涨期权,有权在规定的有限期内任何时刻开发项目,从而获得收益。因此,可以运用 Black-Sholes 模型计算开发商通过延迟土地开发获得的期权收益。需要注意的是,闲置土地是有收益的,所以不能完全采用无红利分配的 Black-Sholes 模型;同时,开发商通过"招拍挂"从土地储备中心购得土地开发权是有成本的,这部分是开发商为获得期权收益而必须付出的成本。

因此,假设土地延迟到 t 时候开发,土地开发权购得成本为 A,则开发商通过土地延迟开发获得的实际期权价值 C 为

$$C = S_t e^{-q(T-t)} N(d_1) - Ee^{-r(T-t)} N(d_2) - A$$

$$d_1 = \frac{\ln\frac{S_t}{E} + (r + \frac{\sigma^2}{2})(T-t)}{\sigma\sqrt{T-t}}$$

$$d_2 = d_1 - \sigma\sqrt{T-t}$$

式中，S_t 表示项目预期现金流在 t 时刻的现值；T 表示项目有效投资时间。当开发商通过计算发现 $C>0$，表明推迟土地开发是有价值的，开发商就会选择闲置土地、推迟开发。

二、延迟投资期权定价模型

通过 Black-Sholes 模型的分析，我们已经清楚房地产企业为什么将土地暂时闲置、推迟开发，那么，土地闲置到什么时候进行开发是最有利可图的呢？

房地产开发企业闲置土地、推迟开发相当于选择了一项延迟投资期权，拥有以预先确定的土地价格开发土地的权利。房地产企业要选择适当的开发时机，即决定何时执行延迟投资期权，可以运用延迟投资期权模型来评估最佳开发时机。[23] 做出土地开发投资决策的目的是使土地开发的净收益最大。假设该延迟土地开发项目总价值为 W，土地开发总成本为 I，土地开发净收益 V 为

$$V = W - I$$

因为 W 服从几何布朗随机过程，故

$$dW = W\gamma dt + W\delta dz$$

式中，γ 表示 W 的漂移参数，表示土地开发项目的瞬时增长率，在风险中性环境下，可由 $\gamma = r - \xi$ 推出；ξ 表示低于均衡报酬的差额，即土地供应的机会损失；δ 表示 W 的波动率，表明市场的不确定性；dz 表示一个标准维纳过程的增量。

设 R 为项目投资机会价值，其在时间 t 的预期报酬现值为

$$R = E(e^{-rt}V) = E[e^{-rt}(W-I)]$$

式中，E 表示在风险中性情况下的期望值；r 为无风险利率；当 R 值

最大时,便是最佳投资时机。McDonald 和 Siegel 对上式有分析解

$$R = (W' - I)\left(\frac{W}{W'}\right)^b$$

$$W' = I\left(\frac{b}{b-1}\right)$$

$$b \equiv \left(\frac{1}{2} - \frac{\gamma'}{\delta^2}\right) + \sqrt{\left(\frac{\gamma'}{\delta^2} - \frac{1}{2}\right)^2 + \frac{2r}{\delta^2}}$$

由于土地开发总成本为 I 也服从几何布朗分布,故

$$dI = I\gamma'dt + I\delta'dz$$

当土地开发项目总价值 W 和土地开发总成本 I 满足 $\frac{W}{I} = \frac{b'}{b'-1}$ 时,项目投资机会价值最大,为土地开发最佳投资时机。运用伊藤定理求解,可得

$$R = V'\frac{W^b}{W'}$$

$$b \equiv \left(\frac{1}{2} - \frac{\gamma'}{S^2}\right) + \sqrt{\left(\frac{\gamma'}{S^2} - \frac{1}{2}\right)^2 + \frac{2r}{S^2}}$$

$$S^2 = \delta^2 + \delta'^2 - 2\rho\delta\delta'$$

式中,ρ 为 W 与 I 的相关系数。

第四节　开发商闲置土地成因因素分析

通过上述期权定价模型,可以看出项目总价值的波动率(δ)、无风险利率(r)等因素都对房地产开发商选择最佳土地开发时机有重要影响,具体影响如下。

一、项目总价值的波动率 δ

项目总价值波动率越大,意味着该项目所处的市场不确定性越高。对

于延迟投资期权而言，市场波动率越大，延迟型项目期权的价值就越大。这是因为在市场不确定前提下，竞争、技术、风险等都处于不断变化中，市场主体倾向于在观望中获得更全面、准确的信息，降低投资的风险。因此，在这种波动的市场环境下，延迟投资期权价值更高。就土地市场而言，开发商作为投资决策的主体，面对充满不确定性的市场，自然更倾向于闲置土地、推迟开发。这也意味着，当针对土地市场和房地产市场的调控政策不能保持长期、连贯的稳定时，会增加市场的不确定性，调控预期效果就会大打折扣，开发商闲置土地的行为也就见怪不怪了。

二、无风险利率 r

当无风险利率 r 越大时，期权推迟执行的可能性就越大，期权价值也越大。一般来讲，开发商手中的流动资金是有限的，其必然会在投资无风险产品所获得的收益和投资开发土地所获得的收益之间权衡，当无风险利率高时，意味着投资无风险产品回报率大，开发商会选择闲置土地，等待更好的开发时机。[24]

三、机会损失 ξ

当无风险利率一定时，机会损失 ξ 越大，意味着 γ 越小，期权价值越小，项目投资机会价值 R 也随之降低，延迟型项目期权执行时机提前。这一点符合实际，当一项投资的机会损失上升时，说明市场行情不被看好，项目投资应尽早进行；当房地产市场预期下降，房地产开发商也不愿意将手中的土地继续增持下去。

第五节　结论

目前，我国"土地财政"现象仍然大量存在，地方政府相当重视房地产业对经济增长的拉动效应，加之土地作为不可再生资源，供给具有刚性,长期来看供不应求是必然趋势。因此,房地产市场预期乐观,房地产开发商出于利润最大化考虑会选择囤积土地。同时,不能否认的是,房地产业本身具有长周期、高投入的特点,我国房地产市场尚需规范,完善的金融市场未完全建立起来,加之我国房地产调控政策存在不连贯性,给房地产业发展带来较高的政策风险,房地产开发企业也面临极大的投资不确定性。[25]在利润最大化和风险最小化的双重驱动下,开发商拿地后推迟开工建设变得水到渠成。通过运用实物期权理论分析房地产企业在土地投资开发方面的决策,可以帮助理解其行为背后的驱动因素,在此基础上推导出房地产企业进行土地开发的最佳强度和时机,既可以对开发商的理性决策给予一定的指导,也可对政府调控土地市场的政策提供相应的理论支持和建议。需要指出的是,本书中的模型未考虑更复杂分阶段的期权定价模型,更没有结合博弈论有关方法做更细致、全面的分析,这些问题还需以后进一步研究。

参考文献

[1] TURVEY C. Can hysteresis and real options explain the farm land valuation puzzle? [R]. Guelph: department of agricultural economics and business, university of Guelph, 2002.

[2] MYERS S C. Determinants of corporate borrowing [J]. Journal of financial economics, 1977, 5 (9): 145-147.

[3] COX J, ROSS S, RUBINSTEIN M. Options pricing: a simplified approach [J]. Journal of financial economics, 1979, 7 (3): 229-263.

[4] TITMAN. Urban land prices under uncertainty [J]. American economic review, 1985, 75 (3): 505-514.

[5] WILLIAMS, JOSEPH. Real estate development as an option [J]. Journal of real estate finance and economics, 1991, 4 (2): 191-208.

[6] QUIGG LAURA. Empirical testing of real option-priceing models [J]. Journal of finance, 1993 (48): 621-640.

[7] CAPOZZA D R, SICK G A. Valuing long-term leases: the option to redevelop [J]. Journal of real estate finance and economics, 1991, 4 (2): 209-223.

[8] MARTHA AMRAM, NALIN KULATILACA. Real option: managing strategic investment in an uncertain world [M]. Boston: Harvard Business School Press, 1999.

[9] JOSEPH T, SIRMANS L O, TURNBULL K. The option value of vacant land [R]. Georgia: Georgia State University, 2006.

[10] OIKARINEN E, RISTO, PELTOLA. Dynamic linkages between prices of vacant land and housing: empirical evidence from Helsink [EB/OL]. (2006-10-04) [2013-05-19]. http://ideas.repec.org/p/rif/dpaper/1004.html#biblio.

[11] CUNNINGHAM C R. House price uncertainty, timing of development, and vacant land prices: evidence for real options in Seattle [J]. Journal of urban economics, 2006, 9 (1): 1-31.

[12] CLAPP J M, BARDOS K S, WONG S K. Empirical estimation of the option premium for residential redevelopment [J]. Regional Science and urban economics, 2012, 42 (1): 240-256.

[13] 陈小悦, 杨潜林. 实物期权的分析与估值 [J]. 系统工程理论与方法应用, 1998 (3): 6-9.

[14] 范龙振, 唐国兴. 经营柔性、价值评价与投资决策 [J]. 上海经济研究, 1998 (4): 38-40.

[15] 陈永庆, 王浣尘. 期权理念在风险投资决策中的应用 [J]. 管理工程学报, 2001 (2): 67-69.

[16] 张维, 程功. 实物期权方法的信息经济学解释 [J]. 现代财经, 2001 (1): 3-6.

[17] 黄祖辉, 汪晖. 非公共利益性质的征地行为与土地发展权补偿 [J]. 经济研究, 2002 (5): 66-71.

[18] 张金明,刘洪玉. 实物期权与土地开发决策模型 [J]. 土木工程学报,2004 (5):92-95.

[19] 王勇,付时鸣. 农地征用补偿的实物期权分析 [J]. 改革,2005 (9):58-62.

[20] 徐爽,李宏瑾. 土地定价的实物期权方法:以中国土地交易市场为例 [J]. 世界经济,2007 (8):63-72.

[21] 王媛,贾生华,张凌. 土地投资决策的实物期权理论述评 [J]. 中国土地科学,2010 (9):76-80.

[22] 叶莉,赵璐佳,陈立文. 房地产开发最佳投资时机的选择 [J]. 统计与决策,2011 (21):65-68.

[23] 王家华. 延迟投资的期权决策方法与应用研究 [J]. 经济学研究,2006 (7):32-37.

[24] 李红波,刘亚丽. 基于实物期权模型的土地供应时机分析 [J]. 重庆大学学报(社会科学版),2013,19 (1):45-49.

[25] 程城. "后地段时代"我国房地产开发 [J]. 地域研究与开发,2012,31 (6):64-67.

第八章
国外城市闲置土地特征与热点演进：基于 CiteSpace 的研究[①]

以文献计量学为基础，对 Web of Science 核心合集数据库收录的闲置土地文献及其参考文献进行可视化分析，可动态分析闲置土地研究基本特征、挖掘闲置土地研究热点演进路径。研究结果发现：20 世纪 90 年代开始，闲置土地研究不断涌现，已成为土地利用研究的重要组成部分；闲置土地国际合作研究日益紧密，多学科交叉研究特征凸显；从研究发展历程看，可分为三个阶段：20 世纪 90 年代，闲置土地研究兴起，研究主题为探讨闲置土地的不良社会经济影响；进入 21 世纪后，闲置土地综合治理成为研究热点；近五年来，生态改造研究主题备受青睐。预计闲置土地研究热度未来将保持平稳增长态势，生态治理研究将在今后一段时期成为本领域研究热点。

随着工业化、城市化发展，土地闲置现象开始出现，不仅造成社会资源浪费，再利用的治理成本也非常庞大。20 世纪 90 年代初，闲置土地问题开始受到学界关注，研究成果涌现。其中，西方学者偏重于从某一具体研究方向入手，如 Maliene 梳理了利物浦、科隆等地的棕地治理措施[1]，Pediaditi 评述了英国棕地治理的可持续发展指标，对废弃土地改造

[①] 本章初稿发表于《中国土地科学》2016 年第 12 期（原标题为《基于 CiteSpace 的城市闲置土地研究：特征与热点演进（1990—2015）》），作者为王宏新、孟文皓、熊斯瑶。

方法进行了总结[2]；国内研究则聚焦在闲置土地界定、闲置土地生成机制、工矿废弃用地再利用等方面。[3-5]经过20多年的发展，闲置土地问题的研究已经演化为一个多学科交叉、内容演化繁杂的知识领域。准确把握闲置土地研究进展，系统分析其知识进化属性与特征，对推进闲置土地研究及其治理具有重要意义。本研究采用信息可视化研究方法，运用CiteSpace将Web of Science核心合集数据库中收录的闲置土地文献数据信息以科学知识图谱的形式展现出来，试图总结1990—2015年闲置土地研究特征、研究热点及其发展脉络，以期为我国闲置土地研究提供借鉴。

第一节　数据来源与研究方法

本研究选择Web of Science核心合集数据库作为文献信息来源。作为目前世界上最大、覆盖学科最全的信息资源库，Web of Science核心合集数据库经过严格遴选，以科学引文索引（SCI）、社会科学引文索引（SSCI）、艺术与人文科学索引（A&HCI）为核心，收录超过1万种世界权威的、高影响力的学术期刊和超过11万种国际会议学术期刊，内容涵盖自然科学、工程技术、生物医学、社会科学、艺术人文等领域，为本研究文献数据的可靠性提供了良好支撑。[6]

与基于研究者主观经验判断的梳理模式不同，本研究采用受研究者个人经验影响较小的信息可视化研究方法，从客观计量角度入手，将文献数据信息以科学知识图谱的形式展现出来。作为目前备受推崇的文献信息可视化分析工具，CiteSpace的有效性已经在物理、化学、经济管理等多个领域得到理论验证，确保了该研究工具的跨学科适用性。[7]

为保证可视化研究的有效性，确定恰当的检索词是重中之重。检索词选取失当导致所获取文献样本无法满足研究需要的情况时有发生，无法达到CiteSpace"精度高、广度广"要求。由于学术界一直缺乏对"闲置土地"的统一界定，因而选取合适的检索词、确定恰当的检索策略是本研究的一大难点。为确保文献检索词准确、保证获取文献样本涵盖整个知识领域，本研究借鉴 Pagano 和 Bowman 对闲置土地的界定，即不仅包括公有或私有的未利用或废弃土地，还包括其上有废弃建筑物存在的土地。[8] 具体包括：因为面积小、物理条件限制而被迫闲置的土地（Vacant Land/Lot、Idle Land/Lot）；出于投资升值目的而闲置的土地（Vacant Land/Lot、Idle Land/Lot）；因为遭受工业污染（Brown Field）和其他活动影响而废弃的土地与建筑（Derelict Land/Lot）等。最终确定的检索词为 Vacant Land/Lot、Idle Land/Lot、Brown Field 和 Derelict Land/Lot[9]，见表 8-1。

表 8-1 闲置土地文献搜索结果

检索词	含义	检索结果（篇）
Vacant land	因面积小、物理条件限制而被迫闲置的土地；出于投资升值目的而闲置的土地	347
Vacant lot		225
Idle land		200
Idle lot		192
Brown field	受工业污染和其他活动影响而废弃的土地与建筑	793
Derelict land		210
Derelict lot		4

为囊括所有闲置土地相关文献，本研究在 WOS 数据库将上述检索词在"篇名""关键词""摘要"范围进行检索，共获得 1971 篇文献（数据截止到 2015 年 12 月 31 日）。经查重筛选，剔除重复文献 128 篇，最终确定文献 1843 篇。

第二节 基本特征

一、数量特征

在 1843 篇文献中,最早一篇发表于 1904 年。由于 1904—2015 年时间跨度太大,本研究将每 10 年划分为一时间节点,即 1900s,1910s,……,2000s,2010s,共 12 个区间,每个区间内论文数量平均值可反映出文献年度分布情况,见图 8-1。

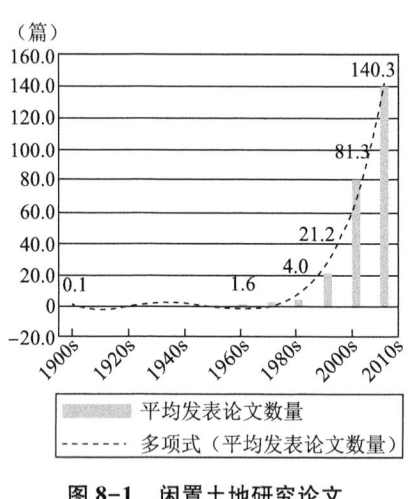

图 8-1 闲置土地研究论文数量平均总体分布

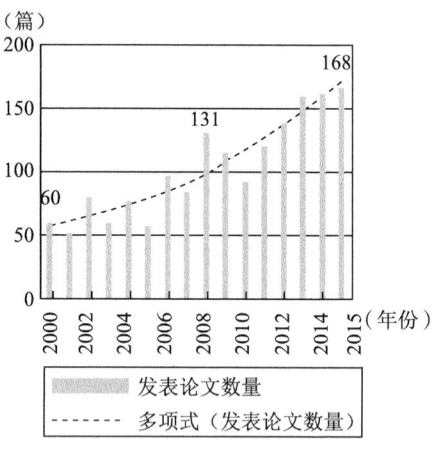

图 8-2 2000—2015 年闲置土地研究论文数量

图 8-1 显示,20 世纪 60 年代以前论文发表年平均数低于 1 篇,闲置土地研究是偶然、时有时无的;进入 20 世纪 60 年代后才开始出现持续的研究,论文发表年平均数达到 1.6 篇;到了 20 世纪 90 年代,北美、西欧等发达国家实体经济逐步进入后工业化阶段,人口结构开始出现老龄化趋势,出现了明显的"逆城市化现象",闲置土地研究开始受到重视,论文

发表年平均数大幅度增长至 21.2 篇；进入 21 世纪以来，欧美发达国家兴起重塑城市运动，闲置土地研究持续显著增长，2015 年该领域发表论文数量已达 168 篇，见图 8-2。

二、合作特征

现代科学研究日益复杂，学科间不断交叉融合，越来越需要各领域学者共同解决，合作特征已经成为探究研究发展的重要指标。本研究的合作特征包括国家合作特征和作者合作特征两个维度。

一方面，从作者维度来看，本研究引用 Sunbramanym K. 提出的论文合著度指标来分析闲置土地研究论文研究的总体合作状态，该算法能够清晰地反映科学研究中的合作特征。[10]

$$DC = \frac{N - f_1}{N} \times 100\%$$

$$CI = \sum_{j=1}^{k} i f_j / N$$

其中，DC 是指论文合著率，即在确定时间段内合著论文数占论文总数的比例，侧重反映合作广度；CI 是指论文合著度，即在确定的时间段内作者总数与论文总数的百分比，侧重反映合作深度。[11] 统计结果显示，1843 篇文献中共包含 4270 个作者，其中 DC、CI 分别为 72.9%、2.3 人，即有 72.9% 的论文系合作研究，平均每篇论文的作者数量为 2.3 人。

另一方面，本研究设置时区为 1990—2015 年，跨度为 1 年，形成 25 个时间段。在节点类型中选择节点为国家（地区），将阈值设定为每年被引频次在前 50 的论文（Top n Per Slice=50），生成合著国家（地区）知识图谱，见图 8-3、表 8-2。

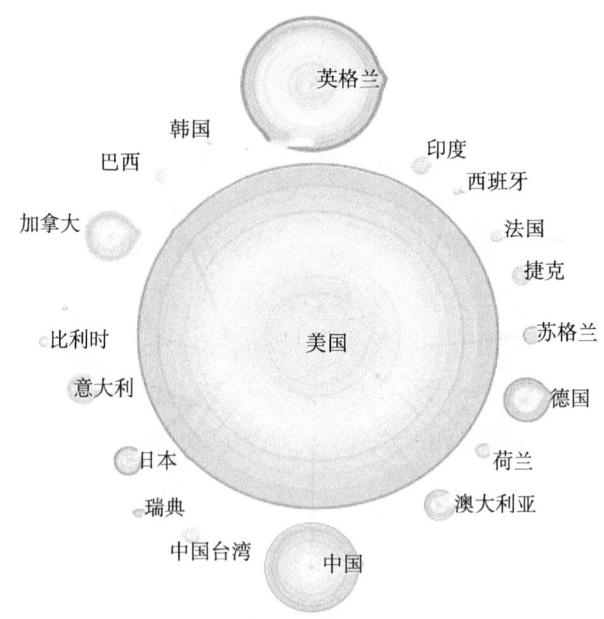

图 8-3　合著国家（地区）知识

图 8-3 中合著国家（地区）知识图谱由 73 个被引文献作者（研究机构）所在国家（地区）和 67 条节点间连线组成。从频次上看合作发表文献最多的国家（地区）为美国，为 481 篇；开展棕地研究较早的则是英格兰，其发表文献数量为 189 篇；紧随其后的分别为中国、加拿大、德国等。

表 8-2　合著国家（地区）频次及中介中心性

国家（地区）	频次（篇）	中介中心性
美国	481	0.21
英格兰	189	0.41
中国	135	0.18
加拿大	84	0
德国	66	0.24

CiteSpace 采用中介中心性（Betweeness Centrality）来衡量节点中心度，从而发现和衡量文献、研究机构等的重要性。在表 8-2 中，中介中心

性的测量与两两作者（国家、机构等）在同篇文章中出现的次数有关，中介中心性越高说明该作者（国家、机构等）越活跃，越能起到合作联系的作用。从表 8-2 和图 8-3 中我们可以看出，关键节点①依次为英格兰、美国、德国、中国等国家（地区）。其中，美、英、中、德的中介中心性都超过了 0.1，说明这些国家不仅发表文献多，而且在国际合作研究中也起到了合作联系作用；加拿大则相反，虽然发表闲置土地文献数量有 84 篇，但其中介中心性为 0，说明其大部分研究由本土学者完成，与外界交流少。

第三节　研究热点及其演进

深受库恩范式理论影响的 CiteSpace 认为，分析科学研究进展的关键是探索推动范式转移的转折点。[12] 本研究以划分闲置土地研究阶段为基础，分析不同研究阶段中起转折作用的关键文献，探索研究热点及其演进路径。由上文可知，20 世纪 90 年代以后闲置土地研究才引起重视。本研究将 CiteSpce 时区（Time Slicing）设置为 1990—2015 年，跨度（Year Per Slice）为 5 年。在节点类型（Node Types）中选择节点为共被引文献（Cited Reference）；为更清晰地显示闲置土地研究热点前行轨迹，简化知识网络，突出重要的结构特征，确定剪裁方式为 PathFinder。通过不断尝试与调整，我们最终将阈值设定为 Top n Per Slice=50，即每个时间段被引频次在前 50 的论文会入选为文献节点，最终生成 1990—2015 年闲置土地研究热点聚类图谱，见图 8-4。

---

① 在 CiteSpace 中，中介中心性超过 0.1 的节点称为关键节点。

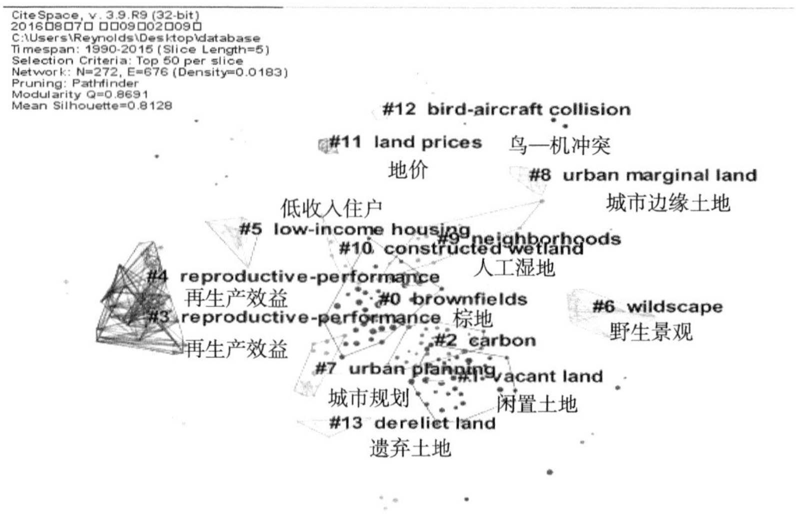

图 8-4　1990—2015 年闲置土地研究热点聚类

如图 8-4 左上角所示，其模块值（Modularity Q）值为 0.8691、平均轮廓值（Mean Silhouette）值为 0.8128，符合 CiteSpace 判断聚类合理性标准①，生成闲置土地研究热点聚类图谱有效，能突出显示出聚类间的结构特征及文献间的重要连接关系。如图 8-4 所示，闲置土地研究热点聚类图谱共包含文献节点 272 个、节点间连线 676 条。从聚类间结构特征来看，大小主题聚类共 30 个：多数聚类之间联系紧密，说明闲置土地研究共同知识基础明确，研究主题集中；少数小规模聚类离散分布于主题聚类之外，从生态学、政治学等角度关注闲置土地问题，总体呈现研究主题集中且多学科交叉发展的特征。

为更加直观、精确地显示不同研究热点主题下的演进历程，进一步运用 CiteSpace 时区划分功能（Timezone），选取与闲置土地研究热点聚类图谱共同参数（见图 8-4）生成闲置土地研究时区视角图谱（见图 8-5）。时区视角（TimeZone）图谱可从时间维度上反映知识演进，清晰展示出文

---

① 依据网络结构和聚类清晰度，CiteSpace 认为模块值（Modularity Q）>0.3 时，划分出来的社团结构是显著的；当平均轮廓值（Mean Silhouette）>0.5 时，聚类被认为是合理的。

献更新及其相互影响。

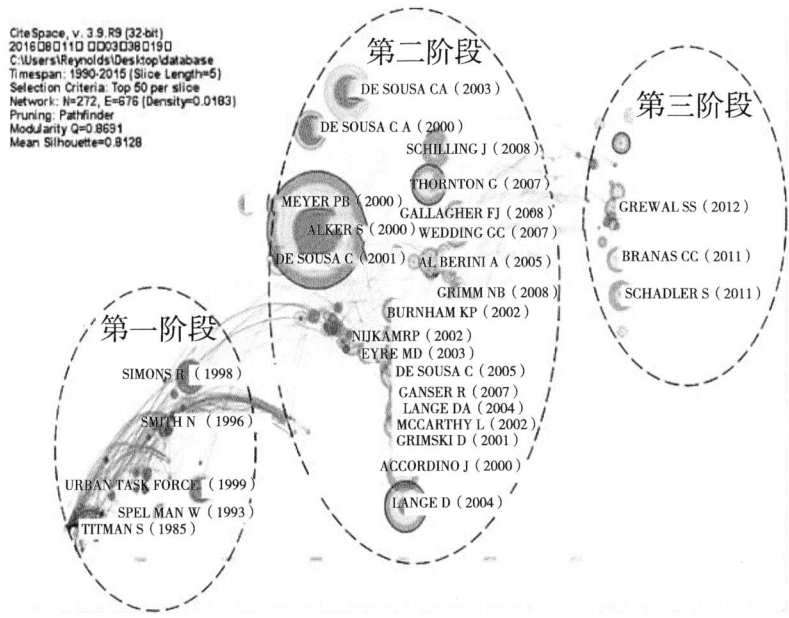

图 8-5 1990—2015 年闲置土地研究热点时区视角聚类

图 8-5 显示，25 年来该领域研究热点主题动态演进规律和发展趋势可以将闲置土地研究分为三个主要阶段。

一、20 世纪 80 年代末到 90 年代末：闲置土地引发经济社会问题

20 世纪 80 年代末到 90 年代末，北美、西欧等发达国家"逆城市化现象"不断深入，闲置土地问题引发一系列社会治安、经济发展问题，学术界也由此开始关注闲置土地问题。[13] 表 8-3 显示了 5 篇具有高被引特征的关键文献，其中有 4 篇可见图 8-5 的图谱（被引次数大于 10），Dobson 的文献被引频次等于 10，并未在图谱中显示。

表8-3 第一阶段关键文献

文献被引频次	作者	文献名称	中介中心性	年份
20	Simons	Turning Brownfields Into Greenbacks: Developing and Financing Environmentally Contaminated Urban Real Estate（棕地治理的经济效益：环境污染下城市地产业的发展与融资）	0.04	1998
14	Smith	The New Urban Frontier: Gentrification and the Revanchist City（新城市边界：城市绅士化与恢复失地运动）	0	1996
13	Spelman	Abandoned Buildings：Magnets for Crime（废弃建筑：滋生犯罪的吸铁石）	0	1993
13	Titman	Urban Land Prices Under Uncertainty（不确定性下的城市地价研究）	0	1985
10	Dobson	The Economic Lot-Scheduling Problem: Achieving Feasibility Using Time-Varying Lot Sizes（经济批量调度问题研究：有效利用随时间变化面积的土地）	0.01	1987

闲置土地问题首先引起了经济学家的关注。Titman 首次将实物期权理论引入闲置土地研究领域，研究了不确定性下的闲置土地价值，主张通过提高政策稳定性来推动闲置土地开发。[14]Dobson 在研究经济批量调度问题时关注到了闲置土地，认为荒废闲置的土地滞缓了经济发展，闲置土地可以在解决经济批量调度问题中发挥积极作用。[15]Simons 较早开始关注棕地危害及其利用，他主张政府应从税收政策优惠等角度有效利用棕地，让"棕地变成绿油油的美钞"。[16]

从社会学角度探究闲置土地带来的治安难题也是这一时期研究的重点。Spelman 对得克萨斯州奥斯汀市的调查发现，高达83%的闲置土地和建筑常常成为罪犯栖居之地；那些废弃建筑林立、闲置土地大量存在的社区，犯罪率是其他地方的2倍。[17]Smith 从社会贫富差异角度分析闲置土地的不良社会影响，他关注了逆城市化现象中旧城衰落与城市绅士化现象，认为城市绅士化给城市发展带来了新边界，造成政策、投资模式乃至居民生活壁垒,大量贫困居民在城市绅士化过程中流离失所,无家可归。[18]

二、21世纪前10年:闲置土地综合治理

21世纪前10年是闲置土地高中心性、高被引文献最为集中的时期,是整个闲置土地研究的转折点,研究主题从闲置土地的不良影响拓展到闲置土地的综合治理方面。图谱显示6篇既具有高被引特征,又具有高中心性特征的关键文献,见表8-4。

表8-4 第二阶段关键文献

文献被引频次	作者	文献名称	中介中心性	年份
54	Alker	The Definition of Brownfield (棕地的定义)	0.16	2000
28	Sousa	Turn Brownfields Into Green Space in City of Toronto (多伦多城市的棕地绿色空间转化)	0.03	2003
25	Lange	Clean It and They Will Come? Defining Successful Brownfield Development (棕地清除能否实现?定义成功的棕地开发)	0.17	2004
23	Sousa	Contaminated Sites: The Canadian Situation in an International Context (污染的城市:国际背景下的加拿大棕地形势)	0.03	2000
21	Accordino	Addressing the Vacant and Property Problem (解决土地空置和产权问题)	0.01	2000
14	Meyer	Lessons from Private Sector Brownfield Redevelopers (私营部门棕地再开发的教训)	0.15	2000

在经历20世纪90年代的闲置土地社会经济影响思考后,越来越多学者开始思考如何正确治理闲置土地。英国学者Sandra Alker结合当时英国政府公布的棕地治理目标,认为旧有棕地的定义过于狭窄,急需更新。她将棕地新界定为"可能是以前曾经开发过,现在不再使用,或者未能尽其用,可能是空地、污染地(Derelict or Contaminated)等"。[9] Alker等的论

文在整个闲置土地研究中起到了关键节点作用（中介中心性高达0.16），为后续闲置土地治理研究奠定了基础。[19]Accordino通过对美国200个城市的调查，认为闲置土地的确滋生许多社区生活、经济发展问题，并提出地方政府治理的可行性。[20]Sousa是较早关注到闲置土地生态效益的学者。此前棕地治理的思路一般为通过税收补助等途径将棕地转化为工业、商业、居民居住用地，[21]Sousa则主张应该通过公共投入将棕地改造为花园等形式的绿地，并细致地分析了绿地改造的益处。[22]棕地生态绿色改造如今已成为欧美闲置土地治理的主流观点。[23]

闲置土地治理不仅需要科学的治理思路，更需要明确的实施路径。Meyer是探索棕地治理具体实施措施的代表学者之一，他从棕地开发不可控、不确定性角度分析了影响棕地开发的非经济因素，[24]认为政府可以通过适当公共干预促进棕地开发。Lange通过两次全国性的调查，探索影响棕地治理运动成功与否的因素，认为影响棕地治理的因素包括占用时间、总开发成本、社区支持、土地利用、地方基础设施条件、贷款机构参与意愿和财政奖励等。[25]

三、近五年来：生态可持续改造

在21世纪前10年，虽有不少文献开始关注闲置土地的生态持续发展，但多为理论构想，并无可行实施方案。近年来，人类行为的生态效应备受重视，学者通过模型构建、案例分析等方法，对闲置土地的生态改造实施进行了深入探索。反映闲置土地生态治理主题的关键文献见表8-5。

表8-5 第三阶段关键文献

文献被引频次	作者	文献名称	中介中心性	年份
15	Schadler	Designing Sustainable and Economically Attractive Brownfield Revitalization Options Using an Integrated Assessment Model（基于综合评价模型的经济可持续棕地复兴方案）	0.02	2011

续表

文献被引频次	作者	文献名称	中介中心性	年份
13	Branas	A Difference – in – Differences Analysis of Health, Safety, and Greening Vacant Urban Space（城市居民健康、安全和空置绿地空间面积的差异化分析）	0	2011
12	Grewal	Can Cities Become Self-Reliant in Food（城市能实现食物消费的自给自足吗？）	0.07	2012
6	Nassauer[①]	Urban Vacancy and Land Use Legacies: A Frontier for Urban Ecological Research, Design, and Planning（有效使用城市闲置土地：一项关于城市生态改造的规划设计的前沿研究）	0.15	2014

注：①由于被引频次控制的原因，Nassauer 的文献并未在图 8-5 中显示。

Branas 以费城为对象，发现闲置土地转化为绿地在降低犯罪率、城市居民健康等方面的积极作用，运用事实经验推广闲置土地生态治理。[26] Schadler 通过构建综合评估模型，提出棕地开发动机的评估应该包括地下整治和场地准备成本、市场经济效益与可持续评价等。[27] Grewal 颇具创新意义地把闲置土地改造为城市菜园的方案也引起了众多学者的关注。随着人口越来越集中在城市，大量食物和其他基本物品从乡村运到城市，耗费的大量人力、物力，排放出大量有害气体。Grewal 认为城市应该留出适当比例的闲置土地改造成菜园，这不仅对人类健康、生态环境有积极影响，对社区治理以及地方经济均衡发展也大有益处。[28] Nassauer 聚焦于制定合理的都市菜园解决方案，他认为随着政府对都市农业、绿色基础设施和开放空间产生浓厚兴趣，闲置土地空间规划正在蓬勃发展。然而，如果没有足够知识高度的设计和规划，闲置地区改造可能会产生有害后果。他结合底特律的实际治理案例，提醒我们应该因地制宜，不应该盲目追求都市菜园解决方案。[29]

第四节 结论

闲置土地问题在20世纪60年代才开始引起研究者关注。但是直到90年代，随着北美、西欧等发达国家逆城市化现象愈演愈烈、重塑城市运动兴起，闲置土地的研究热度才开始显著提升。从闲置土地研究合作特征来看，72.9%的论文系合作研究，平均每篇论文的作者数量为2.3人，学科交叉研究趋势越发明显。以美国为代表的高城市化率国家，目前在闲置土地合作研究中占据主导地位，中国、印度等国随着城市化进程的深入发展，国际合作研究地位正稳步提升。从闲置土地研究热点进程来看，主要分为三个发展阶段：首先是20世纪90年代，研究聚焦于闲置土地的社会经济影响；进入21世纪后，热点转向了闲置土地的综合治理研究；近五年来，随着人们生态环境保护观念日益增强，对闲置土地的生态治理开始成为新的研究热点。

未来闲置土地研究从基本数量特征上看，预计将继续呈现出平稳上升的特点。就合作特征而言，国家（地区）、作者间合作研究日益增多，多学科研究趋势将越发明显。随着可持续发展理念的不断深入，闲置土地的生态化改造是当前乃至可预见未来无可争议的研究重点。对于目前尚未完成城市化和工业化的中国，应加强对闲置土地的监测和研究，实现闲置土地的生态宜居利用。

参考文献

[1] VIDA MALIENE, LUKE WIGNALL, NAGLIS MALYS. Brownfield regeneration: waterfront site developments in Liverpool and Cologne [J]. Journal of environmental engineering & landscape management, 2012, 20 (1): 5-16.

[2] PEDIADITI K, WEHRMEYER W, BURNINGHAM K, et al. Evalu-

ating brownfield redevelopment projects: a review of existing sustainability indicator tools and their adoption by the UK development industry [C]. Brownfields, 2006: 51-60.

[3] 何书金, 苏光全. 开发区闲置土地成因机制及类型划分 [J]. 资源科学, 2001, 23 (5): 17-22.

[4] 黄晓. 城市废弃工矿区土地再利用研究 [J]. 能源环境保护, 2011, 25 (3): 5-12.

[5] 周启星. 老工矿区污染生态问题与今后研究展望 [J]. 应用生态学报, 2005, 16 (6): 1146-1150.

[6] 刘二稳. WEB of SEIENCE 数据库功能概述 [J]. 情报科学, 2002, 20 (1): 93-95.

[7] 闫丽光. 可视化信息检索研究文献的量化可视分析 [J]. 现代情报, 2011, 31 (3): 122-126.

[8] PAGANO M. A. Vacant land in cities: an urban resource [R]. Washington DC: brookings institution, center on urban and metropolitan policy, 2000.

[9] SANDRA ALKER, VICTORIA JOY, PETER ROBERTS, et al. The definition of brownfield [J]. Journal of environmental planning & management, 2000, 43 (1): 49-69.

[10] SUBRAMANYAM K. Bibliometric studies of research collaboration: a review [J]. Journal of information science, 1983, 6 (1): 33-38.

[11] 李志宏, 王娜, 周广刚. 国内管理科学领域高校间的学术论文合著网络分析 [J]. 研究与发展管理, 2012, 24 (4): 71-80.

[12] 林学俊. 试论库恩的范式及其在科学认识中的作用 [J]. 科学技术哲学研究, 1997 (1): 37-40.

[13] 朱晨, 岳岚. 美国都市空间蔓延中的城乡冲突与统筹 [J]. 城市问题, 2006 (8): 87-92.

[14] TITMAN S. Urban land prices under uncertainty [J]. The American

economic review, 1985, 75 (3): 505-514.

[15] DOBSON G. The economic lot-scheduling problem: achieving feasibility using tim-varying lot sizes [J]. Operations research, 1987, 35 (5): 764-771.

[16] R A SIMMONS. Turning brownfields into greenbacks: developing and financing environmentally contaminated urban real estate [M]. Washington D C Urban Land Institute, 1998: 6-15.

[17] SPELMAN W. Abandoned buildings: magnets for crime? [J]. Journal of criminal justice, 1993, 21 (5): 481-495.

[18] SMITH N. The New Urban Frontier [M]. London: Routledge, 1996: 3-10.

[19] NAGENGAST A, HENDRICKSON C, LANGE D. Commuting from U. S. brownfield and greenfield residential development neighborhoods [J]. Journal of urban planning & development, 2011, 137 (3): 298-304.

[20] ACCORDINO J, JOHNSON G T. Addressing the vacant and abandoned property problem [J]. Journal of urban affairs, 2000, 22 (3): 301-315.

[21] SOUSA C A D. Turning brownfields into green space in the city of Toronto [J]. Landscape & Urban Planning, 2003, 62 (4): 181-198.

[22] SOUSA C D. Contaminated sites: The Canadian situation in an international context [J]. Journal of environmental management, 2001, 62 (2): 131-154.

[23] KREMER P, HAMSTEAD Z A, MCPHEARSON T. A social-ecological assessment of vacant lots in New York City [J]. Landscape & urban planning, 2013, 120 (4): 218-233.

[24] PETER B MEYER, THOMAS S. LYONS. Lessons from private sector brownfield redevelopers [J]. Journal of the American planning association, 2000, 66 (1): 46-57.

[25] LANGE D, MCNEIL S. Clean it and they will come? defining successful brownfield development [J]. Journal of urban planning & development, 2004, 130 (2): 101-108.

[26] BRANAS C C, CHENEY R A, MACDONALD J M, et al. A difference-in-differences analysis of health, safety, and greening vacant urban space [J]. American journal of epidemiology, 2011, 174 (11): 1296-1306.

[27] SCHADLER S, MORIO M, BARTKE S, et al. Designing sustainable and economically attractive brownfield revitalization options using an integrated assessment model [J]. Journal of environmental management, 2010, 92 (3): 827-837.

[28] GREWAL S S, GREWAL P S. Can cities become self-reliant in food? [J]. Cities, 2012, 29 (1): 1-11.

[29] NASSAUER J I, RASKIN J. Urban vacancy and land use legacies: a frontier for urban ecological research, design, and planning [J]. Landscape & urban planning, 2014, 125 (2): 245-253.

第九章
中国闲置土地治理政策：
政策工具视角下的192篇政策文本分析[①]

从政策工具视角出发，对1992—2015年的192篇中央层面闲置土地治理政策文本进行计量分析，将闲置土地治理政策工具划分为16项、3大类型。研究表明，针对企业的闲置土地治理工具以行政型和经济型为主，以负向激励工具偏多，其中收回和征收土地闲置费两项工具占绝对优势地位；针对地方政府的治理工具以信息型工具如动态监测、信息公开与监督审计为主。同时，不同政策工具随时间演变展现出不同的发展特征，信息型工具逐步超越了行政型工具和经济型工具，成为常用治理政策工具。展望未来，应通过引入第三方评估、政府问责、政绩考核、加强信息公开等手段，继续完善闲置土地治理政策工具，以从根本上达到治理目标。

自1992年原国家土地管理局提出"土地闲置时间超过两年者，应依法收回土地使用权"以来，闲置土地治理在中国已经走过近15个年头。为提高土地集约节约利用水平，国务院及国土资源部（原国家土地管理局）等相关部门和地方政府几乎每年都会提及或出台闲置土地治理相关政策，国家治理闲置土地决心之强、力度之大、时间之长有目共睹。以2015年1—8月为例，全国处置闲置土地高达31.25万亩。但是，处置率却非常

---

① 原文发表于《中国行政管理》2017年第3期（原标题为《政策工具视角下的中国闲置土地治理——192篇政策文本（1992—2015）分析》），作者王宏新、邵俊霖、张文杰。

低，仅为29.9%。[1]据此推算，2015年全国闲置土地面积总量高达104.52万亩，闲置土地治理形势十分严峻。

中西方学者已就闲置土地生成与治理机制进行了深入研究，如政府强制性或限制性开发政策对闲置土地生成的影响[2-4]，各类市场因素如租金、地价和房价波动、开发商竞争、城市空间发展模式对土地开发时机的影响，[5-9]闲置土地消化利用和预防措施[10-14]等。由于经济发展阶段和社会制度、政治制度差异，西方近期闲置土地研究主要集中于棕地治理领域，中国则集中于长期未开发出让土地的处理；西方学者倾向于借助经济学相关理论建模、寻找最优开发时机，中国学者则倾向于对闲置土地现状和各类属性进行归纳，寻找影响闲置土地生成因素。但是，到目前为止，中西方均缺乏系统对公共政策视角下闲置土地治理的研究。本研究试图运用近几年兴起的政策文本计量方法[15]，结合政策工具理论系统梳理闲置土地治理相关政策文本，分析闲置土地治理政策工具分类与特征，以期为闲置土地治理政策优化提供有效建议。

第一节 政策工具理论的国内外研究进展

20世纪80年代以来，由于政策失灵现象日益凸显，政策工具逐渐成为西方公共管理学界研究热点。由于公共政策问题日益复杂，人们逐渐意识到政策工具的重要性，对此开展了大量研究。胡德（C. Hood）将政府治理工具比喻成木匠业和园艺业的工具，认为政府的责任就是充分运用这些工具来塑造我们的生活，迎合各种目的。[16]霍莱特（M. Howlett）和拉米什（M. Ramesh）认为，政策工具是政府为实现公共政策目标而使用的多种技术形式，它是反映政策是否执行以及如何被执行，政策形成过程中如何对待政策议题，以及决策者要达到自己的目标需要付出多大努力的方法。[17]皮埃尔·拉斯康姆斯（Lascoumes Pierre）和帕崔克·盖尔斯（Le Gales Patrick）从政治社会学的角度将公共政策看作一个既具有技术性又具有社会性的策略,实际中的政策工具可以分为方法、技术和工具三个层次。[18]萨拉蒙(Salamon)指出"政府工具是政府用来组织集体行动、解决公共问题的明确方法"。[19]欧文·休斯提出所谓政策工具,是指政府的行为方式,以及调节政府行为的机制。[20]中国学者张成福、党秀云将政策工具视为政府将其实质目标转化为具体行动的路径和机制,认为政策工具是政府治理的核心,是实现政府目标的必要条件。[21]尽管学者没有就政策工具的定义达成一致,但有一点是没有异议的,那就是政策工具是为实现政策目标服务的。

政策工具理论目前已经被广泛应用于国内能源、城市建设、社会福利、公共产品供给等社会科学领域。如黄萃在政策工具视角下对风能政策文本进行了量化研究,认为我国目前风能政策中供给型政策工具过溢而环境型和需求型政策工具不足[22];徐媛媛研究了城市房屋拆迁政策工具,发现不同的政策工具分别承载着传达政府政策愿景、沟通消除政策争议、解决特定公共问题、提升政府执政形象等不同作用[23];王辉在政策工具视角下分析了我国多元福利有效运转的逻辑,发现政策工具间的压力与引力是多元福利供给得以运转的动因,运转中介在于信息引导类工具运用,运转路径为强制类工具出现促进自愿类工具增加,运转结果编织了密集的政策网络[24];赵海滨利用政策工具理论分析了清洁能源发展政策,指出我国清洁能源政策工具使用中存在需求型政策工具使用不足、与产业过程结合不够等问题[25];等等。

第二节 闲置土地治理政策文本来源与研究方法

一、政策文本来源

北大法宝数据库成立于1985年,是目前国内成立时间最早、内容和功能最全的政策和法规类数据库。本章以1992—2015年为时间区间、以

"闲置土地"为内容关键词在北大法宝数据库进行搜索，共检索出与闲置土地相关的中央法规司法解释144篇（含工作报告2篇），地方法规规章4024篇。以"土地闲置"为关键词，共检索出中央法规司法解释84篇，地方法规规章1968篇。由于各地闲置土地政策均以中央相关政策为蓝本，加之当前阶段缺乏自动进行政策文本分析的软件，难以进行大规模的政策文本分析，本文仅对中央层面的闲置土地政策进行文本计量分析。剔除重复和无关文本后，共得到1992—2015年的中央层面闲置土地政策文本192篇。

二、政策文本编码

NVivo是目前被学界广泛认可和使用的质性分析软件之一，其强大的编码、查询和分类功能可以帮助研究者方便地分析大量访谈、案例、政策等文本。为对闲置土地治理政策文本进行更深入细致的研究，本文将1992—2015年的192篇政策文本导入NVivo，对所有涉及"闲置土地"和"土地闲置"的条目进行搜索和初步编码，共获得97个编码。表9-1为编码示例。

表 9-1 编码示例

编码	内容描述	来源
限制贷款	对有土地闲置、改变土地用途和性质、拖延开竣工时间、捂盘惜售等违法违规记录的房地产开发企业，应停止对其发放新开发贷款和贷款展期	《中国银监会关于加强当前重点风险防范工作的通知》
企业规避处置方法	通过分期开发，规避《闲置土地处置办法》有关"超过合同约定的动工日期2年未开发，应无偿收回土地使用权"的规定。由于缺乏对土地开发项目竣工时限的规定，房地产企业可以在开工时，采用分期开发方式，一再延迟后续开发时间	《中国银行业监督管理委员会办公厅关于提示房地产企业规避调控政策有关风险的通知》
处置结果	截至2015年12月31日，全国已处置闲置土地85.4万亩，占比81.3%	《国家土地督察公告（2016年1号）》

续表

编码	内容描述	来源
信息公开	实行土地开发利用信息公开，定期公布批而未供、供而未用、低效用地、合同履行等情况，扩大公众参与，发挥社会监督作用	《国土资源部关于大力推进节约集约用地制度建设的意见》

首先，初步编码结果（见图9-1）显示，97个编码点中，"指导性描述"所占比例最大，约为13.4%；"处置方式""土地闲置费"所占比例紧随其后，分别占10.2%和8.1%。"指导性描述"是指仅提及"要加大处置力度、严格依法处置"等内容，但没有具体指明如何做或者其他实质性内容的文本；"处置方式"主要包括收回和征收土地闲置费两种，各类文本规定一致。"土地闲置费"涉及内容主要分为两部分：一部分指明要对达不到收回标准的闲置土地征收一定比例的土地闲置费，主要源自国土资源部相关规定；另一部分涉及土地闲置费征缴、管理和使用，主要源于财政部、国家税务总局等部门。

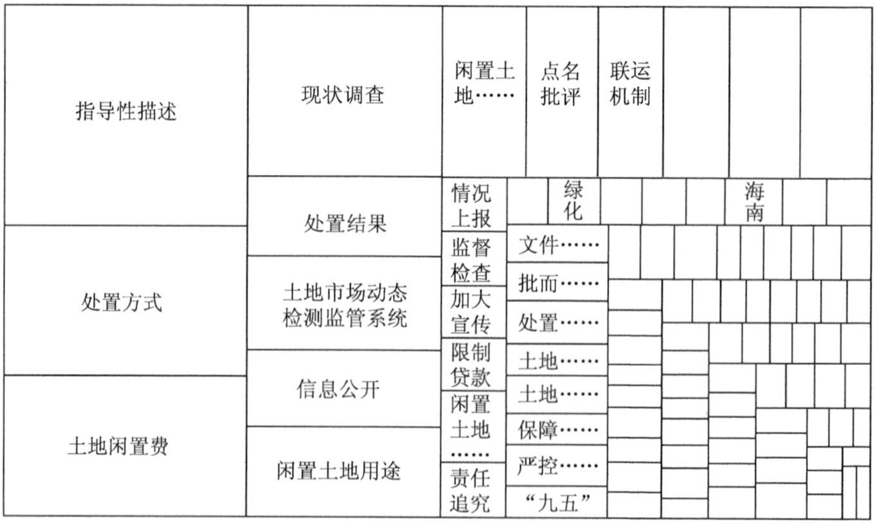

图9-1 编码点层次结构（面积代表数量）

其次占比较大的是"现状调查"和"处置结果"："现状调查"主要

是对国家或某地区闲置土地存量的介绍，主要源自国家土地督察办公室发布的年度督察报告；"处置结果"则是指闲置土地处置取得的成果。

最后是"土地市场动态检测监管系统""信息公开""闲置土地用途"等。

三、政策文本聚类

由于初步编码获得的编码点数量过大，本文对初步编码点进一步聚类。首先，运用NVivo根据Pearson相关系数对编码点词义的相似性进行衡量，并进行自动聚类。相似性高的编码点颜色一致且位置相近，如太阳能发电和光伏发电可划为一类，核减用地指标和核减建设用地、中上部暂停发行股票和限制贷款各划为一类。

但是，由于NVivo中文解码能力较弱，仅靠自动聚类难以很好地完成聚类工作。因此，在参考自动聚类基础上，根据编码点含义和文本内容进行手动聚类，见图9-2。聚类后的编码点主要划分为三个模块："闲置土地信息"模块涉及闲置土地现状、闲置土地处置结果等所有动态信息；"闲置土地处置规范"模块主要涉及处置流程的程序化、制度化以及处置文本的标准化等内容，即由国家和地方政府颁布的处置要求等所有静态规范，其目的是提高闲置土地处置的效率，同时减少可能因处置产生的纠纷；"治理政策工具"模块描述的是政府及企业治理闲置土地所运用的一些政策工具，如闲置土地的收回、闲置土地费用的征收等，是进行闲置土地治理政策工具重点分析的基础。

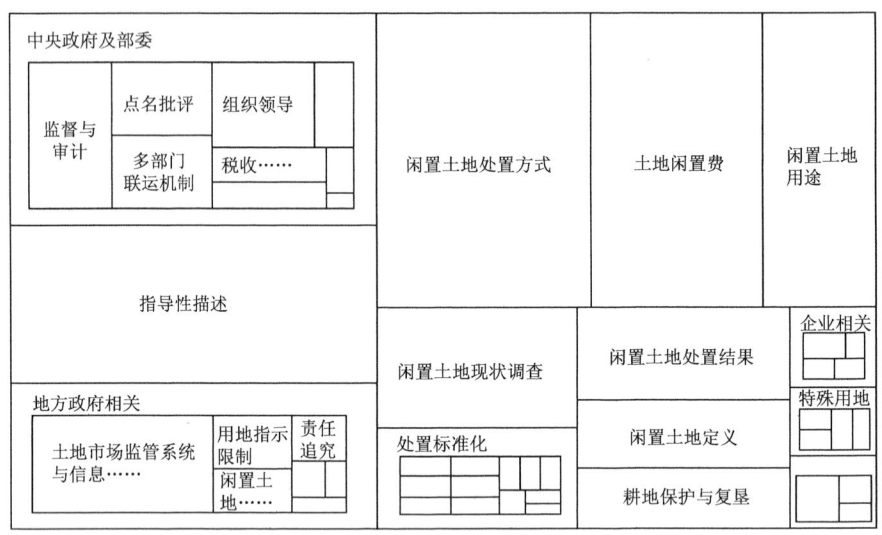

图 9-2 手动聚类后编码点层次结构

第三节 闲置土地治理政策工具：分类与特征

一、闲置土地治理政策工具分类

政策工具分类一直伴随着政策工具研究的整个进程，且分类标准和方法也不断发生变化。胡德认为按照资源和被使用的目的（监控社会或改变行为）可以将政策工具分为特定信息、特定支付、直接象征、个体提供、广播信息、公开支付、全面象征、大范围提供等八类[16]；欧文·休斯从经济学的角度将政策工具分为供应、补贴、生产和管制四类[20]；萨瓦斯（E.S.Savas）按照使用主体将政策工具分为政府服务、政府间协议、契约、特许经营、补助、凭单制、市场、自我服务、用户付费、志愿服务等[26]；萨拉蒙列举了直接行政、社会管制、经济管制、合同、拨款、直接付款、贷款保证、公共信息、保险、税式支出、费用（用户付费）、债务法、政府公司、凭单制等政策工具，并且认为可以分别从强制性程度、直接性程度、自治性程度和可见性程度等维度对这些工具进行分类,如公共信息强制性程度和自治性程度低、直接性程度高、可见性程度中等。[19]可以预见,随着政策工具研究深化和科学技术进步,未来还会产生更多政策工具分类方法。然而,没有哪一种方法是最优的,研究者必须根据自己的研究领域和研究问题谨慎选择政策工具研究路径和研究方法。

本文对闲置土地治理政策工具的分类与归纳分为两个步骤。首先,从192篇政策文本编码、聚类结果中归纳出闲置土地治理政策工具;其次,综合政策工具分类原则与方法,并且结合闲置土地具体特征与发展历程,划分闲置土地治理工具类型。经过分类,政策工具一共可以划分为3大类型16项,见表9-2。

表9-2 闲置土地治理政策工具分类

	行政型	经济型	信息型
针对企业	收回	征收土地闲置费	企业诚信档案
	限制土地竞买	税收与贷款	信息共享
		暂停股票、债券发行	
针对地方政府	用地指标限制		信息公开
	责任追究		动态监测
	要求净地出让		督察与审计
	点名批评		经验推广
			加大宣传力度

二、闲置土地治理政策工具特征

(一)政策工具因作用对象不同而异,但负向激励工具偏多

行政型、经济型和信息型闲置土地治理政策工具在地方政府和企业闲置土地治理中的占比有所不同。行政型和经济型治理工具主要作用于企业,其中收回和征收土地闲置费两项工具的比例高达40%,是最主要的治理工具。这两项工具都属于强制性政策工具,在目前缺少源头治理和预防工具的情况下可以对企业闲置土地起到及时、有效的遏制作用。信息型治

理工具则主要作用于地方政府，如动态监测、监督与审计、信息公开占比均在10%左右，连同加大宣传力度和经验推广，信息型治理工具在面向政府的政策工具中占比超过了70%。无论是面向企业还是政府的政策工具，都以惩罚性的负向激励政策工具为主，无法从根本上起到治理作用，如收回闲置土地、征收土地闲置费、强制要求净地出让等，虽能看到短期治理效果，却无法形成长期约束，往往导致闲置土地治理出现"野火烧不尽，春风吹又生"局面（见图9-3）。

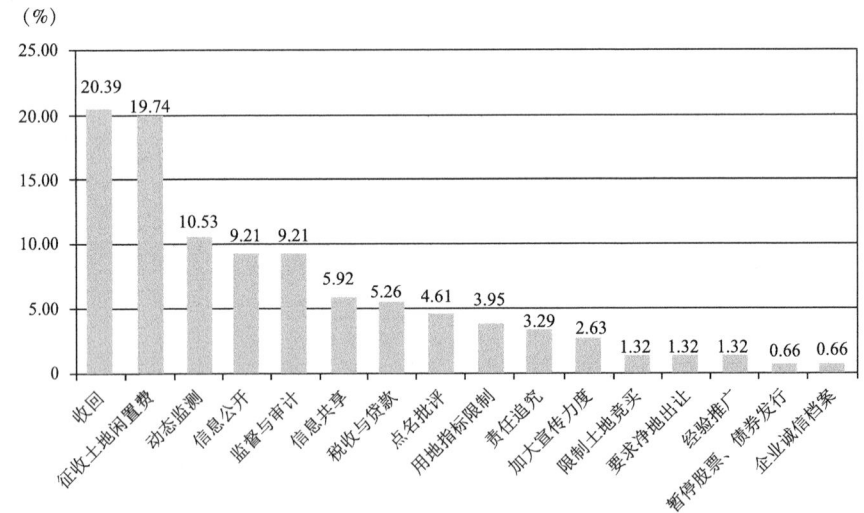

图9-3　闲置土地治理政策工具比例

（二）政策工具随时间发展不断演变，信息型工具比重不断上升

如图9-4所示，政策工具随时间推移而不断丰富。以1999年和2006年为节点，闲置土地治理政策工具的演变可以被划分为三个阶段：

第一阶段（1992—1998年）：闲置土地治理刚刚起步，政策工具总量少，以行政型和经济型治理工具为主。1992年原国家土地管理局出台《关于认真贯彻国务院严格制止乱占滥用耕地和发展房地产业有关文件的通知》，拉开中国闲置土地治理的大幕。1995年，《城市房地产管理法》、《关于全面清理非农业建设闲置土地的通知》（〔1995〕国土〔建〕字第31

号)、《关于进一步抓好闲置土地清理和各类建设用地检查的通知》等多篇政策文本发布,首次提出闲置土地收回和征收土地闲置费、用地指标限制和动态监测等四项政策治理工具。

第二阶段(1999—2005年):闲置土地治理政策工具仍以行政型和经济型治理工具为主,但信息型治理工具发展开始起步。以1999年为起点,修订后的《土地管理法》与《闲置土地处置办法》相继出台,推动闲置土地治理工具进入新的发展阶段。一方面通过相应文本颁布进一步巩固闲置土地收回、用地指标限制、征收土地闲置费等行政型和经济型治理工具的应用;另一方面提出信息公开、点名批评和经验推广等三项信息型治理政策工具,治理政策工具数量也较之前有小幅提升,并且在2003年达到高峰。

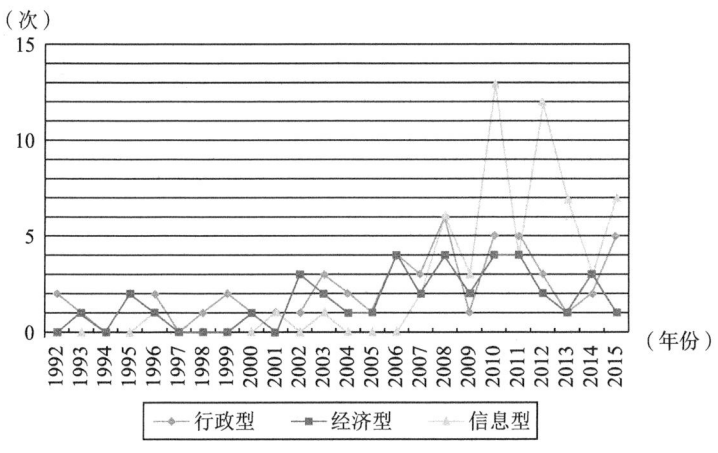

图 9-4　1992—2015 年闲置土地治理政策工具发展演变

第三阶段(2006—2015年):行政型与经济型治理工具保持平稳发展,信息型治理工具成为最常用的工具之一。这一阶段涌现出企业诚信档案、动态监测、督察与审计等多项信息治理工具,信息型治理工具比重从2007年的28.57%迅速增长到2013年的77.78%。出现这一变化的主要原因在于互联网信息技术的迅猛发展和政府执政理念转变。由于互联网普及和公共治理理念倡导,以互联网技术为支撑的闲置土地信息公开、动态监测等信息型治理工具被提到了新高度。

第四节　结论与展望

本文从政策工具视角出发，对1992—2015年的192篇中央层面闲置土地治理政策文本进行计量分析，将闲置土地治理政策工具划分为3大类型16项。研究表明，针对企业的闲置土地治理工具以行政型和经济型为主，其中收回和征收土地闲置费2项工具占绝对优势地位；针对地方政府的治理工具以信息型工具如动态监测、信息公开与监督审计为主。同时，不同政策工具随时间演变展现出不同发展特征，信息型工具逐步超越行政型工具和经济型工具，成为常用治理政策工具。展望未来，闲置土地治理政策工具还应继续深化。

一方面，继续完善闲置土地治理的行政型与经济型工具，引入地方政府问责和政绩考核制度建设。央地博弈一直是闲置土地处置不可回避的话题。由于对土地财政的依赖以及地方官员与土地使用权人可能存在的"共谋"关系等因素，地方政府并没有很大的动力处置闲置土地。中央应该加强对地方政府闲置土地治理成效的问责，将闲置土地治理成效引入政绩考核体系中，调动地方政府治理闲置土地的积极性。

另一方面，加大闲置土地治理信息公开与动态监测等信息型工具运用力度，如引入第三方评估政策工具。2008年以来，随着土地动态监测与监管系统的建立以及国土部门信息公开工作的开展，各省份开始陆续公开年度闲置土地处置信息，但公开程度仍然很低。在未来几年的闲置土地治理工作中，应以法治化的形式将闲置土地信息公开纳入政府基本工作内容，建立健全闲置土地信息公开与动态监测制度，不断提升信息公开水平。

参考文献

［1］新华网. 国务院督查第二批核查问责结果公布, 处理土地闲置51人［EB/OL］. http：//www.mlr.gov.cn/xwdt/jrxw/201509/t20150929_1382839.htm, 2015-09-29.

［2］TITMAN S. Urban land prices under uncertainty［J］. The American economic review, 1985, 75（3）.

［3］TURNBULL G K. A comparative dynamic analysis of zoning in a growing city［J］. Journal of urban economics, 1991, 29（2）.

［4］AMBROSE B W. Forced development and urban land prices［J］. The journal of real estate finance and economics, 2005, 30（3）.

［5］SHOUP D C. The optimal timing of urban land development［J］. Papers in regional science, 1970, 25（1）.

［6］CAPOZZA D., LI Y. The intensity and timing of investment：the case of land［J］. The American economic review, 1994, 84（4）.

［7］GRENADIER S R. Option exercise games：an application to the equilibrium investment strategies of firms［J］. Review of financial studies, 2002, 15（3）.

［8］CUNNINGHAM C R. House price uncertainty, timing of development, and vacant land prices：evidence for real options in Seattle［J］. Journal of urban economics, 2006, 59（1）.

［9］LEE T, JOU J. Urban spatial development：a real options approach［J］. The Journal of real estate finance and economics, 2010, 40（2）.

［10］张洪. 论开发区土地闲置及其治理对策［J］. 经济问题探索, 1997（6）：36-38.

［11］雷爱先, 刘维新. 论解决我国闲置土地问题的财税对策［J］. 中国土地科学, 1999（1）：24-27.

[12] 张所续. 加强闲置土地管理,节约集约利用土地 [J]. 资源与人居环境, 2009 (3): 28-30.

[13] 王宏新, 周拯. 城市闲置土地的生成机理及治理 [J]. 城市问题, 2012 (9): 78-82.

[14] 龙开胜, 秦洁, 陈利根. 开发区闲置土地成因及其治理路径:以北方 A 市高新技术产业开发区为例 [J]. 中国人口·资源与环境, 2014, 24 (1): 126-131.

[15] 黄萃, 任弢, 张剑. 政策文献量化研究:公共政策研究的新方向 [J]. 公共管理学报, 2015 (2): 129-137, 158-159.

[16] C HOOD. The tools of government [M]. London: Macmillan. 1983: 9, 133-137.

[17] HOWLETT M, RAMESH M. Patterns of policy instrument choice: policy styles, policy learning and the privatization experience [J]. Policy studies review, 1993, 12 (1/2).

[18] LASCOUMES P, LE GALES P. Introduction: understanding public policy through its instruments—from the nature of instruments to the sociology of public policy instrumentation [J]. Governance, 2007, 20 (1).

[19] LESTER M SALAMON. Tools of government: a guide to the new governance [M]. Oxford University Press, 2002: 19-36.

[20] 欧文·E. 休斯. 公共管理导论 [M]. 彭和平等译. 北京:中国人民大学出版社, 2001: 98-99.

[21] 张成福, 党秀云. 公共管理学 [M]. 北京:中国人民大学出版社, 2001: 62.

[22] 黄萃, 苏竣, 施丽萍等. 政策工具视角的中国风能政策文本量化研究 [J]. 科学学研究, 2011, 29 (6): 876-882, 889.

[23] 徐媛媛, 严强. 公共政策工具的类型、功能、选择与组合:以我国城市房屋拆迁政策为例 [J]. 南京社会科学, 2011 (12): 73-79.

[24] 王辉. 政策工具视角下多元福利有效运转的逻辑：以川北 S 村互助式养老为个案 [J]. 公共管理学报，2015，12（4）：90-101.

[25] 赵海滨. 政策工具视角下我国清洁能源发展政策分析 [J]. 浙江社会科学，2016（2）：140-144.

[26] E. S. 萨瓦斯. 民营化与公私部门的伙伴关系 [M]. 周志忍等译. 北京：中国人民大学出版社，2002：22-23.

第十章
中国城市闲置土地内在机制、现实根源与治理架构[①]

由于现行闲置土地治理体系不完善,部分土地资源遵循一定机制转变为闲置土地,造成资源和资产的浪费,而且严重阻碍经济社会的可持续发展。通过制度分析方法探究其内在机制、现实根源与治理架构得出以下结论:土地闲置的政治成本和经济成本小而利润巨大,在政府、企业和历史原因的直接影响下大量闲置土地出现。要从完善法律制度建设、改变土地闲置巨大利差现实入手,构建闲置土地治理框架,并在相关配套建设的支撑下有效解决闲置土地问题。

随着我国城市化进程的不断加快,土地的经济属性逐渐显现,对经济的快速发展起到了十分重要的作用,在住房民生领域扮演着举足轻重的角色。目前,在"严保耕地指标,集约利用土地"政策的指导下,土地供应紧张,供需不平衡现象严重。但与此同时,却存在着大量土地闲置、开工率不足、利用效率低下等现象,这种矛盾的状况导致了"地王"频现,房价高企。闲置土地不仅造成资源的严重浪费,也在一定程度上干预了土地市场和房地产市场的正常运转。[1]因而,清理闲置土地,构建完善的闲置土地治理体系势在必行。

---

① 原文发表于《城市问题》2012年第9期(原标题《城市闲置土地的生成机理及治理》),作者王宏新、周拯。本章略有修改。

第一节 闲置土地的形成机制

在1999年颁布的《闲置土地处理办法》中,闲置土地被定义为:土地使用者依法取得土地使用权后,未经原批准用地的人民政府同意,超过规定的期限未动工开发建设的建设用地。这种描述具有一定的针对性,同时也有一定的局限性。在部分西方国家,伴随着城市建设运营和土地市场的成熟与规范,可能更关注如棕地这类荒废未用而影响城市生态环境的土地。在我国,由于土地市场发展落后,制度建设不完善,使得对闲置土地的防控重点集中在依法取得土地使用权或承包经营权后,超过规定期限未开发利用的土地,而低效利用土地并未列入认定范围。

闲置土地并非朝夕形成,其背后有着一定的生长路径和机制。而所谓机制,即指为实现某一特定功能,一定的系统结构中各要素的内在工作方式,以及诸要素在一定环境条件下相互联系、相互作用的运行规则和原理。[2]闲置土地是遵循着一些土地市场和土地制度的基本机制演化而成的。

一、经济区位与区域非均衡

经济区位指地理范畴上的经济增长带或经济增长点及其辐射范围。闲置土地生成分布和经济区位布局密切相关,自然生态环境、基础设施、地价水平、市场规模和社会文化环境等都是闲置土地分布的决定因素。一个经济区位的兴起与发展将极大地带动其周边地区的经济增长,以及土地和不动产的升值。[3]一般而言,在资本、技术和其他经济要素积聚度较高的地区,房地产市场相对繁荣,闲置土地出现在区位优势较大地区的可能性较小,具备较好区位优势的地块,都能被快速开发。而经济区位较差的地块,被开发商暂时搁置甚至闲置的概率较高,大多被选择等待条件成熟时才进行开发。

因此,经济区位的影响决定了房地产市场是一个地区性的市场。房产市场的经济区位选择作用通过传导机制顺延至土地市场,进而出现土地供不应求或供大于求的非均衡状态。经济区位好的地块稀缺性与价值性大大加强,而经济区位差的地块则大打折扣,闲置状况频现。

二、市场冲击与市场波动规律

宏观经济走势变化及土地市场运行与闲置土地的生成有着紧密的联系。宏观经济变动、增长方式转变以及产业结构调整等,对土地市场的波动产生明显的外部冲击。[4]在宏观经济方面,中国经济增长本身与全球经济发展形势是两个重要的考量维度。近年来中国经济一直处于快速增长周期,同时城市化作为增长引擎,其水平大幅度提高,对房地产市场发展冲击颇大,在刚性需求和投机需求的引导下,大规模开发建设为房地产过热埋下了伏笔,市场冲击下的闲置概率增加。在全球经济发展形势方面,2007年的美国次贷危机影响是最好的例证,国内房地产市场受全球经济变化拖累低迷一年多,其间大量已获使用权的土地由于市场走势和开发资金的压力被闲置。由此可见,土地市场周期和经济周期一样,在一定的外部冲击下,也会出现相应的波动和调整。一般而言,在市场景气与房地产扩张过程中,土地闲置情况较少,而在市场低迷时,土地闲置发生的情况较多。

三、政策干预与制度空隙

一般而言,资产市场规模不断扩张,将对经济的影响持续扩大,并在传导机制的作用下影响经济政策目标的实现,如果还伴随资产泡沫的话,那么势必给实体经济和金融体系造成很大伤害。[5]因此,在我国,出于宏观经济走向把控的需要与民生发展的基本考虑,房地产市场中的政府管制与调控相对较为密集,其市场化程度仍相对较低,再加上存在着一些政策干扰和制度空隙,使得闲置土地生成的政策推手与动因也就显而易见。

政府的政策及其态度、政治环境的稳定等,都是关系到房地产市场发展的重要因素。在政策干扰方面,经济政策、土地政策是直接的主导者。在经济政策方面,货币政策与财政政策的积极与否、宽松与否直接关系到开发者和购买者持有的资本、税收优惠、补贴额度以及市场信心等,从而影响项目的开发和出售。在土地政策方面,中国的城市土地制度改革历程与房地产市场的盛衰有着紧密的内在联系,住房制度改革伊始,商品房市场迅猛发展,很少有闲置土地,但在"招拍挂"出让方式确立过程中,囤积土地、待价而建等土地闲置问题大规模出现,近几年,由于市场机制和管制制度趋于完善,土地闲置问题稍有缓解,但在巨大利差的吸引下,仍有大量土地被变相闲置。[6] 在制度空隙方面,土地出让方式改革的不彻底,市场运行的不规范,调控方面的"重获取、轻持有"等,使土地闲置问题沿着这条路径继续滋生。

四、城市建设惯性与社会阻尼现象

在我国快速城市化的现阶段,不少城市在自身建设与发展上的惯性严重影响了城市可持续发展能力。城市建设规划与土地资源分布的结构化匹配程度相对不高,无序的城市蔓延把城市变得支离破碎,部分地区的城市发展方向不一致以及基础设施建设跟不上导致土地价值增长小,最终使得土地在开发商待价而沽的策略中生成闲置地块。而关于阻尼现象,本指任何振动系统在振动中,由于外界作用或系统本身固有的原因,所引起的振动幅度逐渐下降的特性。应用到社会领域中的土地开发中来,可以引申为社会压力对开发过程造成的影响和阻碍。围绕目标土地的利益相关者之间的博弈成为土地闲置的又一温床。通常是在拆迁补偿环节人为地影响地块的开发整治,在一定社会阻力下使得开发商持有土地的溢价逐步下降,开发建设速度放缓,甚至闲置待势而发。

第二节 产生闲置土地的现实根源

沿生成机制出现的闲置土地背后有着深厚现实根源,由于现行闲置土地防控体系的不完善，土地闲置政治成本和经济成本小而收益巨大，地方政府与开发商往往成为利益共同体，尽管不断有监管处置政策和命令的出台，但在不少地方消极监管的态度支配下，闲置土地问题一直未得到有效解决。

一、经济动因：土地财政结构下的地方政府卖地冲动

土地财政的影响传导至土地市场，助长闲置土地生成。1994年分税制改革以后，地方政府财权事权不匹配，以小部分的税收分配收入承担大部分的地方基础服务职能，使各地方政府财政运转困难。而出让土地的低成本高收益，迅速成为政府财政收入的主要来源，使得地方政府逐步依赖于土地财政，并在巨大利益的诱使下，形成了极强的卖地冲动，进而导致一些开发条件不成熟、规划设计不完善的土地出让给开发商。开发商拿地之后，由于相关规划不成熟，土地开发条件和基础不完备，无法达到开发所要求的适用政策和规划内容，开发商只能被动闲置土地。除此之外，地方政府自身为了充分获取土地增值收益，都纷纷成立了土地储备中心收储土地，而其中部分土地未能即时出让，也在一定程度上造成了闲置。

二、制度推手：地方政府政绩考核机制下的发展观缺陷

地方政府发展观和政绩考核制度的不科学，使土地盲目出让且粗放利用。在"以GDP为纲"的发展观及行政考核体制下，政绩工程频出，地方政府不顾出让土地的实际状况，以土地作为承诺进行招商引资，以推动本区域经济发展，从而掀起了大范围的土地开发热潮。事实上，政府划给投资商的土地很大一部分并不具备直接使用的条件，并且从投资商的角度讲，在地圈得越多越好的心态影响下，直接造成了很多地方开发区、工业园区的大面积荒芜，这也成为今天闲置土地数据的直接来源。[7]此种片面追求经济发展而忽视背后基础支撑与民生保障需要的发展观缺陷、危害甚大，不仅会造成土地资源的严重浪费，也在一定程度上干预了土地市场的正常运转。

三、市场缺位：巨大利差诱惑下的企业圈地高收益

土地市场机制的缺位，使土地成为市场的稀缺资源，对稀缺资源的追逐其本质在于获取背后的巨大利差。在现行土地出让制度下，土地价格有可能被人为扭曲和抬高，市场在调节土地资源配置方面不能有效地发挥作用。土地变成一种价值巨大的稀缺资源，成为投资者或者开发商手中能快速套利的重要工具。在转让和开发土地的高收益吸引下，企业圈地占地，以囤积获益。除囤积获利闲置土地外，还存在部分开发企业因盲目购地导致资金链断裂而被动闲置土地的现象。

四、管理漏洞：传统管理模式下土地闲置的低成本

现行闲置土地相关的管理体系漏洞，导致土地闲置的政治、经济成本低，风险小。首先，国土资源管理重行政审批，轻供后反馈和监管，没有对现实土地利用情况的监督控制，也没有定期巡查反馈制度安排，导致闲置土地的风险较小，从而使部分开发企业有机可乘，违法囤地。其次，从政府自身来看，缺乏闲置土地的政府问责，对于监管职能履行不到位、政策法规执行不力的情况都没有详细规定政府的责任追究问题，从而使闲置土地现象产生的政治成本降低。[8] 再次，现行相关法规政策体系不完善。这一方面体现在对闲置土地处置权限设置不科学，各级地方政府集市场主体与市场管理主体于一身，既是"运动员"又是"裁判员"，这样必然会影响到对闲置土地处置和防控的力度。[9] 另一方面，体现在闲置土地处理方法适用范围不明晰，寻租涉租空间大。关于闲置土地的处理办法繁多，且适用范围广，导致部分企业可以通过各种手段变相规避查处。最后，闲置土地相关法规政策系统前瞻性差，执行力度低，地方政府出于经济利益和发展需要的考虑，很少会真正查处闲置土地，对闲置土地的查处落实工作不到位。

第三节 闲置土地的治理框架

闲置土地问题不仅关系到整个土地资源的利用效率、土地市场和房地产市场的正常运行，还关系到国家利用土地进行宏观调控的能力和效果，如果解决不好闲置土地问题，将会对以上几个方面产生重要影响。因此，针对现实运行中土地闲置的政府与企业的成本效益，我们应从发展观念转变、法规建设、管理监督体制建设、市场机制建设以及配套基础建设等方面着手，构建闲置土地治理体系，处理好现有闲置土地，防止新的闲置土地生成。

一、完善相关的闲置土地基础制度建设

（一）完备的法律法规体系是一切制度的保障

在闲置土地方面，首先，应当梳理法规体系，把适用范围界定、处置方式、责任主体、配套措施等内容整合到一个法律序列当中。其次，建议国家进一步细化《闲置土地处置办法》的操作细则，对闲置土地的内涵、各类闲置土地的处置方式等进行详细规定，逐渐消除相关利益主体打法律擦边球逃避处置的现象。再次，建议各省级政府和国土资源管理部门根据国家的政策精神，充分权衡各方的利益诉求，因地制宜地制定符合本省各地实际情况的闲置土地处置要求和操作指引。最后，提高闲置土地相关法律法规的效力，保证其能真正落实和执行。

（二）配套基础措施是闲置土地治理的有效支撑

首先，建立建设用地供应动态监测数据库，涵盖建设用地基础信息、规划控制指标及开竣工信息、土地投资及利用强度信息以及履约保证金和违约责任信息等，运用网络信息技术对具体建设用地的出让金支付、土地交付与工程开竣工情况进行在线实时监测，从而建立土地闲置的预测、预

警和快速处理机制。其次，建立房地产企业信用评级制度，要将其囤地行为纳入信用评价体系，并将信用等级与以后的土地竞买资格认定、银行贷款、税收征收、上市融资等行为联系起来，从各方面打击囤地行为。

二、构建治理网络：提高土地闲置的政治成本，削弱政府方面的经济动因

作为闲置土地产生的重要因素，因政府方面的原因而闲置的，主要包括规划调整、政策变更、出让条件不成熟等。[10]究其根源，在于土地闲置问题预防处置的政治成本小，而相应的土地财政收益高，因而，应当从提高土地闲置的政治成本和降低土地闲置的政府收益这两方面入手构建治理网络。

（一）提高土地闲置的政治成本

上收闲置土地处置和闲置行为处罚权力。首先，在有关权限设定中，应把闲置土地处置和闲置行为处罚工作交由上一级的政府国土资源管理部门，本级人民政府及其国土资源管理部门主要协助上级部门，负责提供完备的土地审批信息及批后土地使用情况的相关基础信息。[11]其次，要把闲置土地处置防控纳入行政考核指标体系，把在闲置土地问题上的相关治理成果作为上级政府对下级政府土地资源管理的一个考核因素，尤其是对于国土资源部门的行政考核而言，应当把本区内闲置土地数量、规模、处理情况、效果如何等作为衡量处理闲置土地和进行土地资源管理能力的相关依据。在这种综合性行政考核体系下，推动政府加强对闲置土地的监督管理和重视程度。最后，严格落实闲置土地的责任追究制度。在履行好政府的监督管理责任的同时，对于政府原因导致的闲置土地行为，彻底追究本级土地资源管理部门甚至地方政府领导人的行政与法律责任。

（二）降低土地闲置的政府收益

第一，建立合理的利益促进机制，减少对土地财政的依赖。为了调动地方政府处置闲置土地和加强防控监督的积极性，一方面，适当调整分税

制，增加地方政府财税分配比例；另一方面，国家可采取收益分配的优惠措施，适当增加地方政府对闲置土地处置收益分配的比例。同时还要做好闲置土地防控的财政补贴工作，为地方财政提供低息贷款并鼓励收回闲置土地。只有从闲置土地的运作成本及收益分配等角度促使经济利益适当向地方倾斜，才能促使地方政府加快闲置土地处置工作，为其加强闲置土地防控提供经济动力。

第二，转变政府发展观念，提高土地利用的经济效益。首先，转变"唯GDP论"的发展观念，引入和切实贯彻可持续发展战略，合理使用并且提高土地资源基础，以支撑生态及经济增长压力。防止地方政府为了招商引资和搞政绩工程而大量建设开发园区、工业区，造成部分土地闲置。其次，加强土地规划设计研究，科学安排土地的供给出让，在节约和集约利用土地的指导方针下，使地方政府经济发展向集约形式转变，切实提高区域内土地的利用效率，发挥其应有的社会经济价值，从根本上减少闲置土地的出现。

三、完善防控体系：抬升土地闲置的企业风险，缩小土地闲置的经济利差

开发企业土地闲置的主要原因，一部分源于资金紧张，无力开发，没有能力支付开发成本；另一部分则源于纯粹的囤地行为，完全出于套利的考虑。探究其背后本质可以发现，这和企业闲置土地的风险小、经济利差巨大有着重要的关系。因此，必须完善相应的防控体系，抬升土地闲置的企业风险，提高土地闲置的财务与信用成本，缩小土地闲置的经济利差，预防闲置土地生成。

（一）抬升土地闲置的企业风险

加强政府管理监督闲置土地的体制建设，使行政审批和监管并重，增加违规风险。在土地利用环节，不仅要在源头上防止条件不成熟的土地供应到土地市场，也要加强供地后在实际使用中的监督管理工作。对于没有后续开发能力的用地单位，可以通过政府收购的方式来完成土地一级开

发,以尽早入市;对于有能力开发的企业,则应督促其加快土地的开发利用进度。在监督环节,建立建设用地的开发利用巡查制度,充分运用在线监测信息,对建设项目用地的开发利用全过程进行检查跟踪,主动预防和及时查处土地闲置行为。[12]

(二)提高土地闲置的财务与信用成本

综合发挥金融手段的作用,增加土地闲置的成本。对于开发商自身原因造成的闲置,除收回闲置土地,取消有严重闲置土地行为的开发商在土地一级市场上投标的资格外,还可以通过限制贷款和融资、收取税费等措施提高闲置土地的财务成本,从而加大开发商的财务风险、政策风险和市场风险等。最后,国土部应联手银监会、证监会坚决贯彻执行"对于囤地企业不得发放贷款,不得上市、再融资"的指示,抬高信用成本,遏制上市房企的囤地行为。

(三)缩小土地闲置的经济利差

首先,构建闲置土地治理的市场机制,缩小土地价值利差。现行土地供应机制是政府垄断土地市场的一级供给,经营性用地一律以招标、拍卖、挂牌的方式出让,容易扭曲土地价格。[13]可以在建立合理基准地价的基础上,通过综合平衡开发企业实力,并在满足政府调节市场需要等前提下,改变价高者得原则,实行双线控制等方法供应土地,防止因供应环节的价格不理性导致日后的土地闲置现象。同时,也可以尝试放开一级土地市场,准许部分农地流转入市等,缓解土地资源的稀缺性。

其次,改费为税,增加闲置土地的经济成本。目前,对于闲置土地的经济惩罚措施主要是收取土地闲置费。从长远的制度角度来看,应当在逐步完善不动产税制的情况下,建立起以税收为主的经济惩罚体系。在土地保有环节,通过合并土地使用税和房产税,从价征收不动产保有税,提高土地使用者的土地保有成本,促使土地使用者节约用地;对于闲置土地和大面积囤积土地的,可附加征收闲置土地特别保有税,提高保有税课税税额,抑制土地囤积,促使土地使用者转出土地使用权。在土地有偿转让环节，需要完善土地增值税，调节土地转让增值收益，降低土地投机的收益预期，抑制土地投机。在土地和房地产的继承、赠予等无偿转让环节，开征遗产税和赠予税，促进社会公平。[14]

第四节 结论

在贯彻落实国家"严格土地管理，加强宏观调控"政策的大背景下，坚持走节约和集约利用土地之路，就需要大规模地整治闲置土地。只有从改变土地闲置利差这一现实入手，构建起一套有效的治理框架，才能在相关配套建设的支撑下有效解决闲置土地问题，防止土地闲置的生成和土地市场的混乱无序与资源浪费，实现经济社会的可持续发展。

参考文献

[1] 朱林兴. 土地闲置问题的严重性、成因及其处置 [J]. 探索与争鸣, 2006 (11): 8-9.

[2] 叶艳妹. 城镇闲置土地形成机理、动态监控与监管策略 [M]. 杭州: 浙江大学出版社, 2011: 109-120.

[3] 舒东, 郝寿义. 房地产功能价值论与中国房地产市场投资 [J]. 南开学报（哲学社会科学版）, 2003 (3): 101-107.

[4] 张晓晶. 中国房地产周期与金融稳定 [J]. 经济研究, 2006 (1): 26-28.

[5] 何孝星, 于宏凯. 中国房地产泡沫与货币政策反应规则的思考 [J]. 经济学动态, 2006 (2): 28-32.

[6] 周天勇. 土地制度的供求冲突与其改革的框架性安排 [J]. 管理世界, 2003 (10): 41-45.

[7] 何书金, 苏光全. 开发区闲置土地成因机制及类型划分 [J]. 资源科学, 2001 (5): 18-19.

[8] 张雪. 关于土地闲置及解决对策的探讨 [J]. 河北农业科学, 2010 (4): 104-105.

[9] 蔡运龙. 中国农村转型与耕地保护机制 [J]. 地理科学, 2001 (1): 1-4.

[10] 楼江, 邓浩强. 城市闲置土地市场化配置的博弈分析 [J]. 同济大学学报（自然科学版）, 2007 (1): 129-130.

[11] 罗伟玲, 刘禹麒. 基于利益博弈的闲置土地处置研究 [J]. 广东土地科学, 2010 (3): 43-44.

[12] 吕美霞. 谈闲置土地的处置办法 [J]. 消费导刊, 2009 (5): 240-241.

[13] 王宏新, 勇越. 城市土地储备制度的异化与重构 [J]. 城市问题, 2011 (5): 67-71.

[14] 雷爱先, 刘维新. 论解决我国闲置土地问题的财税对策 [J]. 中国土地科学, 1999 (1): 25-27.

第四篇

土地资源利用：多元治理与自主治理

第十一章
公共资源、公共政策与自主治理
——甘肃省抓喜秀龙乡草场治理案例研究[①]

为避免"公有地悲剧"、明晰产权,草场治理中冬季草场被承包到各家各户,夏季草场仍保持公有,然而草场被承包到户的政策效果存在很大争议。部分学者认为牧民的自主治理能力被忽视,根据奥斯特罗姆的自主治理理论,在满足八项原则的前提下,牧民可以不依靠外部约束有效管理草场。本章通过甘肃省天祝藏族自治县抓喜秀龙乡的案例调查发现,自主治理的几项原则——集体选择、监督、分级制裁和对组织权的最低限度的认可——并未满足,良好的草场治理需要牧民、政府的共同参与。

自哈丁提出"公有地悲剧"以来,它已成为公共资源治理的一个经典模型。在一个信奉公有地自由的社会里,追逐私利的个人行为最终会使全体走向毁灭,公有地自由会毁掉一切。[1]基于此,治理理论强调产权划分明确,私有化成为主要解决方案。[2]然而,俄罗斯、东欧等"休克疗"式激进型改革的失败说明仅仅依靠明晰产权进行治理改革是行不通的。[3]直到奥斯特罗姆自主治理(Self-Goverance)理论的提出,对"公有地悲剧"假设做了根本上的修正和放宽,也更贴近现实:一群相互依赖的人如何才

---

① 本章主要内容以英文发表于 *Asia Pacific Journal of Public Administration* - APJPA,36(3),September 2014,原标题"Is self-governance of the commons feasible in the PRC? A case study of pasture governance in Zhua Xixiulong township, Gansu province",网址:http://www.tandfonline.com/loi/rapa20#,作者王宏新、邵俊霖、蔡梦晗。本章略有改动。

能把自己组织起来进行自主治理，从而能够在所有人都面对"搭便车"、规避责任或其他机会主义行为诱惑的情况下，取得持久的共同收益。通过一系列案例研究，奥斯特罗姆发现，在满足"清晰界定边界、占用和供应规则与当地条件一致、集体选择、监督、分级制裁、冲突解决机制、对组织权的最低限度的认可、嵌套式企业设计"等八项原则的基础上，公共池塘资源的占用者对公共池塘实行自主治理是可长期存续的。[4]

所谓公共池塘资源（Common Pool Resources），是指同时具有非排他性和竞争性的物品。在中国，也有着丰富的实例为公共资源治理研究提供了肥沃的土壤，牧区草场就是一个极佳的例子。20世纪70年代以来，由于气候变化、人类活动等因素的影响，青藏高原地区草地生态系统严重退化，由此引发的生态环境恶化和牧民贫困放大了生态不安全、社会不安全之间的累积效应，严重影响牧民生活和区域社会经济发展以及生态安全。[5-6]

第一节　问题的提出

为遏制生态退化趋势，中央政府采取了一系列措施，如把草场承包到户、清晰界定草场产权、实施双权一制①、完善草地资源流转制度、落实休牧禁牧政策、实施退牧还草工程等。[7-8]这些管理措施在局部地区取得了成效，然而其负面作用也日渐凸显，受到越来越多的关注。例如，已有研究认为草场根本无法清晰地划分给村民，村民必须集体使用这些草场才能获得较大收益，但草场承包到户后，村民获得发展经济积极性的同时，并没有激励采取个体或集体行动来解决环境问题[7]；也有研究认为，政府基于"公有地悲剧"模型采取的对策有可能将具有草原保护主体身份的牧民边缘化[9]；还有研究认为，"一刀切"的草原政策和村民被排除在政策制

---

① 即所有权落实到村，使用权落实到户，实行承包责任制。

定及实施之外是导致草原退化的重要原因,也是草原恢复保护政策难以实现其预期目标的主要原因。[10]

鉴于此,奥斯特罗姆提出的自主治理逐渐受到国内学者重视,将草场治理的主体转移至牧民或当地社区,依靠牧民自身及其社区力量对草场进行管理。周涛就通过西藏林芝县秀巴村的个案研究发现,基于亲属制度、人口制度性节制、村落内外牧民间互惠、私有草场限制以及跨界放牧而建立的地方性自我管理机制,有利于维持当地生态环境可持续发展[9];柏贵喜则认为中国不同的乡土社区或族群社会在长期社会实践中根据各自生境特点创造丰富的生态维护知识,在草场治理和保护中发挥重要的作用。[11]

自主治理理论突破传统上个人主义与集体主义非此即彼的二分法,在解决公共治理困境、推进可持续发展方面显示了巨大力量。[12]然而,在中国现行的公共资源所有权制度和公共管理模式下,自主治理条件是否满足?如何在既有制度,尤其是产权制度约束下实现公共资源有效治理?本研究对甘肃省天祝藏族自治县抓喜秀龙乡的草场治理现状进行深入调查,旨在对公共资源治理中自主治理可行性及公共参与的必要性进行探讨。

第二节 研究区概况及研究方法

一、研究区概况

案例研究区地处青藏高原东部天祝藏族自治县,是甘肃省九大牧业县之一,面积6865平方千米,是一个以藏族为主的多民族地区。天祝地势西部高峻,向东南逐渐变低,海拔2040~4874米,属寒冷高原性气候。抓喜秀龙乡,意为"美丽富饶的地方",位于天祝县城西南38千米处,面积459.2平方千米,下辖代乾、红疙瘩、南泥沟、炭窑沟、永丰5个行政村,草场面积23100公顷,为全县重点牧区之一。调查表明,到2009

年，抓喜秀龙草原区严重退化草场面积已占到总面积的 37%，优质牧草产量下降了 60%~80%。[13] 由此可见，将该地区作为草场管理措施合理化研究的案例对象有其典型性。调查研究所设两个案例点村落为南泥沟村（东经 102°47′，北纬 37°11′）和红疙瘩村（东经 102°42′，北纬 37°14′）。两村落海拔 3100~3800 米，由于气候寒冷，没有农业和林业生产，属纯牧业村。这里的草地属高寒草甸类型，其特点为高寒湿润、热量不足、牧草生长矮、利用价值较低。

为提高当地经济发展水平，改善牧民生活，政府采取了一系列措施对草场进行管理。其中，最主要的是实施草场承包制和草畜平衡制，与此配套的有禁牧休牧、划定基本草原、草原生态奖补政策等。抓喜秀龙乡的草场承包工作开始于 2004—2005 年，基本按照人口进行草场分配。但是所承包的只有冬季草场，夏季草场仍实行集体放牧。为了实施政府颁布的草畜平衡制，政府要求各村按照《甘肃省落实草畜平衡奖励政策实施方案》要求制定减畜数量和年度减畜计划，将具体减畜任务及数量分解落实到户，与各户签订草畜平衡及减畜责任书，落实减畜任务。在完成减畜计划的基础上，对实行草畜平衡管理的草原，按省上核定的青藏高原区 2.18 元/（亩·年）标准进行奖励；畜牧草原部门综合考虑草场生态脆弱性程度和实际利用情况划分休牧区和禁牧区，休牧区基本是冬春草场，在夏秋季节（每年 5 月底到 9 月底）不允许牲畜进入。违反这些规定的村民，会由草原畜牧管理部门或村委会管护小组进行警告、罚款直至停发草原奖补资金等处罚。

二、研究方法

本研究主要运用由 McCracken 提出并由 Cornwall 等[14] 发展的参与式乡村评估法（PRA）和关键人物访谈法。其中，PRA 是在农村项目设计、实施、评估中常用的一种农村调查研究方法，是了解农村生活与条件的一种方法及途径，有学者认为它能够克服以往"自上而下"式调查活动中存在的一些缺点，为社区生态环境等方面的调查提供大量有价值的信息。

为了对草场现状、牧民生活和放牧方式有更好的了解，研究人员一直和牧民生活在一起，观察其日常生活、风俗习惯、放牧方式以及牧民间相互关系和其应对草场退化的方法。两个村庄大约40户牧民，研究小组从每个村随机选择了10户牧民进行问卷调查。由于大部分牧民为藏族，并不太熟悉汉字，研究人员必须为他们阅读、讲解问卷，某种程度上此次问卷调查更类似于访谈。同时，为进一步保证所获信息的真实性，了解更多政策方面的信息，研究者还对当地乡级政府人员进行深入访谈，包括副乡长、办公室主任等，每人访谈时间大约在3小时。

参考Dong等应用的探究地区传统生态知识的方法，[15]研究人员利用Excel 2007对通过入户访谈获得的数据进行初步统计与整理，再利用SPSS 19软件进行系统性定量分析以进一步解释和说明。从关键人物访谈及深入访谈实录中提取的信息，用以验证问卷数据的合理性，并对其做出补充说明。关键人物及政府官员访谈资料通过录音及笔记做复原整理，并从中提取关键信息点。此外，还对从乡政府相关部门收集的第二手资料进行了电子录入和分类整理。

第三节 牧民放牧方式、牲畜数量决策与草场载畜状况

为判断草场承包制和草畜平衡制等政策实施效果，必须明确草场载畜量变化，而载畜量受到牧民放牧方式及牲畜数量决策影响。因此，课题组首先考察现行草场管理制度和气候条件下牧民放牧方式以及牧民家庭牲畜数量决策，进而利用访谈和实际数据考察草场载畜量变化，以此探究政策实施效果。

一、现行草场管理制度和气候条件下牧民放牧方式

牧民放牧方法与技术主要传承于祖辈经验。根据当地地理特点和气候

特征，牧民在长期生活实践中形成了独特的放牧路线和草场利用方式。绝大多数被访者认为，传统放牧方式经过长期自然与社会实践检验，有着较好的效果。

调查表明，当地放牧方式主要为夏天在高处草场，冬天在低处草场的季节性迁徙游牧，且路线基本固定。这与整个青藏高原地区的主体放牧方式相一致，充分利用了不同季节不同海拔高度上的牧草生物量及有利气候条件。值得一提的是，在红疙瘩村有两户牧民表示，他们现今已改变了按季节转场放牧的方式，但这并非传统观念改变所致，而是因家中草场面积太小，无法满足游牧所需条件。对大部分牧民而言，即使冬季草场所有权在草地承包政策实行后发生了较大变化，但其放牧方式依然遵循了传统的季节性游牧方式，见表11-1。

表11-1 传统放牧方式调查

项目	南泥沟村/红疙瘩村
您从哪里学习的这种放牧技术	祖先
哪个家庭成员在从事放牧	丈夫/户主
放牧方式效果如何	比较有效
您使用哪种放牧方式	夏季在高处草场，冬季迁徙到低处草场
您如何使草场资源得到更有效的利用（多选）	保持适当的载畜量，季节性游牧
如何控制您家的牲畜头数	根据草场产草量
您如何处理牲畜粪便	收集当燃料，留在草场上当肥料
您如何保持牧场土壤肥力	禽畜粪便
近年来您家牲畜的数量是增加了还是减少了	增加

随着全球气候变暖，作为气候变化敏感区的青藏高原近年来也变化显著。尽管当地牧民没有精密的科学仪器来测量气候变化幅度，但凭借自身智慧和经验传承，他们已从平日生产生活中强烈感受到这些变化，并采取有效的方式加以应对、适应气候变化。两村村民普遍感觉到该区春冬季气温比往年明显下降，而夏秋季则有所上升；在降水量方面表现为无论降雨

量还是降雪量，近年来都有较明显下降，但对生产生活尚未造成太大影响。此外，季节转换时间也发生了变化，表现为春天开始的时间比往年推后 15~30 天，而夏天结束的时间比往年提前 15~30 天，见表 11-2。

表 11-2 牧民气候变化感知及应对方式调查

项目	南泥沟村/红疙瘩村
您觉得近年来气温如何变化	春冬气温下降，夏秋气温上升
您觉得近年来降水量如何变化	降雨量与降雪量均减少
您觉得近年来季节转换时间有哪些变化	春天来得晚了，夏天结束得早了
您觉得近年来草场产草量是上升还是下降	下降
您觉得近年来雪山上的雪是减少了还是增加了	减少
您觉得近年来河水是增加了还是减少了	减少
在近年来的气候变化下您的生产生活遇到哪些问题	可供牲畜食用的牧草产量减少，可供牲畜饮用的水量减少
您如何应对近年来气候变化导致的问题	推迟进入夏秋草场时间，提早进入春冬草场时间，多种草

在气候变化导致的诸多问题中，可供家畜食用的草料和饮用水量减少是牧民面临的最大挑战，见图 11-1。其中，饲草料减少使牛羊产奶量和体质均有明显下降，以至于较大程度上影响了村民收入；饮用水减少虽然造成局部影响，但尚未出现大面积人畜用水短缺问题。在具体应对措施上，村民主要通过调整游牧转场时间来应对气候变化挑战，包括推迟进入夏秋草场时间，提前进入春冬草场时间。此外，受访村民也普遍表示用增加定居地和畜圈周围人工种草等方式来弥补由气候变化造成的天然牧草减少，在一定程度上也缓解了牧草短缺问题。

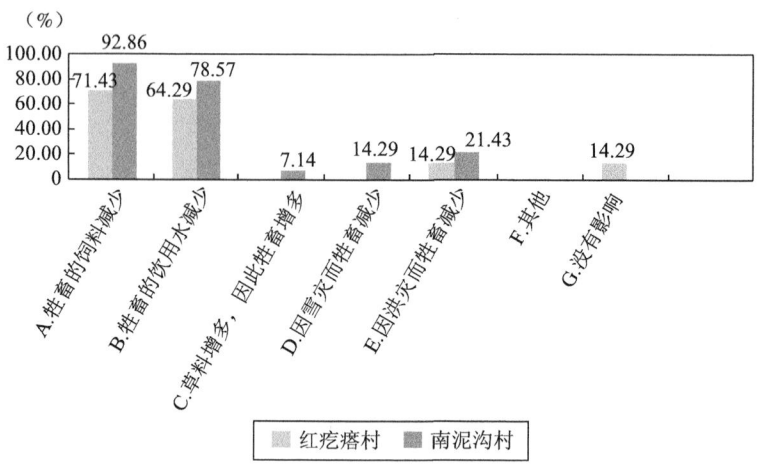

图 11-1 气候变化给畜牧带来什么影响

二、牧民家庭牲畜数量决策

面对访谈和调查问卷，大部分牧民对夏季牧场等公共草场保护表现出积极的态度，他们大多声称会根据草场产草量观测来控制草地放牧的家畜数量，选择该选项的牧民在南泥沟村和红疙瘩村的比例分别约为79%和71%，见图11-2。而促使他们通过控制家畜数量以保护草场的动因在于草地是他们的生活之源。

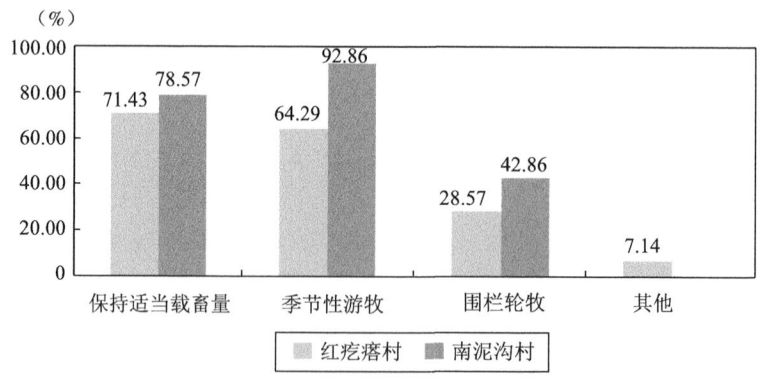

图 11-2 您如何提高草场资源的利用效率

然而，尽管牧民声称会根据草场产草量来控制家畜数量，但各家牲畜数量增加却是不争的事实，而且产草量并不是决定家畜数量的最主要因素。正如一位官员提到的：

> 牧民确定自己家的养畜数量，不是根据自家冬季草场大小，村里面也没有统一规定，他们大多是根据自己家劳动力多少、饲料短缺时的经济状况来确定。其实，冬春草干季节，多数牧民家依靠购买饲料喂养牛羊。为了抢食夏季草场而在冬季增加养畜量的做法我们这边基本不采取，主要依据还是自己的经济实力和劳力。当然投机者也有，只是很少一部分。牧民之间不会因为谁家养的牲畜多、占的便宜大而起什么冲突，但也有一部分牧民私下里议论这个问题，对饲养大户存在反感。

也就是说，尽管牧民声称为长远发展必须主动考虑草场承载力的问题，尤其是近几年草场退化情况加重更引起大家的关注和担忧。然而，在最重要的控制牲畜数量问题上，牧民的表现既不是完全出于集体利益，也没有出现哈丁式的"公有地悲剧"。

三、草场载畜状况

对草场现状、牧民放牧方式等方面的信息了解不足容易导致政府决策无效率。自2004年实施草场承包到户政策以来，草地状况如何呢？据乡政府一位官员描述：

> 不管有没有承包到户，家庭牲畜数量都在逐年增加，主要原因是利益驱动，因为畜牧养殖业的效益要高得多，畜产品价格每年都在攀升。虽然一部分牧民随着收入增加在城里买房定居，也有一部分牧民因为子女上学或上班，家里缺少足够劳动力经营牲畜草场，就变卖牛羊，租赁草场后外迁。但是，草场整体载畜量增长变化不是太大，家庭的饲养数量却逐年增加。

同样，虽然"草畜平衡"的要求很早以前就被提出来了，但是减畜计划和草原生态奖补等具体政策措施都是近年来才开始实施，具体效果有待考察。据另一位乡领导观察：

> 虽然家庭的饲养牲畜量在增长，但由于部分牧民外迁或家庭劳动力减少，不再以放牧为生，草场总体载畜量增长不大。

然而，实际情况远比当地乡领导预想的严重。根据《天然草地合理载畜量的计算》（中华人民共和国农业行业标准 NY/T635—2002）测算，抓喜秀龙全乡草畜平衡区可放牧天然草原年可利用鲜草总产量 1.49 万吨，合理载畜量为 1.054 万羊单位，实际载畜量却高达 1.752 万羊单位，超载率 68.6%。可见，从上而下制定的草场承包制、草畜平衡制并不能很好地解决草场超载、草地退化问题。

第四节 自主治理原则的缺失

奥斯特罗姆总结归纳出自主治理制度所需的八项设计原则，这些原则全部满足时，自主治理制度有效，否则就是脆弱或无效的。一个有效的自主治理首先要对有权从公共池塘资源中提取一定资源单位的个人或家庭予以明确规定（清晰界定边界原则）；占用时间、地点、技术或（和）资源单位数量的规则，要与当地条件及所需劳动、物资或（和）资金的供应规则保持一致（占用、供应规则与当地条件一致原则）。同时，绝大多数受操作规则影响的个人应该能够参与修改操作规则（集体选择安排原则）。还要具备积极检查公共池塘资源状况和占用者行为的监督者（监督原则）；违反操作规则的占用者要受到其他占用者、有关官员或两者的分级制裁，制裁程度取决于违规内容和严重性（分级制裁原则）。当占用者之间或占用者与其他组织成员产生冲突时，占用者和当地政府能迅速通过低成本的地方公共论坛来解决冲突（冲突解决机制原则）。此外，占用者设计自己制度的权力必须不受外部政府权威挑战（对组织权的最低限度的认可原则）。占用、供应、监督、强制执行、冲突解决和治理等活动可以在一个多层次嵌套企业中加以组织（嵌套式企业设计原则）。[4]根据考察，抓喜秀龙乡的草场治理并不具备有效自主治理所需的设计原则。

夏季草场归村里所有，只有该村村民有资格使用；通过对草场使用者资格进行严格限定，避免了外来者过多涌入导致租值消散，在一定程度上满足了清晰界定边界原则，但除草料之外的其他资源的使用边界并没有清晰界定。该地区盛产冬虫夏草，所有人都可以挖，对草地造成了极大破坏，就是一个明显的例子。牧民在长期放牧中形成了一套固定的放牧路线、放牧方式，资源占用时间、地点、技术与供应一致；不考虑购买饲料的情况，草畜平衡制实施以后，使用资源单位数量也与供应保持一致，占用、供应规则与当地条件一致原则得到满足。虽然邻村之间可能产生跨界放牧的情况，牧民间也偶发冲突，但大部分情形可以由村主任协商解决，结果往往以罚款、道歉了事，冲突解决机制比较完善。

但是，村里并没有明确的监督和分级制裁措施，牧民彼此熟悉，更有相当一部分牧民是亲戚，这种情况下，牧民更多是依靠道德、风俗约束自己的行为，即使违规也不会受到严重惩罚。只要"好意思"，即可以极低的成本违规放牧。以家庭牲畜数量确定为例，每家每户都根据自己的劳动力和经济情况做出选择，这就导致部分富有家庭拥有的牲畜量远高于其他家庭；养殖大户可以不受限制地获取更多公共资源，容易引起其他村民不满、抱怨甚至跟风。

尤其重要的一点是，政府各项政策措施对牧民具有非常大的影响。草场承包制、草畜平衡制是在政府主导下实施的，牧民只是被动接受，不管这些制度会对放牧方式和生活习惯产生多大影响。实施草场承包到户，需要建设大量围栏，尽管政府给予一定的补贴，围栏建设仍给村民带来极大负担。很多村民不愿意建设围栏，也无力监管是否有别家牲口侵犯自家草场，导致草场承包很长一段时间有名无实，而牧民也无法改变这种现状。可见，该地区实施自主治理是脆弱的，一味呼吁"自主治理"没有意义。

第五节　政策制定中公共参与的必要性

政府制定的政策，如果难以与当地经济发展、风俗习惯等因素结合起来，就容易造成"上有政策，下有对策"的情况。面对严格的禁牧政策，在非法放牧和牲畜被饿死两个选择中，牧民必然选择非法放牧；有些地区甚至出现放"夜羊"的情况，牧民集体行动，相互通风报信；牧民甚至会主动支付罚金，因为监管资源有限，监管者便允许村民在禁牧季节放牧。[7]这样一来，政府政策效力便被大大削弱。

尽管现行政策未达到预期效果，但正如第四节所示，抓喜秀龙乡也并不具备自主治理草场的可行性。此外，政府可以通过补贴等措施为牧民限制牲口数量、保护草场提供良好激励。据一位官员描述：

> 没有实施承包到户之前每家每户也是按照劳动力和家庭经济状况决定养畜数量。自2011年乡里开始实行封山禁牧和退牧还草项目工程以来，在政府主导下，牧民逐渐开始注重牲畜品质和效益，有一些减少养畜数量的行动。村里也规定每家按承包草场数量最大荷载量进行养畜牧；在此之前并没有什么规定，基本都是依据牧民自家情况决定养畜量。

在草场保护中，牧民是必不可少的主体，一些富有牧区传统生态智慧的做法对草场保护有重要意义。例如，对于粪便的处理，大多数村民除将其留在草场上作为天然肥料外，还将其收集以做生物质燃料，物尽其用；这种燃料燃烧不但不会带来石油燃料释放的多种有毒有害气体，而且较好地遵循了碳平衡原则，从生命周期角度看减少了二氧化碳释放，对青藏高原这一全球气候敏感区的保护极为有效。牧民对天气变化的感知以及据此采取的放牧方式调整也说明了牧民本身具有缓冲外部压力的能力。但是，牧民本土智慧并未得到政府部门充分重视。

两村大多数被访牧民都对目前所获得的公共服务表示满意，并认为近十年来政府为应对气候及社会经济变化出台了许多保护和管理草原的政策，然而却并未感受到在该地进行的学术研究和保护项目有所增加，这可能是因为相关研究与项目向普通牧民推广及服务较少的缘故，见表11-3。绝大多数被访者表示从未参与过草原政策制定相关决策，少部分曾经参与过此类活动的牧民，也仅在村委会开村民大会时发表过建议，并没有影响到更高决策层。

表11-3　草地管理行政决策及科学研究中的公众参与

项目	南泥沟村	红疙瘩村
您对政府及科研机构提供的公共服务是否满意	是	是
您认为近年来政府和科研机构在草原管理与保护上的主要变化是什么	相关政策更多	相关政策更多
您被邀请参加过牧区政策制定吗	没有	没有
您向政府提过什么样的建议以便将来更好地落实政策	让更多相关利益群体广泛参与吸纳传统生态知识，使政策根据变化和时间而更新	让更多相关利益群体广泛参与吸纳传统生态知识
您参与过有关牧区管理的科研项目吗	没有	没有
您对牧业相关科研机构的希望是什么	让利益相关者广泛参与；做更多实用性研究；为牧民提供更多培训	为牧民提供更多培训
您最需要哪些方面的培训	动物饲养；放牧方式改进；动物健康；牧场养护；饲料生产和储存	放牧方式改进；动物健康；牧场养护

在问及应对气候变化的政策建议时，90%以上的受访者认为政府在制定草原政策时应多参考当地民众的意见，让更多的利益相关者有发言权。同时，多数受访者（70%以上）也强烈呼吁政策制定过程中应考虑吸纳当地本土生态知识。同时，大部分牧民希望科研机构能组织更多的基层培

训,提供更多如家畜健康护理、牧场养护、动物饲养和放牧方式改进等方面的培训,实用技术指导需求最大,见图11-3。

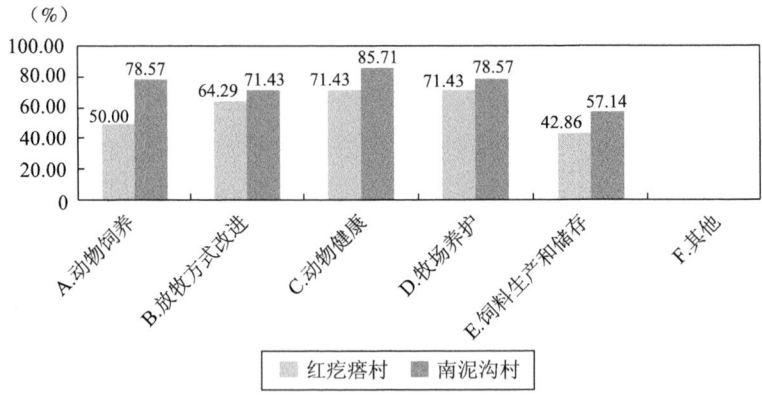

图11-3 您最需要何种培训机会

政府政策需要牧民支持,牧民本身的生态智慧要得到政府的认可、需求要得到表达。这都揭示出政府政策制定和执行中牧民参与的必要性。

第六节 结论

现实远比理论复杂,现实中的公共资源治理绝不能片面应用哈丁"公有地悲剧"模型。通过对抓喜秀龙乡案例研究发现:牧民之间或亲或友关系决定了他们不会像哈丁所描述的那样"自私自利,过度利用资源,最终导致资源的毁灭";相反,牧民在很大程度上是互助的,牛羊少的几户人还会联合起来,每年一家出一个人轮流照看放牧牛羊,其他人可以抽空参与第三产业。

但该案例研究同时发现,牧民也做不到对草原的自主治理。除集体选择、分级制裁措施缺失外,牧民并不具备自主设计制度的自由。而集体选择、监督、分级制裁和对组织权最低限度认可是奥斯特罗姆提出有效自主治理公共池塘资源的核心原则。[4]因此,仅依靠牧民对草场进行管理是不可能的。

而政府制定政策往往忽略具体的经济发展现状、风俗习惯等因素,使政策难以达到预期效果。本文研究证明,政府要将牧民看作环境保护者,而非破坏者,充分尊重牧民传统智慧,发挥牧民集体行动的力量,而不是仅仅把草场"承包到户"。通过协商,制定长远规划,并且相互监督才能有效解决草原保护问题。[10]这样,通过政府政策和牧民参与双管齐下,草场退化等经济、环境和可持续发展问题才能得到解决。

公共资源治理必须使用"嵌套"的眼光来看,既要考虑使用公共资源的个体及其相互关系,又要考虑公共资源在更广泛社会、经济背景下所处的层次和外部力量对公共资源的影响。根据这一思路,公共资源治理正在从"公有地悲剧"思维转向"自主治理"思维,但与现实最接近的、最有效的或许仍是多方参与治理,政府与公民良好合作,最终实现"善治"。

参考文献

[1] HARDIN G. The tragedy of the commons [J]. Science, 1968, 162 (3859): 1243-1248.

[2] WILLIAMS D M. Beyond great walls: environment, identity, and development on the Chinese grasslands of Inner Mongolia [M]. Stanford: Stanford University Press, 2002.

[3] 唐任伍,王宏新. 宪政经济:中国经济改革与宪政转型的制度选择 [J]. 管理世界,2004 (2):35-42.

[4] OSTROM E. Governing the commons: the evolution of institutions for collective action [M]. New York: Cambridge UP, 1990.

[5] 鲍文,张志良. 青藏高原开发、保护与特色经济发展 [J]. 西藏民族学院学报(哲学社会科学版),2005 (1):56-58.

[6] 尚占环,丁玲玲,龙瑞军,等. 江河源区退化高寒草地土壤微生物与地上植被及土壤环境的关系 [J]. 草业学报,2007 (1):34-40.

[7] 王晓毅. 政策下的管理缺失:一个半农半牧区草场管理的案例研

究 [J]. 华中师范大学学报（人文社会科学版），2005（6）：19-28.

[8] 蒲小鹏，师尚礼. 草地资源流转对高寒畜牧业影响的初探：以甘肃省天祝藏族自治县抓喜秀龙乡南泥沟村为例 [J]. 草业科学，2009（9）：200-205.

[9] 周涛. 牦牛、环境与"公有地"管理：以西藏林芝县秀巴村的个案研究为例 [J]. 原生态民族文化学刊，2010（2）：16-23.

[10] 王晓毅. 互动中的社区管理：克什克腾旗皮房村民组民主协商草场管理的实验 [J]. 开放时代，2009（4）：36-49.

[11] 柏贵喜. 乡土知识及其利用与保护 [J]. 中南民族大学学报（人文社会科学版），2006（1）：20-25.

[12] 张克中. 公共治理之道：埃莉诺·奥斯特罗姆理论述评 [J]. 政治学研究，2009（6）：83-93.

[13] 刘晨，冯臣伟，陆海鸣，等. 天祝抓喜秀龙草原区旅游发展现状与制约因素调查 [J]. 草原与草坪，2009（6）：73-75.

[14] CORNWALL A., G. PRATT. Pathways to participation: reflections on PRA [Z]. ITDG Pub., 2003.

[15] DONG S., et al. Institutional development for sustainable rangeland resources and ecosystem management in mountainous areas of northern Nepal [J]. Journal of environmental management, 2009, 90 (2): 994-1003.

第十二章
GAP 模式与国际流域资源开发：对我国西南地区水资源开发的启示[①]

西南旱灾凸显该地区水利建设之积弊，加快当地水资源的开发已刻不容缓。但开发西南地区水资源面临着水源分布不均、环保难度较大、建设资金短缺以及国际水权争端四方面的难题。土耳其两河流域 GAP 项目积累了解决类似问题的经验，可以为我国在水利建设、环境保护、工程融资和化解国际水权争端四方面提供借鉴，构建出西南地区水资源开发模式。

2010 年初，我国西南地区云南、贵州、广西、重庆、四川 5 省份遭遇特大旱灾。其间，受旱区缺乏骨干水利工程以及现有水利设施缺乏养护修缮，对我国的救灾提出了严峻的挑战。因此，必须加快西南地区水资源开发，解决当地工程性缺水问题已刻不容缓。

西南地区集中了红河、澜沧江等大型水系，地表水源充沛，水资源总量达 5826.82 亿立方米，居全国前列。但是，该地区水资源开发面临着以下主要问题：一是水资源时空分布不均，雨季降水量占全年总量的 80% 以上，且地形多为山地和高原，对河流水源阻隔严重，其分布与人口和生产要素的分布极不匹配。例如，云南全省面积 6% 的坝区，集中了 2/3 的人口和 1/3 的耕地，水资源拥有量不到全省的 5%。二是河流多流经植被茂

[①] 原文发表于《经济地理》2010 年第 11 期（原标题为《土耳其 GAP 项目对中国西南地区水资源开发的启示》），作者王宏新、柴铎、刘学敏。本章略有修改。

盛、物种丰富、少数民族众多的地区，水利开发可能破坏流域生态环境，导致当地少数民族迁移，从而对西南地区生态、民俗旅游资源乃至民族团结稳定造成不利影响。三是当地经济发展相对落后，缺乏工程建设资金，而且如何利用水利开发机会促进区域经济发展，也是一个重要问题。四是跨国河流居多，如红河、澜沧江、怒江、伊洛瓦底江等，我国对其开发利用会影响到下游国家的水源供给，诱发国际争端。因而，西南地区水资源开发必须在系统规划研究的基础上，对当地各类自然、经济、社会问题做出统筹安排。对此，土耳其东南安纳托利亚工程（Great Anatolia Project，GAP）所在区域也曾面临着与我国西南地区相似的难题，其成功的应对经验值得我们借鉴。

第一节　GAP 项目概述

GAP 项目覆盖了土耳其内陆东南安纳托利亚地区底格里斯河和幼发拉底河流域的 9 个省，总面积 75358 平方千米，人口 527 万，占土耳其国土面积的 10% 及人口的 8%。[1]该项目于 1977 年正式启动，其最初目的是开发两河流域水资源以发展水电和灌溉农业。1989 年，土耳其国家水利工程部（DSI）推出了 GAP 总体规划（GAP Master Plan）和区域开发计划（GAP-RDP），GAP 由此提升为一项以水资源开发为基础的区域经济社会整体开发计划。至今，以不变汇率计算，土耳其对 GAP 的投入已超过 400 亿美元，在两河及其支流上建设了 13 组工程，见表 12-1。[2]

表 12-1　GAP 主要水利工程

工程名称	装机容量（MW）	年发电量（GWh）	灌溉面积（hm²）	大坝数（个）	水电站数（个）
幼发拉底河流域 Ⅰ. 卡拉卡亚工程	1800	7354		1	1
Ⅱ. 幼发拉底河上游工程	2450	9024	706281	1	2

续表

工程名称	装机容量（MW）	年发电量（GWh）	灌溉面积（hm²）	大坝数（个）	水电站数（个）
Ⅲ. 博尔德幼发拉底河工程	852	3168		1	1
Ⅳ. 叙吕其—巴茨基工程			146500		
Ⅴ. 阿迪雅曼—卡赫塔工程	195	509	78700	6	5
Ⅵ. 阿迪雅曼—格克苏工程	7	43	71600	1	1
Ⅶ. 加济安普泰工程			90000	3	
独立工程			60440		
底格里斯河流域 Ⅰ. 迪季莱—克拉尔基济工程	204	444	130150	2	2
Ⅱ. 巴特曼工程	198	483	37350	1	1
Ⅲ. 巴特曼—锡尔万工程	240	964	257000	2	2
Ⅳ. 卡尔桑工程	90	315	60000	1	1
Ⅴ. 伊利苏工程	1200	3833		1	1
Ⅵ. 吉兹雷工程	240	1208	121000	1	1
独立工程			26310		

GAP 经济效益显著，其年发电量达 273KW·h，灌溉耕地超过 178.5 万公顷，每年可调配超过 50 亿立方米的水量，大大缓解了当地用水压力。同时，GAP 利用工程移民和水利建设投资形成新的市场，加强当地基础设施建设，并出台一系列社会发展计划，促进相关商贸业发展，使当地国民收入从 1990 年至今增长了 5 倍，并创造了约 350 万个就业机会，从而促进了区域经济整体发展。[3]

第二节 GAP 建设中所面临的问题及其应对策略

GAP 水资源开发面临着与我国西南地区相似的问题：一是水资源时空分布不均，夏季炎热干燥，冬季湿润多雨，且地貌同样以山地、高原以及高原盆地为主，山岭阻隔使得两河谷地水源丰富，但其他地区则干旱缺水[4]；二是自然和人文环境保护难题，两河流域多为生态脆弱地区，且为人类文明发祥地之一，文物古迹众多，民族成分复杂；三是当地经济发展相对滞后，缺乏资金；四是底格里斯河和幼发拉底河均为跨国河流，下游为伊拉克和叙利亚等国，围绕 GAP 项目，土、叙、伊曾爆发严重的水权争端。GAP 项目建设着力解决了以上四方面问题，也积累了丰富的应对策略与经验。

一、水利设施建设与管护

GAP 水利开发建设的总体思路是"综合规划、逐级推进、网状布局"：DSI 在综合考察两河及其支流水量分布及季节变化特征的基础上，首先在两河上游主干分散建立了阿塔图尔克大坝等四个大型蓄水设施，通过试运行观测水坝对于径流量的影响；其次在下游按地势与径流量特征分阶段建设了巴特曼等工程。[3]这些项目平衡了水力发电与水量调节的功能，努力避免单一水利建设对河流径流量的剧烈影响。同时，为克服地形对水源的阻隔，缓解水资源分布不均等问题，GAP 建设了大量引水渠、隧洞及其他抽引水设施（如尚勒乌尔法隧洞等），将各流域水源相互串联，实现跨流域调水，从而形成一个多点整合、相互协作的网状水资源利用体系，这在汛期防洪和旱期调水时发挥着重要作用。此外，GAP 还尽量利用当地地形起伏较大的特征以节约建设成本，在灌溉设施方面大量采用了自流灌溉法，如马丁—锡兰匹那尔自流灌溉设施、巴特曼左岸和右岸自流灌溉设施等。[5]

在水利设施管护方面，GAP 采用了向"水用户团体"转让灌溉设施产权的策略：在引水设施完工验收后，DSI 随即向当地用水者即"水用户团体"出让灌溉设施的经营权并令其承担引水设施日常维护工作。"水用户团体"统一协调其成员的水源分配和各自引水设施建设，并有权向后加入的用水者收取费用，从而使得水利设施拥有了产权收益。DSI 于 2007 年的一次评估表明该措施收到了很好的效果，98.7%的给水设施使用状况评价为优，并为政府累计节约管理投入 1200 多万美元。[6]

二、自然与人文环境保护

GAP 同样面临着环保难题，自然环境方面，GAP 水利枢纽建设将使当地的水文、气候、土壤、疾病分布等发生改变，还会危及当地动植物的生存。[7] 人文环境影响方面，GAP 所覆盖的美索不达米亚地区是人类文明的发祥地之一，是伊斯兰文化和库尔德文化的重要区域，文物资源丰富，GAP 建设将有可能使许多文物古迹被拆除或淹没；水库建设还会迫使当地少数民族迁移，可能招致传统文化的中断甚至灭失。此外，人口迁移也会造成社区结构与社会关系剧烈变革。事实上，GAP 在建设之初就曾引起当地民众特别是库尔德群体的极大不满，伊利苏工程也曾为此搁浅 4 年。为此，土耳其政府采取多种措施以降低其环境影响程度。

(1) 贯穿始终的环保法律。土耳其《环境法》中有一项环境影响评估条例（Environmental Impact Assessment，EIA），用来评估由于各类工程建设所导致的环境问题并制定相关对策，对开发方式和技术、开发时间选择与规划等方面做出了详尽要求，所有重大工程在实施前必须通过 EIA 审核并在预算中专门编制建设区内生态保护和文物搬迁的经费。由此，环保法律被贯穿于工程开发始终，成为 GAP 环保体系的主线与依据。[1]

(2) "预防导向"的环保调查和规划。土耳其非常重视环境影响的预测工作，DSI 从 1991 年开始在 GAP 地区对空气、水、土壤、固体废物、噪声、植物和动物 7 个对象进行定期调查；并于 1995 年开展 GAP 地区文物古迹和民间文化形式特别是库尔德文化和伊斯兰文化的调查工作，对当地少数民族文化形式进行了详细汇编，并评估工程建设的相应影响。据此，GAP 制定了详尽的环保规划，内容包括环保措施的计划、组织、协调、指挥、控制、报告、预算，并建立环境影响反馈机制，不断调整环保策略。[3]

（3）多元化的环保经费来源。土耳其非常注重各类非官方环保组织的参与，鼓励社会资金投入。例如，在巴特曼工程的文物搬迁和相应博物馆建设工作中，政府给予为项目提供资金的"土耳其两河文明研究会"为期四年的博物馆运营收益权。GAP 还积极争取国际资金支持：如 GAP 在 1993 年曾争取到全球环境基金（GEF）510 万美元资助，用于实施一项"区域生物遗传多样性保护计划"；而在比雷西克大坝的泽乌玛遗址（Zeugma，幼发拉底河畔的一个古罗马村落）搬迁工作中，GAP 与一个以美国为主的慈善组织帕卡德人文协会进行了深入合作。[8]

（4）丰富的环保技术手段。自然环境保护方面，GAP 采用雨水收集、新型灌溉、需求导向的灌溉渠水量调节等新技术。人文环境保护方面，土耳其除在移民安置时给予少数民族优惠政策外，还通过兴办民族学校、建立民族文化数据库、为民族特色工艺品举办展销会以及开展国际民间文化艺术的学术交流活动等方式尽可能保留当地民族文化传统。[9] GAP 还对项目管理者和工程建设者进行当地文化的教育培训，提高其保护历史文化的意识。[10]

三、项目融资创新

由于 GAP 地区经济发展较为落后，初期的工程建设常因资金匮乏而延缓或推迟进度。为克服该问题，土耳其开始积极利用欧盟、世界银行等平台争取国际贷款，还在工程签约、实施和运行中广泛运用 BOT（建设、运行和转让）、交钥匙、BOO（建设、所有和运行）、TOR（运行权转让）等方式，以吸引国内民间资本和外国投资者的参与。其中，最具代表性的是"BOT"和"交钥匙"模式。

"BOT"（Build-Operate-Transfer）由政府和私人投资者达成协议，允许私人筹建某一工程并取得一定时期内的管理与经营权。政府对私人提供的公共产品或服务的数量和价格有所限制，但要保证私人能够获利，风险由政府及私人分担。根据土耳其《电力市场法》和《电力市场许可条例》以及土耳其第3096号法令，BOT模式在GAP中被首次应用，比雷西克大坝及水电站就是按照BOT模式修建的。"交钥匙"模式则是指跨国公司为东道国建造工程项目，建造完成并经过测试后，即将该工程所有权和管理权交给东道国，建造方负责工程建设的设备、规划等投资，东道国只需负责征地。GAP项目中，1996年开工的卡尔卡米斯坝就采用了"交钥匙"方式，由一家奥地利联合集团投资，已于1999年完工。[2]以上模式的运用不仅能加快GAP融资，还能通过招标竞争机制降低成本、保障工程质量。

四、化解国际水权争端

GAP所涉及的两河均发源于土耳其，先后流经叙利亚和伊拉克。其中，幼发拉底河全长2700千米，一半以上流域处于叙利亚和伊拉克领土上，径流量中88%来自土耳其，12%来自叙利亚；底格里斯河全长2045千米，径流量中40%来自土耳其，50%来自伊拉克，10%来自伊朗[11]。叙、伊两国的饮用水、工农业用水和发电对两河依赖程度很大。1962年，土耳其减少了幼发拉底河流入叙、伊两国的水量，三方几乎兵戎相见。GAP进一步加剧了这一危机，因为它可能会使幼发拉底河流入叙利亚和伊拉克的水量分别减少40%和80%。因此，叙、伊两国强烈反对GAP项目，并向世界银行和欧盟施压，阻止其为GAP贷款；阿拉伯国家联盟也多次向土方表达不满。

为化解水权冲突，土耳其展开了一系列水权外交活动。一方面，土耳其充分认识到了文化差异在谈判中的重要影响，积极融入中东的伊斯兰文化环境，用伊斯兰文化的思维方式同叙、伊两国展开谈判，阐明GAP开发在水电和粮食输出等方面对邻国的好处。1987年7月，土耳其时任总统厄扎尔访问叙利亚，并签署《土叙经济合作议定书》，约定GAP建设期间幼发拉底河流入叙的水量不得低于500立方米/秒；2008年1月12日，土、叙、伊三国在大马士革举行了水资源分配的部长级会议，就两河的水源配额达成了初步共识。另一方面，土耳其还努力争取水权问题的发言权，牵头筹建三国共享的两河水文资料数据库，还积极利用世界水资源论坛这一平台宣扬其在流域开发和水权问题上的主张。2009年3月16日，主题为"架起沟通水资源问题的桥梁"的第五届世界水资源论坛在土耳其的伊斯坦布尔举行。借助此类形式，土耳其在水权分配的问题上逐渐掌握了表达自身利益的途径，争取了国际社会的理解和支持。

第三节 GAP对我国西南水资源开发的启示

通过对GAP水资源开发中各类经济、社会、环境问题应对策略的阐述，结合西南地区水资源开发难题的分析，笔者认为，西南地区水资源开发不应仅以保障用水为目的，而应定位为一个流域整体开发项目，把统筹当地经济社会发展作为最终目标。首先，通过水资源开发促进水电和灌溉农业发展、保障人口密集区域的用水需求，从而为地区发展打造能源、粮食和水源三方面的物质基础。其次，在此过程中，通过全方位的环保措施和国际协商谈判，保护地区的生态、人文环境和国际环境，为地区发展提供环境保障，促进水资源可持续利用。最后，水利建设所引发的居民迁移和集中将形成新的市场，必然会产生大量基础设施和公共服务需求，进而带来新的就业机会和外部投资。政府可以通过一系列的优惠政策吸引外来资金，建设学校、医院以及商贸中心等配套设施，改善当地交通、教育、住房、卫生等条件，并大力发展当地旅游、商贸业，从而将整个工程打造为一个以水资源开发为主线的区域整体开发工程，见图12-1。

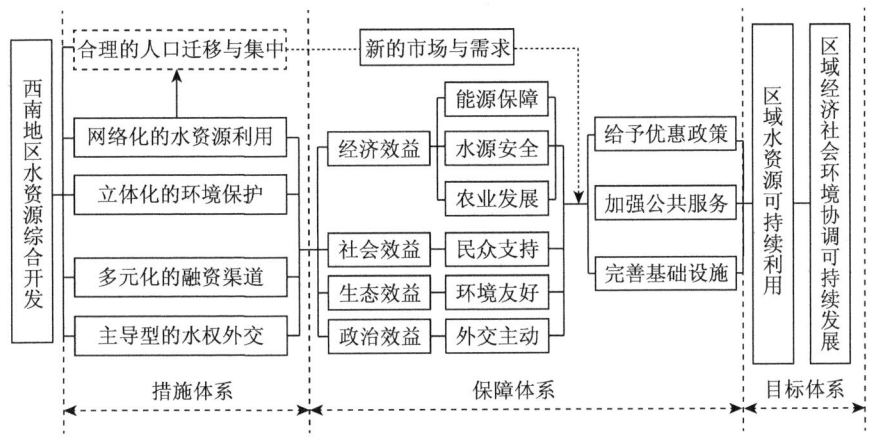

图 12-1 西南地区水资源开发模式设想

为了保障西南地区水资源开发的成功，必须做好以下四个方面工作。

一、建立网络化的水资源利用体系

这里的"网络化"包括三个层面的含义，其一，对河流水资源开发的统筹安排；其二，水利设施的网状布局与相互贯通；其三，在水利开发的末端与公众实施对接，整合水资源利用主体网络。

第一，加快水资源开发并不等同于一拥而上搞水利建设。GAP 水资源的经验就在于其综合规划、逐级推进的开发思路，在最大限度地利用河流水资源的同时，避免各水利设施相互争水。近年来，西南各省出于经济发展需要，已经加大了各自水利工程建设力度。但短期内众多水利工程的集中上马会对河流径流量产生剧烈的影响，而且，西南河流上的水利设施大都以发电为主，这将促使上下游电站尽量截留水量，从而造成汛期流量得不到控制而旱期加重水量减少的现象，这个问题在此次旱灾中明显暴露了出来。因此，必须破除西南诸省份各自为政的水利开发格局，建议国家在西南地区设立专门的区域水资源综合开发管理机构，首先对西南河网的水文条件进行调查，评估各项工程建设对河流流量的影响；其次对各种开发方案进行比选，有计划有步骤地逐级推进工程建设。工程应以中小型为宜，且应平衡各工程储水和发电的职能，从而对河流径流量分配做出统筹安排，避免各省份出于自身利益最大化的需求争夺水源而造成径流量的剧烈变化。

第二，西南地区集中了澜沧江、金沙江、红河、怒江等几大水系，水文条件复杂，且多流经山地峡谷，水源阻隔严重。此次大旱中，西南地区现有水库之间的调水难题暴露无遗。为此，我们可借鉴 GAP 将水利设施在两河及其支流上进行网状布局的经验，利用大量引水隧洞和渠道联结各水利设施的作用区间，从而使其能够相互配合，成为一个互相贯通的整体水资源利用网络。这种"点线结合，网状布局"的形式对于河网密布、水源地分散的西南地区十分适用。

第三，此次西南旱灾中，农村居民点缺乏引水设施和现有引水设施老旧失修的问题非常突出。其主要原因在于传统的水利开发模式将当地居民作为水利设施的服务对象，割裂了水利开发与水用户的关系，在我国目前分田到户的农业生产模式下，农户普遍缺乏兴修和维护水利设施的积极性，仅有的引水设施成为共有资源后，经常超负荷运转。而且，西南很多地区居民点非常分散、规模较小，如果由政府承担水利设施管护的职责，则管理成本极高。对此，可借鉴 GAP"水用户团体"水利设施管理模式：将一个地区分散的水用户组成一个团体并向其转让引水设施的产权，使其拥有产权收益，并将水用户团体整合到区域整体水资源利用网络之中。这样不仅可调动民众管护水利设施的积极性、提高水利设施的管理效率，也可减少政府管理的投入。

二、打造立体化的环境保护体系

首先，应建立完善区域性环保法规，与传统公共行政模式的环保法规只强调环保措施执行的过程和规则合法化不同，这里的环保法规应突出对执行结果的重视，并建立清晰的责任机制，明确流域开发管理机构的权责范围；其次，应重视环境影响调查与预测的重要性，充分发挥环保规划的作用，以"预防导向"的思维统领环保工作；再次，应努力促进环保主体的多元化，调动整个社会参与环保的积极性，从而降低政府成本、提高环保效率；最后，应格外注重工程移民问题以及少数民族传统文化的调查和保护。除提供多种安置补偿方案并允许移民自愿进行选择外，在新居民点建设中也应尽可能不打破原先的社区结构与社会关系网络，平衡居民中各群体特别是不同民族群体的利益分配，帮助弱势群体，加强基础设施建设和公共服务供给。还应借鉴GAP的检验，对流域开发工程建设者和管理者进行当地少数民族文化传统和历史的培训，将民族文化保护深入每一个项目工作者的心中，使其更加熟悉与当地人民交流的方式。此外，还应针对西南地区的特有环境问题（如石漠化）尽快制定多样化的、有针对性的应对措施，在为地区发展保留旅游资源的同时，也可得到当地民众对于工程建设的支持。

三、拓展多元化的建设融资渠道

按照我国目前的财政体制，西南河流的水资源开发显然不能完全依赖中央财政的资金支持；而要在短期内投入大量的水利建设资金对经济相对落后的西南诸省无疑是一个巨大的难题。为此，可考虑借鉴GAP大量采用的"BOT""交钥匙"工程等项目建设模式，通过破除行业进入障碍，拓宽资金来源渠道，加快工程建设进度。一方面，政府可以通过让渡一定年限工程经营权的形式鼓励社会资本投入；另一方面，西南地区临近用水和用电量巨大的珠三角经济发达区，且毗邻近年来发展迅速的越南等南亚国家，因而可以用工程建设带来的电能和水源来换取这些地区的投资，从而缓解资金压力。

四、采取内外结合的水权外交手段

西南地区的主要河流如怒江—萨尔温江、伊洛瓦底江、澜沧江—湄公河、元江—红河等均为跨国河流，下游国家包括越南、缅甸、柬埔寨、孟加拉国、老挝、泰国、印度、不丹、锡金等。这些国家的用水对上述江河水源依赖很大，而我国对这些江河的开发势必会减少流入下游国家的水量，因此很容易产生国际水权纠纷。

跨国河流是流域国家人民共同的财富，国际法中早已确定了流域国家共享水权的原则。如果不能妥善处理与下游国家的水权分配问题，不仅有损我国的国际形象，也不符合我国睦邻友好的外交原则。这将影响西南水资源持续开发。对此，借鉴 GAP 化解国际水权争端的经验，我们可从"走出去"和"引进来"两方面应对这一水权争端。

"走出去"即主动同下游国家建立一个多边协调机制，搭建一个取得广泛共识的行为准则框架。因此笔者建议，不应将西南水资源问题放在东盟框架内讨论，而应专门为这一问题创立一个对话机制。同时，我们也要积极适应相关国家的思维方式和文化特征，避免由于文化差异导致的沟通障碍。

"引进来"即我国应尽量掌握表达自身利益的话语权。如在现有湄公河委员会（MRC）基础上，我国可牵头组建更高级别的协调机制；同时应提高西南河流开发决策的透明性，消除别国误解。如我国已经宣布将定期公开漫湾、景洪等澜沧江上水坝水文数据的做法就是很好的战略选择。

参考文献

［1］ACMA, BULENT. Sustainable regional development：the GAP project in Turkey［J］. Invited paper in international Atlantic economic conferences, Athens, in Greece, 2001（3）：13-20.

［2］I H. OLCAY, UNVER. Southeastern Turkey：sustainable development and foreign investment［R］. Xi'an：prepared for the OECD-China conference on FDI in China's regional development, 2001（10）：1-9.

［3］I H. OLCAY, UNVER. Southeastern Anatolia project（GAP）［J］. Water resources development, 1997, 13（4）：453-458.

［4］BUE YUEKALACA, ORHAN, H. BULUT. Detailed weather data for the provinces covered by the southeastern Anatolia project（GAP） of Turkey

[J]. Applied energy southeastern Anatolia project, 2004, 77 (2): 187-204.

[5] AYSEGUL KIBAROGLU. Sustainable development of irrigation systems in the southeastern Anatolia project (GAP) region [EB/OL]. http://www.gap.metu.edu.tr/html/yayinlar/sustainable- devforgapAKibaroglu.pdf

[6] SACHIKO MIYATA, TOMOKI FUJII. Examining the socioeconomic impacts of irrigation in the southeast Anatolia region of Turkey [J]. Agricultural water management, 2007 (88): 247-252.

[7] ALI UMRAN KOMUSCU, AYHAN ERKAN, SUKRIYE O'Z. Possible impacts of clmate change on soil moisture availability in the southeast Anatolia development project region (GAP): an analysis from an agricultural drought perspective [J]. Climatic change, Turkey, 1998 (40): 519-545.

[8] AYSEGUL KIBAROGLU. GAP: a grand design for sustainable development [J]. Economy and territory, 2006 (1): 178-180.

[9] H. EYLEM POLAT, METIN OLGUN. Analysis of the rural dwellings at new residential areas in the southeastern Anatolia, Turkey [J]. Building and environment, 2004 (39): 1505-1515.

[10] KENNETH CUSHNER, LINDA ROBERTSON, et al. A cross-cultural material development project to train Turkish development personnel in the southeastern Anatolia regional development project (GAP) [J]. International journal of intercultural relations, 2003, 27 (6): 609-626.

[11] ACMA, BULENT. Southeastern Anatolia project (GAP) in Turkey as a case study of water resources management [EB/OL]. http://dlc.dlib.indiana.edu/archive/00003725/00/ Acma_ 203601.pdf.

| 第十三章 |

城市新建住宅质量管理体制创新：
基于多元合作治理的视角[①]

由于新建住宅建设的产品特质与城市新建住宅建设中形成的体制性因素，各地新建住宅质量问题层出不穷，有关新建住宅质量问题的消费者投诉也呈上升趋势，对现行新建住宅质量管理体制进行反思与重构势在必行。本章结合我国新建住宅质量管理体制发展沿革，分析现行住宅交付前后各相关主体的质量责任与义务及存在的问题，提出了发挥业主、开发商、行业协会、第三方检测机构、保险公司等多主体力量，促进我国城市新建住宅质量管理体制创新的政策建议。

改革开放以来，随着国民经济快速发展，我国建筑业发展也十分迅速，其中城市商品住宅又占有相当大的比重。与其他建设工程相比较，住宅质量关系到其所有者或使用者的生命安全，是人居环境建设中的重要影响因素，这就要求政府在新建住宅质量监管中发挥重要作用。30多年来，政府相继出台了多部与新建住宅质量相关法律法规和规范标准，新建住宅质量在总体上不断提升。但是，由于住宅建设的产品特质与我国在城市住宅建设中形成的体制性因素，各地新建住宅质量问题仍层出不穷，从"楼歪歪"到"墙脆脆"，从"别墅壁炉砸死幼童"到"房屋整体倒塌"

---

① 原文发表于《中国行政管理》2014年第1期（原标题为《基于多元合作治理的城市新建住宅质量管理体制探析》），作者王宏新。本章略有修改。

的质量事故不断上演，有关住宅质量问题的消费者投诉也呈上升趋势，反映了我国现行新建住宅质量管理体制存在着内在缺陷。基于此，本章结合我国现行新建住宅质量管理体制沿革，分析住宅交付前后各相关方的质量责任义务及存在的问题，深入探讨我国城市新建住宅质量管理体制创新及其中的政府角色重塑问题，提出相应政策建议。

第一节 我国城市新建住宅质量管理体制发展回顾

新中国成立至20世纪70年代，我国逐步建立了以公有制为主体、实物分配、低租金运行的城市住房保障制度，即城市住宅建设由国家统筹安排，各级政府和国有企事业单位依靠财政拨款进行住宅建设，并以低租金的形式分配给本单位干部和职工使用。在住宅建设过程中，政府既是住宅建设的出资者，又是建成后的住宅所有者，勘察、设计、施工等建设相关单位均为国有企事业单位，它们是住宅建设任务的执行者。在这种严格计划经济体制下，由于住宅产权关系单一，住宅建设不存在开发与投资属性，也不存在不同利益主体的利益驱动与市场激励，施工企业均为国有建筑企业，城市新建住宅质量的管理体制实质上是政府和国有企事业单位内部的质量管理部门对其自建的住宅进行质量自查自纠，政府既是新建住宅质量责任的监管主体，也是新建住宅质量责任的最终承担者。

随着20世纪80年代我国改革开放战略的实施，经济发展速度不断加快，我国城市住房需求不断增加，建设规模不断扩大，建筑市场发生了重大变化，建设单位与施工单位逐渐分开，建筑业利益主体开始呈现出二元格局，单纯施工企业自检已不能保证工程质量，工程质量监督管理从原来单一的施工单位内部质量检查制度转变为施工企业自控与建设单位组织质量验收相结合的制度。[1]1984年，国务院发布《关于改革建筑业和基本建设管理体制若干问题的暂行规定》（以下简称《规定》），提出全面推行建设项目投资包干责任制并大力推行工程招标承包制，改革单纯用行政手段分配建设任务的老办法，实行招标投标、由发包单位择优选定勘察设计单位、建筑安装企业。《规定》还提出针对一般民用建设项目，按城市建立有权威的工程质量监督机构。1988年，随着建设工程监理制度开始在全国范围推行，标志着我国城市新建住宅工程质量管理出现了由施工企业、建设单位、政府、监理单位等多方共同监管的格局，初步形成了以政府为主导、多元建设主体质量政府管理体制。但是由于这一阶段的城镇住房保障制度并未发生根本性变化，城市建设主体的性质也未发生变化，以政府为主体的多元管理体制在本质上仍是计划经济管理体制。

1994年，国务院发布《关于深化城镇住房制度改革的决定》，提出住房制度改革的根本目的是要建立与社会主义市场经济体制相适应的住房制度，实现住房商品化、社会化；加快住房建设，改善居住条件，满足城镇居民不断增长的住房需求。这标志着我国城市商品住宅时代的真正开始：一方面，住宅建设主体向投资主体转变，并且出现投资主体多元化，住宅投资、开发、建设企业相互分工和独立，并摆脱了隶属行政部门的地位，转变成为独立经营的住房商品生产单位，各类企业成为住宅市场中追求自身利益的多元主体之一。另一方面，住宅分配与流通货币化、商品化、市场化，住宅产权权属发生了根本变化，由政府和单位所有转变为个人所有。自此开始，政府在城市新建住宅质量管理体制中的角色开始发生根本性变化，即政府不再是新建住宅质量责任的承担者，而蜕变为新建住宅质量责任的监管主体。同时，伴随着1997年《中华人民共和国建筑法》颁布、2000年《建设工程质量管理条例》实施以及多部相关法律法规和政策的出台，适应社会主义市场经济制度的城市新建住宅质量政府管理体制初步建立起来，即由开发建设、勘察、设计、施工、监理、政府六方主体共同形成的多元管理体制，由开发建设企业即开发商取得城市国有土地使用权后委托勘察、设计机构和施工企业完成住宅的勘察、设计与施工；开发商作为住宅初始产权人对住宅的建设质量进行全面控制，对新建住宅质量承担首要责任；监理机构作为独立法人，受开发商委托并代表开发商对具体的建设行为进行服务性管理，对开发商负责；勘察、设计、施工、监理机构根据法律法规的规定和合同约定承担相应法律责任；城市政府则通过其质量监督机构对施工图设计文件审查、施工许可证审批和竣工验收备案等新建住宅质量进行监督管理。

第二节　现行新建住宅质量管理体制反思

从表面看，在住宅的建设过程中，开发商、勘察、设计、施工、监理机构五方市场主体相互分工、相互合作、相互制约确保建设过程与建设质量符合标准规范，而政府质量监督机构也通过审查、验收等相应制度以确保住宅产品质量达标。然而，由于在现行体制中，真正的新建住宅所有者即业主，除与开发商有合同关系外，与勘察、设计、施工及监理四方质量责任主体均无直接合同关系，而住宅工程是一种专业知识含量极高、具有大量隐蔽工程的大宗资本品和耐用消费品，许多质量问题并不会在短期内显现出来，也不可能被业主轻易识别出来。而一旦住宅质量问题暴露出来，就会出现以下尴尬情形：与业主有直接合同关系的房地产开发企业，项目开发完成后其所属的项目公司即注销，出现质量问题时，却找不到开发商这一最重要的责任主体。若业主发现房屋质量问题时已经过了住宅质量保修期，施工单位可以以此为由拒绝承担保修责任；即使仍在保修期限，如果设计单位、施工单位和装修单位存在质量责任交叉或质量责任主体难以确定，就很容易出现设计、施工、监理与装饰装修单位之间相互推诿责任情形，无法有效地追究保修责任、保障业主权益。[2]

进一步分析发现，现行体制是一组极其不稳定的质量保证契约体系：业主与开发商间具有根本性的交易契约，而开发商对新建住宅质量的保证却又悬于其与设计、施工、监理等乙方主体之间的契约，无论是开发商与业主的契约关系，还是开发商与各乙方的契约关系，违约成本与预防及惩处成本严重不对称，见图13-1。这种复杂的契约关系，在尚不完善的社会主义市场经济与法治体系中，存在着以下问题：

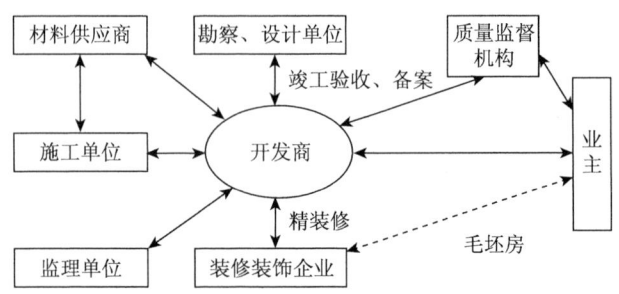

图 13-1　现行新建住宅质量管理体制各主体关系

第一，现行住宅质量管理体制中业主的缺位使质量监督责任主体发生错位，政府成为无限责任政府。[3] 在现行住宅质量管理体制中，业主作为最终产权人对住宅质量的监督权是缺位的，无论是开发商组织验收还是到政府部门备案，对业主来说都是"黑箱"，被排除在了住宅质量监督管理体制之外，无法完全行使住宅所有权。这种局面既无法使住宅所有者对住宅生产者进行监督与制约，也不会对建设相关单位在建设过程中进行行业自律与内部质量管理产生激励，业主只得将新建住宅质量的"最后一根稻草"寄希望于政府监督，政府就被"绑架"成为新建住宅质量的无限责任者和全能政府，而单靠政府来解决新建住宅质量问题，也是极其不现实的，反而使问题更加复杂，增加社会总成本。

第二，忽视市场中介而过分依赖监理体制的政府管理体系，难以真正发挥新建住宅质量监督职能。监理企业作为专业的质量监督者，无论是在新建住宅建设过程中进行监督还是在交付前验收环节的监督，对新建住宅质量保证起着至关重要的作用。但是，在我国现行新建住宅质量管理体制中，由于施工企业、监理机构均受制于开发商，其往往为了承接工程业务而成为开发商的附庸，发现问题时也往往受制于开发商是否愿意被"摊上事"，无法对开发商和施工企业的质量行为予以制约。因此，在业主眼里，这些住宅质量责任主体就是一个利益共同体、"一家人"，监理机构也就失去了独立性和公正性。既是如此，谁能代表业主的利益而去监督新建住宅的建设过程与结果呢？事实上，除了在装饰装修环节外，在整个住宅开发与建设过程中，任何单个购房者既无能力也无足够热情去市场聘请自己的监理来监督整个工程建设质量。不仅如此，根据我国现有的房地产开发经营制度，理论上在一幢住宅建筑主体结构封顶前，这幢住宅的购房者还不知道在哪里！这为新建住宅质量埋下大量隐患。而在交房环节，因实行政府备案制，开发商与施工方、监理方自检自验，在对住宅质量"无知"的购房者面前，自然日子很好过。值得一提的是，近十多年来，国内兴起了"第三方验房""民间验房师"等专业验房机构（如长三角的"宜居检测""丁渤验房"和京津冀的"房师傅""优嘉优筑"等），它们实际上是顺应市场需要、为购房者服务、为提升住宅质量服务的新型监理、服务咨询机构，但却长期无法获得其应有的市场地位，数以千计的"民间验房师"无法获得政府部门认可的职业与执业资格，大大制约了其在市场中的良性发展，也有损购房者在交付环节中的权利维护、住宅质量的保障与提升。

第三，备案制的质量监管弱化了政府角色与功能，加剧新建住宅质量政府管理压力。2000 年之前，我国城市住宅质量验收实行的是政府验收制，城市质监站执行着较为严格的验收标准。如国务院 1998 年颁布实施的《城市房地产开发经营管理条例》仍规定"房地产开发项目竣工后，房地产开发企业应当向项目所在地的县级以上地方人民政府房地产开发主管部门提出竣工验收申请。房地产开发主管部门应当自收到竣工验收申请之日起 30 日内，对涉及公共安全的内容，组织工程质量监督、规划、消防、人防等有关部门或者单位进行验收"。但是，自 2000 年起，依据《建设工程质量管理条例》，住宅验收改为备案制，即"建设单位收到建设工程竣工报告后，应当组织设计、施工、工程监理等有关单位进行竣工验收，并自建设工程竣工验收合格之日起 15 日内，将建设工程竣工验收报告和规划、公安消防、环保等部门出具的认可文件或者准许使用文件报建设行政主管部门或者其他有关部门备案"。改为备案制之后，事实上变成了开发商自检自验。虽然《建设工程质量管理条例》也提出"建设行政主管部门或者其他有关部门发现建设单位在竣工验收过程中有违反国家有关建设工程质量管理规定行为的，责令停止使用，重新组织竣工验收"，但事实上备案制是很难发现质量问题的。因而，在现行体制下，当市场无法通过竞争、法治等方式来保障新建住宅质量时，问题最终会因"政府备案"而回归到政府身上。但是，政府在新建住宅质量问题上，同样是外行，当这一个社会化大生产过程中所产生的问题对政府形成高度依赖时，客观上就夸大了政府在新建住宅质量政府管理体制中的作用，必然会造成质量保证权力和责任的错位，使政府的角色最终变为住宅质量保证的直接和最终责任者，大大提高购房者的交易成本和公共部门的治理成本。

第三节　基于多元主体的城市住宅质量管理体制重构

新建住宅质量对于保障城市人居环境非常重要，通过对现有住宅质量管理体制进行创新，以解决新建住宅质量问题、保障住宅所有者权益、规范建筑业和房地产业健康发展，既是我国当前亟待重视和解决的老问题，也是适应新型城镇化发展的必由之路。这就要求政府重塑在新建住宅质量管理体制中的角色定位，科学行使政府公共行政与公共服务职能，把政府从住宅质量保证的直接和最终责任者这一无限责任、全能型政府中解放出来，回归到有限政府和服务型政府，同时发挥业主、开发商、行业协会、第三方检测机构、保险公司等多主体力量，实现城市新建住宅质量政府管理体制创新与重构，见图13-2。

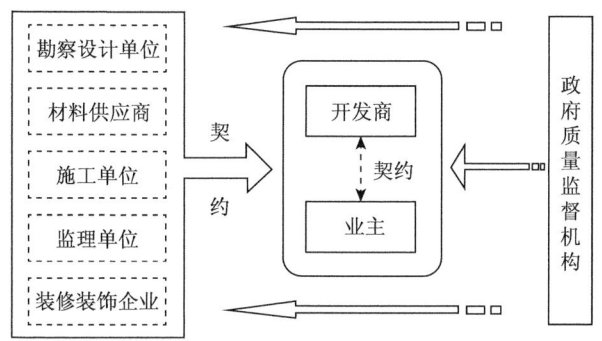

图 13-2　城市新建住宅质量管理体制重构

一、明晰业主新建住宅质量权利主体地位，强化新建住宅质量责任追究制度

在多数发达国家，由于实行土地私有制，住宅多采用土地所有（业主）自建或集体筹资的方式建设，住宅建设工程的发起者大多都是住宅质量最终的利益相关者，建设单位直接受最终产权人的委托进行工程建设，为最终产权人服务。在建设相关企业的相互分工和竞争、合作机制下，市场这只"看不见的手"充分发挥作用，因而很少出现住宅质量问题与纠纷。我国要在既有的城市土地国有制与城市房地产开发体制下根本解决新建住宅质量问题，就必须将住宅所有者即业主明确为新建住宅质量权利主体，由此提升业主在住宅质量管理体制中的地位，只有当业主对住宅质量说"不"且拒绝为质量瑕疵"买单"时，才能从根本上激励开发商去严把质量关，新建住宅质量隐患才能从根本上防微杜渐。为此，必须重构住宅产权合同关系，即在业主与开发商签订住宅买卖合同的同时，应签订业主与勘察、设计、施工、监理方的质量保证合同，变开发商与业主之间的单一合同为业主与住宅开发建设所有责任主体的多主体合同体系，业主自住宅交付之日起即与所有建设单位具有直接的、与开发商同等效力的质量保证法律关系。

在明确商品住宅质量权利主体之后，完善新建住宅质量责任追究制度是有效遏制住宅建设质量问题的有效手段。公共部门的监管重点应从企业资质管理转变为对建设相关单位的行为监管，强化新建住宅质量责任倒查和责任追究制度，对所有参与建设的主体的质量行为和活动结果予以执法监督，使对新建住宅质量及监管承担责任的各主体切实承担责任和义务，以充分保障业主的权益。[2]

二、发挥行业协会作用，完善住宅工程技术与质量管理标准体系建设

住宅工程技术与质量管理标准是住宅业健康发展的公共产品，它既可指导并强制建设相关单位在技术标准下科学、精细作业，也为广大购房者及各专业机构提供了科学的质量保证参考。政府对住宅质量的监督管理首先就应体现在制定和明确相关技术标准上。这不仅是监督管理，更是一种公共产品服务。

与发达国家相比，我国建筑业技术与质量管理标准存在着立法分散，缺乏系统性，对新建住宅建设工程质量责任认定标准不明确、不统一和缺乏执行力等问题。特别是现行的法律法规大多集中于关于资质管理、合同示范文本等传统的行政管理方式上，缺少对现代新建住宅质量建设规范和技术标准的制定和修订，缺乏公共服务理念。因此，政府应当减少对微观工程建设的直接干预，由行业协会来主导制定和完善商品住宅工程技术和质量管理标准，并构建起符合中国国情的新建住宅工程技术与质量管理标准体系。

三、构建开发商、政府、业主三方新建住宅质量综合验收体系

必须着眼于住宅最终是业主的住宅，从体制上纠正开发商自检自验的模式，构建由开发商自检自验、业主"一房一验"和政府总体验收三者相结合的综合验收体系。这是因为，业主与开发商之间是典型的委托—代理关系，开发商代表业主承担着住宅的全过程监督，新建住宅质量也理所当然蕴含在住宅生产的全过程中，开发商必须依靠现有的监理制度来严把质

量关。但是，由开发商委托的监理来把关仅是必要条件，业主"一房一验"则代表着这是业主不可剥夺的财务权利，无论是开发商验收还是政府备案（甚至是政府验收），都不能代替业主与他（她）所购商品住宅之间的产权一一对应关系。换言之，只有实现了业主的"一房一验"权利，这才是业主真正的不动产权利。但是也应清楚地了解，业主关心他（她）所购买的住宅，事实上他们只关心属于自己完全支配的那部分建筑面积（一套房子），而住宅的地基基础工程和主体结构工程及小区配套的社区设施等既涉及广义建筑和人居环境，也是自己住宅所必须依赖的重要组成部分。[4]然而，单个业主对此却很少关心，而这部分建筑或人居环境质量如果出现问题，则会对单个、多个甚至全部业主造成损害，"公地悲剧"就会出现。基于此，除开发商自检自验和业主"一房一验"之外，由政府对涉及公摊和公共部分等人居环境设施进行验收就必不可少。事实上，公摊及其他公共部分的验收也可由业主大会或业主委员会来承担。但是，实践中，多数新建住宅小区的业主大会和业主委员会制度的建立都十分滞后于住宅质量验收，因而，地方政府行使社区公共产品的职能也就变得非常必要。

四、培育验房专业机构，规范新建住宅质量管理行业与市场秩序

住宅建设是复杂的系统工程，业主作为最终的住宅质量利益主体，必须依靠市场、依靠专业力量为其提供咨询服务。专业的住宅查验（以下简称"验房"）咨询机构是新建住宅质量监督管理的重要的社会力量，其有效运作保证了工程质量管理具有较高的整体水平，在西方发达国家已经有50~60年的历史，发达的工程咨询业为业主管理住宅质量提供了专业保障。[5]目前，国内市场上已经出现的"民间验房师"实质上就是市场自发产生的验房业，但由于缺乏行政主管部门的认可和重视，验房师无法取得政府认可的执业资格，也没有相应的行业标准和规范，使行业发展出现了鱼龙混杂和恶性竞争等乱象。政府应当通过对这一专业服务市场的认可和

培育、引导、规范,强化其作为第三方的作用、服务购房者专业咨询需求,通过约束各方主体的行为来维护住宅建设质量管理行业与市场秩序,为行业的整体发展营造良好环境。

五、积极探索和有序推动新建住宅质量保险制度

住宅质量保险制度起源于法国,它主要承保住宅竣工验收之日起十年之内,因主体结构存在缺陷发生工程质量事故而给购房者造成的损失及设计错误、施工工艺或建筑材料缺陷、造成建筑工程在竣工验收即建筑工程质量检查机构颁发的完工证书时未能发现的损害。[6]法国政府早在1928年就实行了房屋缺陷责任保险制,强制要求建筑师和承包商为其所建住宅进行责任投保。紧接着,英国住宅建造委员会也在1936年提出了担保保险计划,要求对新建住宅进行检测,并由建造商提供在交付后十年内的担保,因此也被称为"十年保险"。"二战"后,美国政府也开始要求建筑商为房屋提供由联邦指定机构提供的担保或保证计划。1975年起,美国承包商联合会(NAHB)组建业主担保公司(HOW),明确为新建住宅的缺陷提供十年担保。[7]近年来,多数发达国家和地区均建立了强制性工程质量保险制度,已经进入专业化、市场化、制度化的成熟阶段,涉及工程建设活动的所有主体(如业主、建筑师、总承包商、设计或施工等专业承包商、建筑产品制造商、质量检查公司等)均须向保险公司进行强制性投保。

2002年始,国内一些省市在建设部的倡导下、参照国外住宅质量保险制度,也陆续开启了新建住宅质量保险试点工作。然而,试行十多年来也未"转正",开发商缺乏投保动力,购房者也不关心,全社会对此险种知之甚少。究其主要原因,一方面是近十年处于卖方市场的房地产市场飞速发展,房价快速上涨并高位运行,开发商缺乏为新建住宅质量投保的动力,而购房者等对房价的关注远大于对住宅质量的关注;另一方面是很多保险公司不具备工程监管能力,在新建住宅质量认定制度尚未市场化的情况下,也不愿开拓新建住宅质量保险市场,而建设相关单位也如开发商一

样,既无动力也不情愿花费大笔保费购买该险,一旦出现质量纠纷时,也大多通过各种途径摆脱住宅质量责任。以上几种合力叠加,可以看到,无论是购房者、开发商和建设相关单位,还是保险公司、政府机构,对住宅质量保险的认识仍存在偏差。

新建住宅质量保险制度并不完全是市场的产物,绝不能仅仅依靠"看不见的手",必须发挥政府的主导作用,用政府力量来推动住宅建设工程质量保险体制建立,并加快推行住宅十年保险制,以逐步建立起既符合市场经济规律又符合我国国情的住宅质量保险制度,从而促进住宅质量水平不断提升和人居环境不断改善。

参考文献

[1] 杨艳,陆彦. 住宅质量政府监管职能定位分析与制度建议 [J]. 工程管理学报, 2013, 27 (1): 14-18.

[2] 卢静,成虎,陆彦. 住宅交付后各相关方的质量责任分析与对策 [J]. 工程管理学报, 2012 (5): 84-88.

[3] 张家瑞. 住宅质量管理体系中政府的角色定位 [J]. 城市问题, 2011 (6): 81-84.

[4] 吴良镛. 人居环境科学导论 [M]. 北京:中国建筑工业出版社, 2001: 45.

[5] 王宏新,赵庆祥. 房屋查验(验房)实务指南 [M]. 北京:中国建筑工业出版社, 2011: 7.

[6] 宋宗宇,曾林. 住宅质量保险的立法模式与制度选择 [J]. 建筑经济, 2010 (8): 9-11.

[7] 季如进,张爽. 对住宅质量保险的再认识 [J]. 建筑经济, 2009 (1): 18-20.

第十四章
加快推进我国住宅工程质量强制保险制度[①]

由于住宅工程建设的内在特质与工程建设管理体制因素，我国住宅工程质量问题频发，住宅工程质量保险制度推进缓慢。为适应全面推进依法治国、实现公民权利保障法治化要求，应通过加快立法工作、构建信用评价体系、改革保险费率、培育第三方鉴定机构等途径，加快推进符合我国国情的住宅工程质量强制保险制度。

《中共中央关于全面推进依法治国若干重大问题的决定》提出依法保障公民权利、实现公民权利保障法治化。相对于其他建筑工程而言，住宅工程产权主体最为分散，也是公民经济、文化、社会各项权利的重要载体，工程质量事关广大人民群众财产乃至生命安全。但是，由于住宅工程建设的内在特质与工程建设管理体制因素，住宅工程质量问题频发，有关新建住宅质量问题的消费者投诉也呈上升趋势。《中国房地产质量信息监测报告》显示，我国住宅工程质量问题主要集中表现在渗漏、开裂、设计缺陷、空鼓、墙体不垂直等12个方面。亟须借鉴发达国家住宅工程质量强制保险制度经验，加快形成符合我国国情的住宅工程质量强制保险制度，以提升住宅工程质量、保障公民财产及人身安

---

① 本文发表于《中国行政管理》2015年第4期（原标题为《加快推进我国住宅工程质量强制保险制度研究》），作者王宏新。

全，缔造宜居环境。

第一节 我国住宅工程质量保险制度的探索历程

一、住宅工程质量保险制度的源起与发展

法国是最早推行住宅工程质量保险制度的国家，1804年《拿破仑法典》第1792条催生了"建筑物十年期保证制"的诞生，即"如按一定报酬完成的建筑物因建筑工程或地基的瑕疵致建筑物全部或部分灭失时，建筑师及承揽人应于十年期间内负担赔偿责任"。此后，原法典进行多次修订，开发商、承包商、部件生产商均须对房屋质量问题负连带责任。

法国建筑工程质量保险构架体系则始于1978年制定的《斯比那塔法》。该法规定，一项工程竣工后，承建的企业要对这项工程的坚固性及安全性负责在10年内保持最初确定的要求，对独立与建筑物的设备要负责两年。同时，凡涉及工程建设活动的所有单位（业主、总承包商、设计、施工等单位）都得向保险公司投保，这项制度后来被称为"潜在缺陷保险制"（Inherent Defects Insurance，IDI）。与IDI制度相配套，法国制定了一套完整的建筑技术评估与检查机制，技术评定检查机构在评定检查过程中一旦发现建筑问题未按要求整改，即有权责令工程停工，其对建筑工程签发的合格证书是IDI生效的前提条件。1990年7月31日后，对自建且用作大公司办公的房屋不再强制投保，但所有住宅仍需强制性投保。

住宅质量保险制逐渐被英国、日本、澳大利亚、新加坡等许多国家引入，意大利、芬兰、印度尼西亚、西班牙、瑞典及加拿大部分省均实行强制保险制。

二、我国住宅工程质量保险制度探索历程

1. 住宅工程质量保险制度酝酿期（2000年以前）

自我国住宅商品化、市场化、货币化改革起，国家加快出台与新建住宅质量相关法律法规标准的步伐。1997年《中华人民共和国建筑法》（以下简称《建筑法》）专列"建筑工程质量管理"一章，明确规定建设单位、施工单位、设计勘察单位、监理单位的责任，提出了质量体系认证制度和质量保修制度。但是，《建筑法》仅在第四十八条规定"建筑施工企业必须为从事危险作业的职工办理意外伤害保险，支付保险费"，并未将保险引入工程质量管理范畴。

依据《建筑法》精神，国务院于2000年1月发布了《建设工程质量管理条例》（国务院令第279号），进一步明确了建设单位、勘察单位、设计单位、施工单位、工程监理单位等五方责任主体责任义务，并规定了建筑工程质量具体保修年限。根据原建设部《建筑管理司2000年上半年工作小结和下半年工作计划》（建综〔2000〕20号），建筑管理司曾酝酿工程保险制度，撰写完成《关于在我国建立工程风险管理制度的研究报告》（讨论稿），起草了《关于在我国建立工程风险管理制度的指导意见》（讨论稿）（以下简称《意见》），并印发各地广泛征求意见，但上述《意见》一直未对外发布。

2. "A级住宅质量保证保险"模式探索期（2001—2004年）

随着加入世界贸易组织（WTO）和政府职能进一步转变，在工程建设领域推行符合市场经济规律的保险制度开始进入政策视野。2001年11月起，原建设部住宅产业化促进中心与中国人民保险公司专门成立"A级住宅质量保证保险研究"课题组，2002年5月对日本住宅性能保证制度进行了考察，撰写了《A级住宅质量保证保险研究报告》《中国人民保险公司住宅质量保证保险条例》《关于开办"住宅质量保证保险"的情况汇报》（向保监会提交）等一系列研究成果，并多次邀请房地产经济、金融保险以及住宅建设领域专家就住宅质量保险制度总体架构、运作机制和具体条

款进行反复修改，2002年9月12日通过专家论证。

2002年10月31日，原建设部住宅产业化促进中心和中国人民保险公司举行"A级住宅质量保证保险合作协议"签字仪式。根据协议，中国人民保险公司为获得"商品住宅性能认定制度"的A级住宅项目提供10年期"住宅质量保证保险"，保险责任包括整体或局部倾斜、倒塌，地基超出设计要求范围的不均匀沉降，主体承重墙出现影响结构安全的裂缝，墙面、厨房和卫生间地面、地下室、管道渗漏等常见质量问题。消费者在购买房屋的同时获得保单，投保费由开发商支付。当房屋出现质量问题时，中国人民保险公司将直接向房主赔偿修理、加固或重新购置住宅所需的费用，最高赔偿金额为住宅的销售价格。同时，保险公司对承包项目建筑质量风险进行跟踪监督。

时任建设部住宅与房地产业司副司长兼住宅产业化促进中心主任、A级住宅质量保证保险合作制推动者沈建忠认为，"通过住宅性能认定与住宅质量保证保险的结合这样一种新的制度和思路……将为我国充分运用市场机制提高住宅质量，找到一个新的管理和监管途径，是一项制度创新"。然而，自该项合作制度实施起两年内，截至2004年10月20日，仅有171个住宅项目通过住宅性能预审，46个住宅项目通过住宅性能终审，而只有北京金宸公寓、成都蜀风花园·兰苑一期、厦门"花天花园"、陕西"景观360"等少数项目的开发商与保险公司签订了住宅质量保证保险意向书，全国只有一个项目签订了协议。该项合作制度实施效果与预想相去甚远。不仅如此，住宅性能认定工作本身也推进缓慢。截至2007年11月，全国仅有326个小区通过初审，103个住宅项目通过终审。

3. 建筑工程质量保险制度探索期（2005年至今）

早在2002年10月，温家宝就针对工程保险问题做了批示，要求建设部和保监会研究解决。2005年8月5日，保监会与建设部联合下发《关于推进建设工程质量保险工作的意见》（建质〔2005〕133号，以下简称"133号文"），正式提出在我国建立建筑工程质量保险制度。

"133号文"指出引入建设工程质量保险对于化解工程建设各方技术及

财务风险、维护社会稳定、促进建设各方诚实守信都具有重要意义。在实践中，有代表性的保险产品是国内最大的财险公司——中国人民财产保险股份有限公司于 2006 年推出的建筑工程质量保险，产品在北京、天津、上海、厦门等 14 家分公司试点经营后，2007 年底开始在全国范围推广。该产品承保开发商开发的建筑工程因潜在缺陷导致质量事故造成建筑物损坏时的赔偿责任，可为建筑工程提供长达 10 年的主体结构保险保障，同时，开发商还可以选择附加险条款对渗漏、管线、安装工程等进行保障。2008 年，由中国土木工程学会住宅指导委员会组织指导、长安保险公司具体实施的"工程竣工后内在工程质量缺陷责任保险试点"，在珠海格力广场和苏州天辰花园这两个项目上获得成功。但是，目前市场上仅有人保财险、平安、太平洋等少数几家大型保险公司涉足此类保险。

2009 年 4 月，住房和城乡建设部发布《关于进一步加强建筑工程质量监督管理的通知》（建质〔2009〕55 号），再次要求推行工程质量保险制度，"制定《关于在房地产开发项目中推行工程质量保证保险的若干意见（试行）》，加快推进住宅工程质量保险工作，强化住宅工程质量保障机制"。然而，两个五年过去了，住宅工程质量保险制迟迟未见动静。

第二节　我国住宅工程质量保险制度发展困境分析

一个国家通常出于公共治理目标，会对事关国计民生的行业所存在的风险或发生质量事故后难以追究责任的风险采取强制保险制度。住宅工程质量是一项复杂系统工程中的问题，其质量问题既有可能产生于勘察、规划设计、材料、施工等技术问题，也有可能来自五方责任主体及其相互间的协调与管理问题，都离不开国家的科学政策引导和强力推行。然而，无论是"A 级住宅质量保证保险"制还是"133 号文"，目前住宅工程质量保险政策均属自愿保险，无强制效力，这是我国住宅工程质量保险制十几年来始终没有突破性进展的根本原因。

同时，住宅工程质量保险是一种非常特殊的保险制度，兼具商业保险、普通民事担保和社会保险的三重属性，其风险性质与普通商业财产保险存在显著差异，这就必然要求保险人成为工程质量保险的主体和工程质量监管主体，结合工程管理内在特点进行保险制度创新，优化保险产品、控制保险风险。但是，由于国家主导性不突出和政策设计偏差，在非强制下的保险公司主体角色没有确立起来，与其配套的资信审查、责任追偿、保险费率和第三方专业技术测量鉴定等机制未确立起来，导致我国住宅工程质量保险制度创新不足、保险业务推进缓慢。

一、资信审查机制

住宅工程质量保险能够有效发展的社会前提就是建立有关住宅开发商或各参建单位的住宅工程质量信用评价体系，以此确定该投保单位的保险参数、保险方案、资信累计等情况，从而达到提高交易效率、降低交易成本、拓宽交易空间、维护保险业务安全，提高相关单位竞争力、淘汰低信用评级单位的作用。从国外经验来看，保险人通常都特别关注投保人资信状况，重点考察其品质、能力和资本等基本要素。在我国住宅工程质量保险资信机制尚未建立起来的情况下，保险公司只能借助行政或准行政能力来判断资信状况，如中国人民保险公司仅限对通过建设部门A级性能认证的住宅项目进行承保，而达到A级性能认证的住宅项目往往是条件极其苛刻的项目，同时也可能是工程质量最有保障的项目。保险公司绑定A级性能认证，事实上等于设置了严格的承保条件，既影响了保险公司自身业务量的发展，又打击了开发商的积极性（好的工程更不必投保），住宅质量保证保险展业推广从根本上受到掣肘。

二、责任追偿机制

责任保险的一个基本特点是，保险人在履行了对被保险人赔付之后有权向义务人（责任人）进行责任追偿，由此将义务人违约责任后果移转至义务人自身,从根本上遏制义务人的任何主观违约企图。在责任保险制度成熟的发达国家,法律一般都明确规定保险人可以取得这种补偿权利。然而,在我国目前探索的住宅质量保险协议中,仅设计了工程质量缺陷险,无工程质量责任险。这使保险公司不但完全承担了工程质量潜在缺陷风险,也无法有效应对各责任主体出现经济学上的"败德行为",保险公司的风险完全不可控制,大大制约了保险公司承保、开拓业务积极性(见图14-1)。

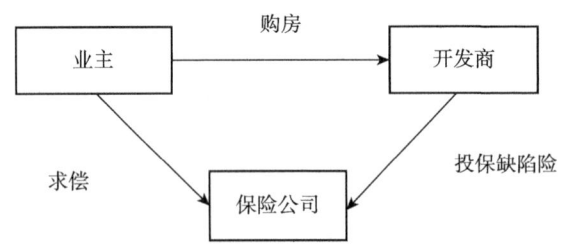

图 14-1 我国目前探索的住宅质量工程保险制度

三、保险费率机制

科学制定住宅工程质量保险费率计算方法,是住宅工程质量保险实施的最基本操作点。保险费等于保险金额与保险费率的积,费率过高会提高投保成本,增加投保人经济负担;费率过低,将使保险公司无以为继,保险公司就没有内在激励。当前试行的多家保险公司均执行统一的高费率(销售金额的0.5%),没有形成对保险人与投保人的正向激励。

四、检测鉴定机制

在西方市场经济发达的国家,都有完善的工程管理咨询和第三方检测机构,其职责涵盖从设计方案到监督地基基础、主体结构安全和主要建筑功能等工程竣工的全过程。第三方工程质量检测与鉴定机构作为高度专业、高度独立的第三方介入质量鉴定和项目监控,不但可以为保险人承保复杂的住宅工程项目提供有力的业务支持和技术保障,还能在很大程度上避免保险当事人之间可能出现的意见分歧。

目前，我国保险人在自身缺乏专业技术力量对工程项目建设全过程、动态监督的情况下，难以准确评估投保工程项目风险状况。近年来全国各地陆续发生的一些被有关行政主管部门评定为"优质样板工程"和获得各类嘉奖的住宅项目也出现严重质量问题的情况，表明保险人的风险控制能力非常有限。相比之下，当前我国工程质量管理体制下的监理单位虽具有第三方检测相关技术能力，例如，工程建设监理所进行的质量控制工作包括对项目质量目标详细规划，实施一系列主动控制措施，在控制过程中既要做到全面控制又要做到事前、事中、事后控制，并需要持续在整个项目建设过程中。然而，由于其接受建设方的委托并授权为其提供工程技术的第三方单位，并不是真正意义上的第三方，保险人显然不能采信受雇于建设方的监理鉴定结果。

第三节　建立符合我国国情的住宅工程质量强制保险制度

着力构建和加快推进构建符合我国国情的住宅质量强制保险制度，使保险公司成为工程质量监管的主体，是解决我国住宅工程质量监管问题的有效途径，对于提升住宅工程质量水平具有重要意义。具体地，我国住宅工程质量强制保险应包括工程质量缺陷保险和工程质量责任保险两种，将住宅工程参建各方风险、利益、责任紧紧捆绑在一起，形成环环相扣的共生关系，促使参建各方切实承担各自风险和责任（见图14-2）。

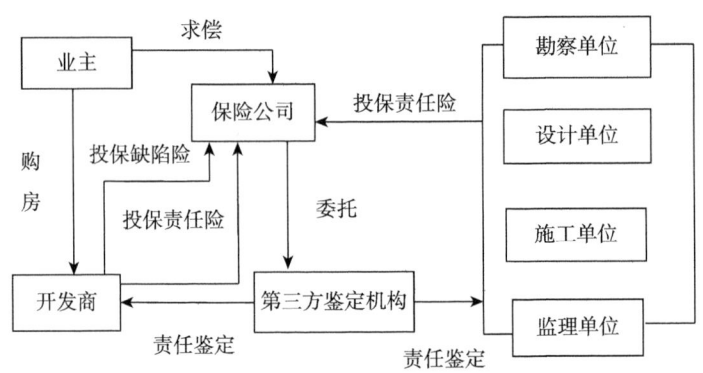

图 14-2　新型住宅工程质量强制保险制度架构

1. 工程质量缺陷险

开发商须对所售住宅购买缺陷保险，其保费由开发商负责承担，受益人为业主。当住宅出现质量缺陷时，业主向保险公司提出理赔申请。保险公司核对保险信息后，对出现的质量缺陷进行维修或者赔偿。保险公司可以根据开发商信誉记录灵活调整保费率，促进开发商加强住宅工程质量管理。

2. 工程质量责任险

建设方（开发商）和所有住宅工程责任主体均应购买工程责任保险，如勘察责任保险、设计责任保险、施工责任保险、监理责任保险等。住宅在使用过程中发生缺陷的，保险公司向业主赔付后有权追查缺陷产生的原因。如果经第三方鉴定机构技术鉴定缺陷是由某参建方主观故意造成的，则保险公司可以行使"代位求偿权"要求该参建方承担赔偿责任，同时这也会记录到该参建方信誉记录中，对其今后参保费率形成经济约束，从而起到监督参建方切实履行工程质量义务的积极作用；如果缺陷不是参建方主观故意行为，则可用参建方所投责任险的保费收入补充其缺陷险，支撑保险公司可持续发展。

第四节 加快推进我国住宅工程质量保险制度构建的政策建议

一、修订住宅工程质量保险相关法律法规

首先，修订《中华人民共和国建筑法》和《建设工程质量管理条例》等相关法律法规，加入住宅工程质量强制保险制度内容。以法律、行政法规形式明确规定，对未参保的住宅工程建设不予办理施工许可证和竣工验收等备案手续。

其次，在住宅工程项目概预算管理制度中增加工程保险费支出条目，银行等金融机构对住宅工程提供贷款时必须满足参保住宅工程质量保险的条件。

再次，房地产项目销售时，未取得住宅工程质量保险的商品住宅不得销售，不予发放商品房（预售）销售许可证。

最后，为保障保险人追偿权，结合《中华人民共和国侵权责任法》第86条关于建设单位与施工单位承担连带责任的规定，制定工程质量责任保险实施办法。

二、建立住宅工程质量信用评价体系

建立由住房和城乡建设部和银保监会以及保险机构、金融机构互连互通的工程质量信用体系，支撑住宅工程质量保险制度运行。可结合现有住宅性能认定标准、资料和经验，综合收集住宅建设单位和各参建单位业绩、资信、信誉、奖惩情况等，参考其他行业保险信用评价概率模型，设计一套科学、客观公正、权数要素明确的资信评级系统。

三、改革住宅工程质量保险费率确定方法

保险公司可借助中介咨询单位的力量,根据住宅性能等级评定结果,工程技术风险状况,同时参考工程质量等级、工程区域差异、建设单位信誉水平、资金规模、施工单位技术能力等因素实行费率差异化;对于住宅质量等级低、建设单位信誉低、施工单位技能低等的住宅工程实行较高费率和更为严格的参保条件;相反,对住宅质量等级高、建设单位信誉高、施工单位技能高等的住宅工程实行低费率,甚至可优惠参保。由此,最终形成一套完整的、有激励和淘汰机制的住宅工程质量保险费率确定办法,创新工程质量保险市场动态竞争机制,从根本上对相关责任单位起到激励和约束作用。

四、培育第三方住宅工程质量检测鉴定机构

加快培育和发展第三方检测鉴定机构,首先是培育第三方实测实量机构,其既可以作为开发商的管理咨询服务机构,也可以作为保险人工程质量第三方检测机构,针对项目工程过程中每个节点(如混凝土、砌筑、粉刷、门窗、防水、外墙等工程及安全文明施工)进行质量及安全抽查、把控。保险公司可以自由选聘第三方检测机构,代表保险公司对前期可行性研究立项、规划设计、中期施工、后期维修保养咨询都实行监管,对所有投保的工程实施质量控制,对工程设计和施工过程进行检查或者进行技术风险评估,分阶段出具风险管理报告,而该报告也是保险公司核保理赔的主要依据。不仅如此,由保险公司委派的第三方鉴定机构还可与建设方雇佣的监理单位相互合作、相互制约,相克相生,由此形成新型住宅建设工程质量责任主体关系。

参考文献

[1] 王宏新. 基于多元合作治理的城市新建住宅质量管理体制探析[J]. 中国行政管理, 2014 (1): 50-54.

[2] 裕居研究院. 中国房地产质量信息监测报告[EB/OL]. http://www.bjyuju.com/news/184.htm.

[3] 拿破仑法典：法国民法典[M]. 李浩培，等译. 北京：商务印书馆，1979.

[4] 童悦仲，娄乃琳. 国外住宅质量保证保险制度介绍[J]. 城市开发，2003（2）.

[5] 刘美霞. 开展住宅质量保证保险 确保消费者权益[J]. 城乡建设，2003（5）：20-21.

[6] 沈建忠. 建立住宅质量保证保险机制促进提高住宅质量[J]. 中国房地产业，2003（2）：7-8.

[7] 瞿富强. 住宅质量保证保险研究[J]. 建筑经济，2005（5）：90-92.

[8] 娄乃琳. 住宅性能认定制度与住宅保证保险[J]. 住宅产业，2007（12）：23-24.

[9] 徐波. 工程质量管理的一次机制创新：在工程质量保险试点城市座谈会上的讲话[J]. 工程质量，2004（8）：5-7.

[10] 伊生. 加快在住宅领域推行建筑工程质量保险制度[J]. 中国建筑防水，2008（3）：19-21.

[11] 李雄辉. 工程质量责任保险是住宅建筑工程风险管控和质量保障的有效途径[J]. 中国建筑防水，2010（21）：15-18.

[12] 何绍慰. 我国住宅质量保证保险的经营误区[J]. 上海保险，2009（3）：15-17.

[13] 宋宗宇，曾林. 住宅质量保险的立法模式与制度选择[J]. 建筑经济，2010（8）：9-11.

[14] 何绍慰. 全面推进我国住宅质量保证保险制度的途径探讨[J]. 管理现代化，2013（1）：10-12.

[15] 胡雅丽，夏楠，陆彦. 住宅工程质量保险在我国的实施方案探究[J]. 工程管理学报，2012（3）：37-40.

第五篇

城市更新国际经验

第十五章
发达国家棕地再开发：经验与启示[①]

发达国家因工业化起步较早、科技发达，凭其多层次的治理结构、完善的法律框架与强大的资金保障体系在棕地再开发中走在世界前列。我国应积极借鉴发达国家棕地再开发经验，从治理结构、法律架构和资金保障体系三方面入手，努力推动棕地再开发工作顺利展开，实现区域与城市可持续发展。

第一节　引言

棕地（Brownfield）概念源自20世纪90年代初的英国，最初是相对于绿地（Greenfield）[②]的一种城市规划用语。后来英国国家土地利用数据库（National Land Use Database，NLUD）将具有以下特点之一的土地界定为棕地：过去已开发且目前闲置的土地；闲置建筑物；被遗弃的用地与建筑；其他当前仍在使用并在适当规划及建筑许可下进行开发的土地；其他当前

[①] 原文发表于《中国土地科学》2011年第2期（原文标题《发达国家棕地再开发经验及启示》），作者王宏新、甄磊、周拯。本章略有改动。

[②] 本文中的"绿地"和园林建筑领域的"绿地"含义不同，本文所讲的"绿地"一般出现于区域开发规划中，指"没有被开发利用过的土地"［参见 DETR. Planning Policy Guidance 3（Revised）: Housing［Z］. London: The Stationery Office, 2000］。

仍在使用但还有再开发潜能的土地。[1]美国在 1992 年《环境反应、赔偿与责任综合法》（Comprehensive Environmental Response, Compensation and Liability Act, CERCLA）修正案中，将棕地定义为"废弃及未充分利用的工业用地，或是已知或疑似受到污染的用地"。① 美国学者 Alker Sandra 和 Joy Victoria 曾专门对"棕地"的诸多定义进行研究，认为棕地是郊区或城市中曾经发展过工（产）业的地区；没有使用但实际受到工业污染或是疑似受到污染的土地也可被称为棕地。[2]综合上述研究，可将棕地定义为被废弃、闲置或未充分利用且具有再开发潜力的工业用地，或可能受到一定范围与程度环境污染的土地。

棕地是工业化进程的产物，会带来土地闲置、环境污染、城市空间破碎等诸多不良后果，对城市经济、社会环境等各领域产生不利影响。为提高土地利用效率、治理与改善环境，欧美发达国家纷纷开始进行棕地再开发。经过多年努力，欧美发达国家在治理结构、法律框架和资金保障体系方面积累了宝贵经验，棕地再开发已在社会经济、历史文化、生态景观甚至科学教育等方面产生了巨大效益，被这些国家认为是后工业化城市可持续发展及土地资源高效利用的必由之路。

我国工业化起步虽晚，但棕地问题也开始日益严重。世界银行东亚基础设施部发布的城市发展工作报告显示，我国已有 5000 多块棕地，且增长速度还在加快。[3]与发达国家相比，我国棕地治理与再开发尚处于起步阶段，在认知程度与治理措施等方面都存在明显不足。因此，充分借鉴欧美发达国家棕地再开发经验，对提高我国土地资源利用效率、改善生态环境和推进经济社会可持续发展均有重大意义。

---

① 1996 年再度修改的《环境反应、赔偿与责任综合法》又将棕地定义为"因实际的或察觉环境污染之复杂的扩张或再开发，而形成被遗弃的、闲置的或未充分利用的工业及商业设施"。

第二节 治理结构

棕地再开发涉及利益主体众多,也关系着城市经济、社会和环境等复杂问题,进行棕地再开发,不能单纯依靠市场或政府。欧美发达国家在棕地再开发中,逐步形成一个由中央政府宏观指导、地方当局具体操作、相关利益主体纷纷参与和国际(区域)组织积极协助的全方位、立体式棕地再开发治理结构。

一、中央政府宏观指导

棕地再开发是一项系统工程,涉及面较广,必须由中央政府从宏观上予以指导。如加拿大环境委员会(CCME)在1993年发布了"污染土地责任报告——加拿大统一行动建议原则",为加拿大各级政府棕地再开发提供指导性框架;美国联邦环保局作为全国棕地治理与再开发主导机构,负责对棕地进行合理评估和可持续性再开发利用,该局在1995年发布《棕地行动议程》,用于指导全国棕地再开发。

除制定行动原则、设定专属机构外,一些国家中央政府甚至还对某些棕地再开发项目进行具体指导与帮助。如意大利政府从2000年就开始对其境内托斯卡尼地区的棕地再开发进行国家援助;同一时期,荷兰政府也对南荷兰省炼油厂的棕地再开发提供了国家资助。

二、地方当局具体操作,相关利益主体积极参与

因棕地区位固定,情况各异,因此对棕地治理与再开发,中央政府只能进行宏观指导,具体实践工作须由各级地方政府和相关利益主体因地制宜、逐步推进。如在美国,州政府通过发起志愿者清洁计划(VCP)、制定清洁标准等措施,积极动员社区、非政府组织等社会各方力量和资源共同参与棕地清洁与再开发,并对棕地治理与再开发进行监督,见表15-1。

实践表明，这种联邦政府指导、地方政府和社区推动、非政府组织积极参与的棕地治理制度成效斐然。据美国市长联合会调查统计，1995—2000年，短短五年，棕地再开发就为美国带来55万个新增就业机会和24亿美元的税收收入。[4]

表15-1　美国棕地治理结构

类别	角色	相关单位
联邦政府	最高指导机关	环境保护署、住宅与都市发展部、农业部等
区域单位	为联邦对地方或其他实际执行单位的中介机关提供技术或其他相关支援	运输与区域规划委员会等
州政府	管理监督并提供给地方政府与社区相关的技术与资金支持	州政府相关机构，如州环境机构等
地方政府	与实际执行计划单位合作，制定策略并管理控制整个计划发展	地方政府相关部门，如经济发展部、规划部、环境/土壤废弃部、住宅部、公共安全部、运输部、健康与人类服务部等
大学、非政府组织	提供专业知识或技术支持	奥尔良大学棕地倡议中心等
私营部门	实际执行计划的单位，与地方政府合作，运用专业技术与研究进行再开发工作	东巴尔的摩社区行动历史联盟等
社区	在经济与环境方面受棕地影响最重要的地方居民参与实际规划	社区发展协会等

资料来源：杨逸萍. 从国外棕地再发展经验探讨六堵工业区未来发展方向之研究［D］. 台南：台湾成功大学，2004：29.

第三节　法律框架

法律法规体系是棕地再开发的重要保障，多数发达国家都针对棕地再开发进行了立法。美国在1997年8月颁布减税法，以激励私人对棕地治理和再开发进行投资。据当时推算，该法实施可在一个纳税年度内使8000多块棕地获得再开发[5]；2002年1月美国的《小企业责任减免与棕地复兴法》获准通过，进一步增强了美国政府对棕地再开发的法律扶持。

同样，欧洲各国许多法律也都涉及棕地再开发，见表15-2。其中，丹麦、德国、荷兰是欧盟成员国中棕地治理配套法律比较齐全的国家，如丹麦的《土壤污染法》规定了众多棕地再开发法条，强调市政当局在棕地再开发中的重要作用；德国关于棕地再开发的法律主要有《联邦土壤保护法》《区域规划法》《建筑法》等，这些法律不仅制定了针对棕地再开发的风险评估和清理标准，还为清理计划和治理合同提供了指导性建议；在荷兰，《土地保护法》是关于棕地治理和评估的主要法规之一，该法详细规定了棕地所有者与租用者的责任、棕地再开发标准以及相关项目基金的使用原则等。

表15-2　部分欧洲国家棕地概况及法规框架

国家	有嫌疑/潜在受污染的土地面积（公顷）	棕地面积（公顷）	集中区域	棕地再开发相关的法律制度
奥地利	2500	—	林茨	《工业法规建筑许可》《水资源法》《土地开发与区域划分规划》
法国	200000~300000	20000	北加莱海峡、洛林、罗纳—阿尔卑斯大区	《工业用地环境许可法》《公民法规》《棕地再开发的都市规法》
丹麦	30000	—	哥本哈根	《土壤污染法》
德国	362000	128000	柏林、鲁尔区、萨尔地区	《联邦土壤保护法》《区域规划法》《建筑法》
荷兰	110000~120000（估计）	9000~11000	赫尔辛基	《都市与乡村更新法》《土地保护法》《扩增土壤阶段清洁》《住宅法》《环境保护法》
英国	100000（估计）	39600	默西泰恩赛德、约克郡中部、南部威尔士、苏格兰、伦敦	《城市与乡村规划法》《环境保护法》《水资源法》《环境法》
意大利	9000	—	伦巴第、皮埃蒙特、威尼托、坎帕尼亚、布里亚	《整治受污染土地、废弃物一般法案》《国家受污染土地整治规划》《受污染土地整治技术规则》《都市再开发法》

注：—为资料不详。

资料来源：Uwe Ferber, Detlef Grimski. Brownfields and Redevelopment of Urban Areas—A report from the Contaminated Land Rehabilitation Network for Environmental Technologies [M]. Contaminated Land Rehabilitation Network for Environmental Technologies, 2002.

第四节　资金保障体系

棕地再开发工程量巨大，必须要有充足的资金支持，欧美等发达国家通过财政拨款、税收减免以及"污染者付费"制度建立起一整套完善的棕地再开发资金保障体系。

一、财政拨款

许多发达国家政府提供棕地再开发专项基金。如美国棕地治理与再开发投入就非常大，除环境保护局的棕地重建计划为棕地再开发提供专门资金外，商务部、陆军工程部、卫生和人类服务部、交通运输部等部门也为其提供资源保障。此外，各地方政府也将辖区内棕地再开发视为政府财政拨款的重要领域。2000年美国市长会议的一项调查显示，在213个受调查城市中有53%的城市为棕地再开发提供财政支持和其他奖励。[6]

英国、法国、德国、荷兰、加拿大等诸多国家也纷纷开展了棕地再开发资金援助工作。如荷兰政府自1997年起每年投入3.86亿欧元进行棕地再开发，并制定了激励棕地再开发的基金计划，如 BELSTATO、VINEX、STITEA 等[7]；加拿大也开展一系列针对贫困省棕地再开发项目的资金辅助计划，其安大略省就制定了社区改进制度，为已注册或评估的业主及其代理人提供一定的资金支持。

二、税收减免

除直接提供财政拨款外，发达国家政府还充分利用市场机制，通过制定宽口径、多渠道的减税计划来激励相关利益主体积极投入到棕地再开发工作中。如美国于1997年颁布了棕地税收相关政策，通过提高税收门槛来减少税收负担；加拿大安大略省为鼓励棕地再开发，为开发商提供税收援助来抵消棕地治理成本，进而减少棕地集中度，推进棕地再开发工作顺利开展；英国也出台了相应税收优惠政策激励人们从对绿地开发转向对棕地治理和再开发，2001年英国内税务局颁布减免税政策，规定对治理污染土地的公司减免150%的企业增值税。税收的减免降低了私人企业从事棕地再开发的必要成本，进一步鼓励私人投资进入棕地再开发领域。

三、"污染者付费"制度

私人企业在其经营中可能会产生一定程度的负外部性，即给社会和环境带来一定的负面影响，反映在土地上就是工矿、化工等废弃污染物的排弃会降低土地资源使用价值并带来相当程度的环境破坏。制度经济学理论指出，如果那些会带来负外部效应的行动要获得认可，就必须对那些受益者强制收费（税）。[8]从经济角度讲，这一制度内化了企业生产的社会环境成本，从而降低了棕地产生速度。事实也证明了这一点，美国学者Anna Alberini与Alberto Longoc等通过Logit模型研究表明，与政府直接提供补贴相比，以市场为基础的激励机制对棕地再开发可以起到更好的推动作用。[9]

发达国家严格遵循"污染者付费"制度，要求那些给土地和环境带来损害的单位和个人承担相应的治污责任。目前，美国、加拿大、英国等国家在棕地再开发中都建立起了完善的"污染者付费"制度。如在美国，棕地治理费用由发生危险物质泄漏的设施所有者或营运人、设施所处土地的所有者或营运人承担，当上述主体无法支付费用时，治理费用转由政府承担，治理费用的承担者对治理费用负有连带责任。加拿大环境委员会则将"污染者付费"理念作为制定棕地修复法律的首要原则，当存在"不当得利"时，便会执行"受益者付费"原则。[10]

第五节 启示

同欧美发达国家相比，我国工业化发展历程较短，加之社会、经济和制度等因素制约，棕地再开发尚处于起步阶段。为实现土地利用效率提高

以及经济社会可持续发展,我国应借鉴国外经验,着重做好以下几方面工作:

一、完善棕地再开发治理结构

发达国家经验表明,政府在棕地再开发中处于核心地位,政府行为直接关系到棕地再开发能否顺利开展。与发达国家不同,我国实行土地社会主义公有制,大多数棕地属国有,政府作为国有土地使用权代表享有绝大部分棕地的管辖权。对于格外需要政府统筹和协调的棕地再开发实践,这一客观条件十分有利。因此,可参照欧美发达国家经验,建立起相应的治理结构:

(1)明确中央政府在棕地再开发中的责任与地位。依据现行体制,环境保护部、国土资源部等部委都具有棕地再开发的部分管理权。这种多头管理权力交叉性较强,缺乏统一部署与管理的框架指导。中央政府应积极制定专门的棕地再开发原则性政策框架,以指导棕地再开发工作顺利开展。

(2)地方各级政府应因地制宜地做好辖区内棕地再开发工作。一方面,遵循中央政府棕地治理与再开发政策,对辖区内棕地再开发进行具体操作;另一方面,制定适宜本地区棕地再开发的规章制度,采用如减免相关税收,提供银行贷款与技术支持等多种手段,吸引更多的私人投资者参与棕地治理与再开发。

此外,为监督棕地再开发活动,政府还应联合环境咨询机构相关专业人士、社区居民等利益相关者对棕地治理与再开发过程进行监督。

二、强化棕地再开发法律架构

我国目前还没有针对棕地再开发的专门性政策或法规。1989年发布的《土地复垦规定》中有对工矿废弃地再开发的简单规定,要求对在生产过程中被破坏的土地采取整治措施,使其恢复到可供利用状态,但与棕地的概念距离尚远,更没有涉及周边社会经济恢复与发展。1996年发布的《中华人民共和国固体废物污染环境防治法》中有对废弃物污染防治的详细规定，但其对历史遗留的受污染土地的法律责任人应承担的法律责任和义务等问题却鲜有涉及。1998年发布的《中华人民共和国土地管理法》第35条规定"各级人民政府应当采取措施，维护排灌工程设施，改良土壤，提高地力，防止土地荒漠化、盐渍化、水土流失和污染土地"，其原则性较强，实践指导性缺乏。因此，我国应积极借鉴国外经验，建立健全相关法律法规，规范棕地治理与再开发行为。

（1）以法律形式明确棕地使用权人的责任与义务，通过法律手段强制其对棕地进行治理。另外，我国土地使用权出让年限较短，抑制了棕地使用权人的再开发热情。可通过延长棕地再开发者的土地使用权年限，激发其治理并利用棕地的积极性。

（2）要加大对棕地制造者的惩处力度。对土地破坏行为的惩罚要详细地在法律中规定并从重惩处，使生产经营活动对土地破坏程度最小化。

三、健全棕地再开发资金保障体系

我国目前棕地再开发资金来源单一且数量较少，地方政府的重大土地治理项目须向国务院申请，申请通过才能得到为数不多的资金补助。要调动社会方面的力量，形成以政府为主导、以市场为杠杆、多方投资主体共同参与的融资机制。

（1）各级政府应积极筹措棕地治理与再开发资金，用于应对潜在棕地带来的破坏。如可设立各"社区地块开发基金"，用于开发规划制定、场地清理、建筑物拆除改建、污染治理等。

（2）通过提供税收优惠、低息贷款、补贴等措施，逐步建立起私人主动参与的棕地再开发激励模式。一方面，政府对棕地再开发私人主体给予适当的税收优惠，对那些难以治理、再开发风险较大的项目可采取免税措施来降低开发者的市场成本。另一方面，对棕地再开发者提供无息或低息贷款，并根据棕地污染程度或棕地再开发风险程度对其进行相应的政府资助，提高其棕地再开发积极性。

（3）各级棕地管理部门还可利用市场在资源配置上的优势，探索建立棕地再开发交易平台，推行棕地使用权交易，促进棕地再开发市场发育。

参考文献

［1］曹康，金涛. 国外"棕地再开发"土地利用策略及对中国的启示［J］. 中国人口·资源与环境，2000，17（6）：124-129.

［2］ALKER SANDRA，JOY VICTORIA，ROBERTS PETER，SMITH NATHA. The definition of brownfield［J］. Journal of environmental planning and management，2000，43（1）：49-69.

［3］KESHAV VARMA. Urban development report on the work［R］. Bank's east Asia infrastructure department of World，2005：23.

［4］曹康，何春华. 棕地解密［J］. 中国土地，2007（8）：43-44.

［5］ASTM. Standard guide for environmental site assessments［S］. Environmental site assessment process，1997.

［6］LINDA MCCARTHY. The brown field dualdand-use policy challenge：reducing barriers to private redevelopment while connecting reuse to broader community goals［J］. Land use policy，2002（79）：287-296.

［7］朱煜明，苏海棠，郭鹏. 中外棕地治理与再开发政策、法规的比较研究［J］. 环境保护科学，2009，35（3）：40-43.

［8］［美］R. 科斯，A. 阿尔钦，D. 斯诺等. 财产权利与制度变迁：产权学派与新制度学派译文集［M］. 上海：上海三联书店，2005.

［9］ANNA ALBERINI，ALBERTO LONGO，STEFANIA TONIN，et al. The role of liability，regulation and economic incentives in brownfield remediation and redevelopment：evidence from surveys of developers［J］. Regional science and urban economics，2005（35）：327-351.

［10］陈成，杨玲. 西方国家棕地重建策略及其对中国的启示［J］. 国土资源情报，2008（6）：18-20.

第十六章
首尔清溪川复原设计经验及其对我国城市更新的启示[①]

当前,我国正处于城市更新与新型城镇化建设的快速发展期,城市更新建设项目离不开人文内涵的挖掘。韩国清溪川复原工程则通过交通改造、河道整治、水体和景观设计创新走出了一条特色道路,在注意自然契合与和谐、挖掘人文内涵、重视多元参与网络等方面为我国城市更新方案设计提供了有益启示。

伴随经济增长与城市化大潮,现今我国大部分城市正处于大范围的城市更新之中,拆迁重建甚至另辟新城的现象随处可见。但观其现状,许多城市建设只是徒有现代规划设计理论的"皮",而缺乏城市发展内核特色的"心",不断的简单复制与盲目的超前设计,使各地城市的人文个性已趋于模糊化,"千城一面"格局始终未破。韩国首尔市清溪川复原设计,不仅极大改善了城市生态与人文环境,更成为首尔旅游胜地,带动经济发展,蜚声海内外,其设计理念、创新方案与独特人文内涵都可谓现代城市更新优化设计的典范,值得国内借鉴学习。

[①] 原文未发表,完稿于2013年1月,作者王宏新、周拯。

第一节　清溪川复原工程兴起背景

清溪川原名"开川",自西向东流往汉江,贯穿首尔市中心,全长10.92千米,是600多年前的朝鲜王朝国王为排除首尔市周边山洪积水流向城区引发洪涝灾害而下令挖掘的一条疏水内河。总体而言,清溪川在数百年的历史长河中,已经演化为首尔市历史、文化和市民日常生活不可或缺的一部分,并且伴随着城市更新的步伐,经历了原生态—环境恶化—覆盖改建—改造这样的发展路径。

在朝鲜王朝发展与兴盛时代,清溪川作为开放的内流河,首尔市民依河而居,借着水道讨取生计,各色民间工艺民俗也沿河发展。伴随王朝政府定期的疏通清理与建设,清溪川一度发挥出其特有的原生态魅力。然而,历史行至朝鲜战争前后,由于河流沿岸居住人口增多,两岸难民居住的棚户区大量建造,河床被污泥和垃圾所覆盖,导致水质日渐恶化,清溪川逐渐变成一条"死河",居住环境越来越差,岸边居民怨声四起。为有效解决环境问题,韩国政府干脆采取完全覆盖的做法来隔绝清溪川的负面影响。覆盖工程自1958年始,历经20年于1978年全部完成,清溪川在没有有效整治的情况下被水泥板完全覆盖,其作为开放性内流河的历史就此结束。与此同时,出于缓解道路交通压力需要,首尔市政府在填埋的清溪川上修建了带有4车道双向专用汽车道的高架桥,发展成为首尔市东西主干道,还一度作为"汉江奇迹"而引以为豪。

清溪川的覆盖填埋与高架桥建设虽然在一定程度上对城市经济发展做出了不可磨灭的贡献,但是,经过40多年的运行其弊端与贻害也一览无余:首先,对于覆盖之后的暗渠清溪川而言,历史文化遗产长留地下,一大批历史遗迹无法重见天日,如古代桥梁、古河岸堤等,尤其高架桥的铺设让清溪川失去了600年的历史和文化形象,侵损了首尔城市中心的历史和文化特征。其次,基本安全问题突出,清溪川上的城市快速路和在河流上方铺筑路面年久失修，路基被严重损坏，存在交通安全隐患，又到了不得不整治的地步。更重要的是，清溪川周边区域发展滞后，与汉江两岸的现代商业中心相比，清溪川周边区域土地退化、人口数量和商业活动减少，城市化进程停滞不前，不景气的市中心经济需要注入活力。因此，关于清溪川的改造的呼声也日渐增多，相关议案也不时被提出。

2002年，时任首尔市长的李明博决定成立清溪川复原工程总部，启动"清溪川改造工程"，负责改造的汇总、管理、计划等方面的事务。同时，在市政研究院内成立资源研究团体，以集聚专家与行业人才，集众人之力解决历史文化保存、交通疏导、城市再发展等关键问题，重建清溪川，恢复其原有面貌、改善周边环境、缩小南北差距、再现历史文化，为清溪川的繁荣和发展创造机会。[1]

第二节 清溪川复原工程设计方案

在增强城市竞争力与提升城市文化品位的引导下，首尔市在这次城市更新中，运用城市居民委员会所具有的决策与咨询权，营造出公民参与及利益表达的畅通平台。通过收集民众意见，在公民参与协商的基础上，完全拆除高架桥，有效进行了交通改造设计、河道整治设计、水体设计与景观设计。

交通改造设计。拆除高架桥，重新规划原来的市政交通体系是清溪川复原的首要工作。高架桥拆除后，为了疏导交通，市政府制定了相应的解决对策以及限制措施：一方面，限制进入城市中心的车流量并通过外环线解决穿城需要，严格遵守夜间运输要求，减少交通压力；另一方面，推动公交系统改革，建立公交信息管理控制中心，增加穿过城市中心的公共交通，提高公交效率，便利出行。此外，政府还加强与环保机构合作，大力宣传和倡导绿色出行，转变出行观念。

河道整治设计。河道整治是清溪川恢复活力的关键，首尔市政府不仅组织了市政资源研究团体，还充分吸收 NGO 组织（如"清溪川挽救研究会"）在专业技术认识上的补充优势，依据河道自然特性与区位特征，提出了"分段设计"方案，即把河道整治分成东、中、西三段。西部上游河段河道狭窄，靠近市中心，市政机构、新闻媒体、银行企业等云集，现代化气息浓厚，因此，西部河道整治设计体现现代休闲特点，多利用河床狭窄特点在两岸采用花岗岩石板铺砌成亲水平台，利用河床陡峭特点设置连续跌水与小型瀑布等。中部河段稍宽约为 25 米，两岸是传统的小商小贩聚集区，较之上游现代气息而言，中部属于过渡带，河道整治设计体现"古典与自然的结合"的特征，河道南岸以块石和植草的护坡方式为主，北岸修建连续的亲水平台，设有喷泉，为小商业者、购物者和旅游者提供生态休闲空间。[2] 东部河段较宽，坡度较缓，发展相对落后，自然生态保存良好，因此，东部河道整治设计体现"自然与简朴"特点，设置有多台阶式亲水平台和过河石级，两岸也多采用自然化的生态植被，同时也加入湿地、生态丘地等，营造生物栖息空间。

水体设计。灵动而有活力的水体是清溪川复原设计的灵魂所在。在水体设计时应考虑两个根本问题，即既要保障有充足的水源，又要防止水体重新被污染。为解决这两大问题，设计方案做了以下处理：针对水源问题，清溪川复原工程利用处理的汉江水、抽取的地下水和雨水、中水循环这三种方式来保障一年四季都有活水流动，维持河流的自然性与生态性；针对水体保护问题，则成立专门的管理机构"清溪川管理中心"，专门负责保证优质水供应，维护河川的自然生态环境，同时建设新的独立污水系统，对原来流入清溪川的生活污水进行隔离处理。此外，设计方案中十分重视民间机构力量，积极组织"志愿服务者"或环保团体参与对河川水源的保护。

景观设计。自然景观与人文景观的有效结合是清溪川复原设计的支柱，以水体、植被为主的自然景观设计凸显了清溪川的地理和水力特性，而以历史遗迹、文化墙、夜景照明为主的人文景观则创造出尊重历史、传承文化的人水和谐环境。具体而言，在水体景观方面，除自然化和人工化的溪流以外，跌水、喷泉、涌泉、瀑布、壁泉等大量应用，既有涓涓溪流，又有层层落水。而在植被景观方面，则通过平面绿化与垂直绿化相结合，尤其是采用本地自然植被如芦苇、水边植物、爬藤植物等，分片种植，力求恢复自然生态。[3] 在历史遗迹景观方面，清溪川复原工程则重建了朝鲜王朝时代的石桥"广通桥""水标桥"以及清溪川向城外排水的"五间水门"，新设了"洗衣角"追忆过去传统市民在溪边洗衣的场景。在文化墙体景观方面，设计者充分利用河道两岸立墙进行文化宣传，有介绍古代清溪川水系的"首善全图"，有描述历史王朝出行活动的瓷砖壁画"正祖班次图"，还有征集全民创意的现代派艺术图画墙，这些都在向人们传递着传统文化的信息。在照明景观方面，利用沿水岸布置的泛光灯和重点景观的聚光灯，努力创造迷人的夜景观，吸引市民和游客观赏。

第三节　清溪川复原设计对我国城市更新的启示

经过复原设计与实施，清溪川在这次城市更新中得以重新充满生机活力，生态环境明显改善，历史与文化底蕴也得以恢复和传承，原本蛰伏地下的臭水沟变成闹市中的一片桃源净地，不仅成为当地市民休闲的最佳去处，也是国内外游客必到之地。不仅如此，受此影响，清溪川周边地区经济活力大为增强，城市品位大为提高，为首尔及韩国政府带来新的发展契机。

结合当下我国大规模城市建设与更新设计中存在的种种乱象，清溪川复原工程给我们提供了许多的经验和启示。

一、城市更新需注意自然契合与和谐

清溪川复原设计方案充分考虑河道自然特性与区位特点，强调生态整治策略，充分结合历史文化与现代商业文明，充分契合地区发展特色与发展需要，才能最终做到人水和谐，养成生态和谐的美感。结合中国城市更

新实际，在旧城改造与新城建设的方案设计时，应极力避免模式化、"一刀切"与简单推倒重建的倾向，而应当充分尊重城市更新项目的自然生态特点，找到开发建设与平衡原有生态系统的最佳契合点，创造性地设计出服务于特定自然条件和地区经济社会现实的更新设计方案，这样既能利用和保留其自然生态特性，又能在设计创新上发挥其社会、经济与生态效益，最终实现人与城市的和谐共生。

二、城市更新需挖掘人文内涵

历史承载着一个城市的记忆，文化连接着一个城市的底蕴，历史和文化因素的加入将城市传统文化和现代文明结合在一起，从而提升城市品位。清溪川复原工程设计方案十分注重历史与文化维度的打量，如历史古桥恢复、沿河创意文化墙设计、各类亲水平台建立都体现了清溪川设计的人文内涵。面对现阶段国内部分城市更新重建设计中的千篇一律，缺少特色与人文内涵的现状，应当从清溪川复原设计中学会如何恢复和保留一个城市的历史记忆，学会完成现代商业文化与传统生态文明的衔接，学会创新人文设计满足民众在精神与文化上的需要。

三、城市更新需重视多元参与网络

科学的决策与实施系统是城市更新设计科学合理的前提保证。清溪川复原的成功离不开公民多元化的参与治理体系，如在此体制下不同阶层、不同利益团体的诉求能得到表达，专家学者和民间公益组织的力量得以贡献，也只有如此，清溪川复原设计方案才能在协调各方利益的前提下得以顺利实施。同样，在当下我国城市建设与更新设计当中，也应赋予民众充分的知情权、参与权和建议权，发挥第三部门的补充作用和独特优势，通过听证会、市民决策委员会等形式让多元主体参与到城市更新整治项目的设计当中来，做到方案科学，考虑周全，符合社会公共利益。

参考文献

[1] 郭军. 韩国首尔构建人水和谐的清溪川重建工程 [J]. 中国三峡建设, 2007 (2): 68.

[2] 王军等. 韩国清溪川的生态化整治对中国河道治理的启示 [J]. 中国发展, 2009 (3): 15.

[3] 冷红, 袁青. 韩国首尔清溪川复兴改造 [J]. 国际城市规划, 2007 (4): 44.

附 录

| 附录 A |

房价与地价关系：
以影院选址与租金的经济学解释为例[①]

票房和观影人次的强劲增长有力地证明了近年来国内电影市场的快速成长。但单纯的票房收入并不能完全反映整个电影业的经济效益，更无法显示影院的经营效益。在"影院租金是引发电影票价上涨的主要因素"的背后，运用地租、区位、产业集群等经济学原理分析发现，区位既影响着上座率和观影人次，由此影响着影院收入；同时又影响着地租水平，从而影响着影院的经营成本。如果由区位因素带来的票房收入增长幅度小于租金的增长幅度，影院利润就要损失一部分而转移至地产商。现有票房提成租金模式是影响当前影院投资者与地产开发商共赢关系的内在原因，单纯地讲究经济上的竞争与"价高者得"不利于影院与地产商之间的共赢。

一、引言

伴随着中国经济转型及居民收入水平不断提升，人们对文化娱乐方面的需求也在不断增加，电影越来越成为人们的一种普遍消费诉求。票房和观影人次的强劲增长有力地证明了国内电影市场的快速成长。据统计，我

[①] 本章作者王宏新、蔡梦晗。

国 2012 年的电影票房收入高达 168 亿元,同比增长 28%;全年观影人次达 4.67 亿人,同比增长 32%。然而,在这一数字背后,还隐含着一个事实,即对于中国老百姓来说,进影院看电影也在不知不觉中变成了一种奢侈的消费行为。通过比较国内外电影票价占人均月收入这一指标就会印证这一观点。以 2011 年为例,美国电影票价占人均月收入比约为 1/495,法国电影票价占人均月收入比约为 1/403,即使同为亚洲国家的韩国和日本,也分别只有 1/269 和 1/257,而中国则高达 1/56,见附图 1-1。

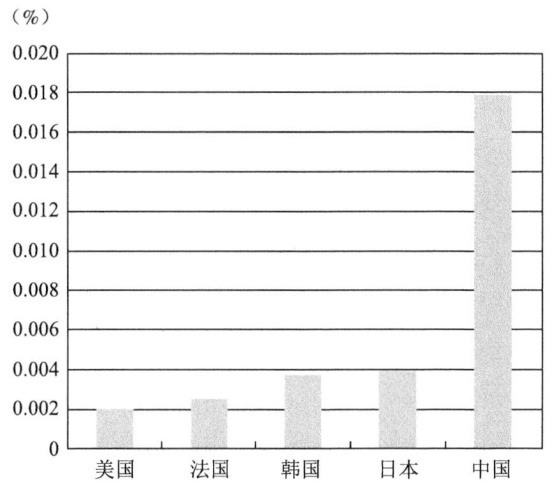

附图 1-1 美、法、韩、日、中电影票价占人均月收入比 (2011 年)

资料来源:艺恩咨询.2011—2012 年中国电影产业研究报告 [R].2012.

一部影片从产生到与观众见面,依托于一条由制片、发行和放映环节组成的完整产业链条:制片环节是指电影制片方投资、拍摄影片并对其进行后期制作的过程;发行环节是指电影发行方从制片方手中购买电影版权后,以票房分账的形式与拥有若干电影院的院线公司合作,对影片进行推广的过程;放映环节,即由作为影片放映主体和电影产业链条终端的影院业播放影片,获得票房收入的过程。随着电影产业的不断发展,"大电影产业"理念下的电影产业链条不断延伸,最初的制作环节前端增加了电影投资、融资环节,而放映环节后端增加了诸如音像制品、游戏、玩偶等衍生产品生产和经营环节,同时发行、放映渠道也得到了拓展,见附图1-2。[1]

附图1-2　电影产业链

就我国当前电影市场来看,电影衍生产品的开发尚需完善,其能创造的收益在整个电影产业链条收益中比例较少,票房收入在整个产业链收益中所占比例极高。[2]而票房收入的实现,主要体现在影院的放映环节,因而,影院在整个电影产业链中扮演重要角色。但是,随着影院经营成本和电影制片成本的不断增加,不可避免地造成票价上涨[3]。因此在票房收入不断增长的同时,影院经营者却苦言"电影票房都进了房地产商的腰包,影院是在为商业地产商打工"。[4]言下之意,影院租金已经成为推动票价上升的重要因素,影院租金的急剧上涨为影院经营带来巨大压力。

如何认识影院租金上涨这一现象?影院真是在为房地产商打工吗?这种格局是如何形成的?影院发展怎样才能摆脱租金上涨之困?开发商在中国电影业发展中应扮演什么角色?运用投入—产出法分析票房收入与影片成本,可以找到影院选择购物中心及其叫苦租金高企的内在原因。本文拟就这些问题进行经济学分析,并提出促成影院业与商业地产双赢的对策建议。

二、影院缘何要"嵌入"购物中心

一般地,电影作为一种商品,电影市场既受消费者收入水平、文化差异等需求性因素影响,也受影片制作成本、影院经营成本、同行业竞争等供给性因素影响。这意味着,在消费者收入和观影需求二者不断增长的背景下,票房收入(A)由票价(P)、观影人次(Q)共同决定,即

$$A = P \times Q$$

观影人次和票价不断提升必然会推高票房收入。但是,单纯的票房收入并不能完全反映整个电影业的经济效益,更无从显示影院的经营效益。

这是因为，在我国现有电影产业经营与管理体制下，影片票房收入中首先要扣除8%左右出来，作为税费和电影基金上缴国家，剩下部分的50%左右由制作方和发行方所得，3%~5%作为院线公司的管理费用，剩余40%左右为影院所得。[5]因此，如果假设α为制片方、发行方、电影基金和税费等所占总票房比例，假设TR为影院总收入，则可用如下公式表达

$$TR = (1-\alpha)A = (1-\alpha)(P \times Q)$$

但是，从上式中，仍可看出，决定影院总收入的因素仍是票价和观影人次。如何解释影院与购物中心之间的关系呢？相关统计显示，处于中心区域、商业地产内的影院，票价、放映场次和上座率通常要高于普通地段的影院，见附表1-1，这说明票价与观影人次在一定程度上受影院区位影响，即$A = P \times Q = f(S)$（S为影院距中心地的距离），因此

$$TR = (1-\alpha)(P \times Q) = (1-\alpha)f(S)$$

附表1-1　2012年影院票房收入排名及选址情况

排名	影院名称	选址	票房收入（万元）
1	北京耀莱成龙国际影城	北京华熙乐茂购物中心	8169
2	深圳嘉禾影城	深圳华润万象城购物中心	7786
3	首都华融电影院	北京西单大悦城购物中心	7700
4	上海万达国际电影城五角场店	上海万达商业广场	7404
5	北京UME华星国际影城	北京中关村商圈	6703

资料来源：根据国家广播电影电视统计信息整理而得，http://www.sarft.gov.cn/articles/2013/01/11/20130111112329420341.html。

影院的总成本（TC）主要包括场地座椅、放映设备购置、场地装修、租金、劳动力工资和管理费用等。其中，设备购置与装修费等固定资产投资和取决于行业水平的劳动力工资与管理费等，不在本文讨论范围内，故以常数C表示；而租金（R），则由其所在的区位来决定，即$R = g(S)$。据此

$$TC = C + R = C + g(S)$$

从成本—收益角度分析单个影院收益 y 的计算公式为

$$y = TR - TC = (1 - \alpha) f(S) - [C + g(S)] = (1 - \alpha) f(S) - g(S) - C$$

由此可见，区位因素影响影院成本与收益，进而影响影院的运营收益。由此可见，影院入驻购物中心，是完全符合区位经济学原理的。"地段，地段，还是地段！"区位因素直接影响商家选址。商家倾向于选择能使自身综合效益最大化得以实现的特定地理位置，就城市而言，一般是城市的中心地。城市的中心地是向周围区域居住的人口供应物品和劳务的地点，消费者到该地购买商品的成本随与中心点距离增加而增加，当距离大到一定的程度，消费者就会放弃购买或转向其他距离较近的中心地购买。因此，越靠近中心地的地租越高。[6]在市场竞争条件下，不同利益主体的获利能力与支付地租能力是不同的，经济效益好、支付能力强的利益主体将获得中心地或靠近中心地的土地使用权。于是，城市土地利用的类型，按照地租支付能力由高至低，从中心地依次向外排列。地租支付能力较高的商业地产，如购物中心，一般位于城市的中心区域。

基于购物中心作为占据优质区位的这一稀缺性资源，电影院的投资建设普遍以"嵌入"商业地产模式建在大型购物中心内。这是因为购物中心因具有多重商业形态、较广的消费辐射范围和便利的交通条件等因素，为影院盈利能力的持续提升和快速扩展提供了经济条件。这主要体现在三方面。

一是影院消费形态"内嵌"于购物中心。一方面，购物中心通常集购物、娱乐、休闲、餐饮、运动于一体，包含如游艺中心、百货商店、大型超市、专卖店、美食街、美容SPA等多种业态，并建有景观广场等配套设施，作为提供终极视听享受的电影消费，与其他相关休闲娱乐设施关联紧密；另一方面，不断加快的生活和工作节奏使得消费者需要"一站式"的消费、休闲空间，而购物中心多种商业业态并存的特点，恰好能为消费者提供充分的选择空间，对消费者具有很强的吸引力。因此，电影院倾向于将选址定位于业态成熟、功能齐全的商圈。

二是影院与购物中心的消费人群具有重叠性。购物中心大多坐落在人口密度高的城市繁华地区,周边社区与写字楼众多,商圈辐射人群以收入能力较高的白领、金领为主,这部分群体社会交往活动频繁,同时消费理念时尚,具备各类奢侈品旗舰店、高档会所等的购物中心是这类人群的常去之地;而作为消费能力较强、聚会或约会活动较为频繁的青年群体,由于购物中心常设有 KTV、主题咖啡店、电玩城等商铺,能够满足这部分群体的娱乐消费需求,同时看电影已成为时下年轻人普遍的休闲活动。因此,购物中心广泛的消费群体能够为影院带来稳定的人流量,有利于影院收入的持续稳定增长。

三是购物中心便利的交通条件吸引影院入驻。购物中心一般都位于四通八达的城市核心区域,临近城市交通主干道,是公交、地铁等交通工具必经之处,交通之便利增加了消费者看电影的机会;同时,购物中心常配备有设计合理、泊位充足、管理良好的停车场,能为前来观影的有车一族提供贴心的泊车服务,这在"停车难"问题越来越凸显的一线城市,无疑是一种竞争优势,解决了观影群体的后顾之忧。

三、商业地产何以青睐影院

由上面分析可知,区位既影响着上座率和观影人次,由此影响着影院收入;同时又影响着地租水平,从而影响着影院的经营成本。但是,在影院发展越来越依赖购物中心的同时,作为购物中心的开发者即开发商也十分青睐影院入驻。这又是为什么呢?根据聚集经济效应理论,社会经济活动及相关要素地理位置或空间的集中可以提高资源利用效率、节约投入成本、提高经济效益。这种集聚效应在商业活动中尤为明显:各种商业业态聚集一堂,缩短了消费者购物、休闲和娱乐的距离和时间;同时,商家还可以共享诸如公共洗手间、休憩区等服务设施,减少成本支出,获得更大的经济效益。[7]具体地,影院"嵌入"购物中心,对商业地产的成功开发有多重聚集效应。

首先,影院可以有效地为购物中心聚集人气。单从租金贡献率的角度讲,影院的承租能力低于其他业态,见附图 1-3;但电影院所特有的时尚浪漫特质、不断变换的上映大片、各种电影首映会或明星见面会等活动以及其他配套服务设施，能显著提高购物中心的人气。一个拥有较高人气的购物中心，其庞大的客流量可以促进营业额的整体提升；同时，客流量的增多所带来的"眼球效应"又会进一步扩大本购物中心的知名度，缩短社会对这个购物中心的认知时间；进一步地，一个认知度高、客流量大的购物中心，可以提高商户的信任度，为开发商后续签约、收租、管理工作带来了示范效应。

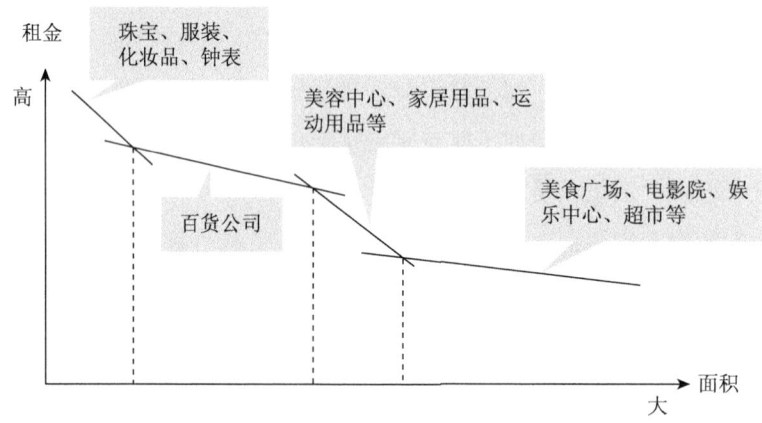

附图1-3　各类业态承租水平及承租面积分布规律

其次，影院还具有提高留客时间、拉动关联消费的作用。人们去看一部电影，看电影本身所花费的时间，加上为看电影前后在等待、餐饮、购物上花费的时间，要远大于在超市或商场购物的时间。绝大多数消费者在消费时，只有一部分是有目的性的消费，更多的是随机性的、冲动性的消费，在购物中心逗留时间越长，就意味着其在购物中心消费机会越多，可有力地拉动其他关联业态消费。统计显示，在具有电影院的商业地区，其他业态的租金要比没有电影院的商业地区平均高出50%，从中可以看到影院的关联贡献。

再次，影院具有很强的客流导向性，能够使消费者多次、反复地在购物中心消费购物。对大部分消费者而言，一座购物中心的高层是较少光顾的地方，一方面是因为商场布局的习惯是将日用百货类商品分布在低楼层（如超市）；另一方面是因为消费者逛完低楼层商品后身体会感到疲乏，再逛高楼层的欲望就不大了。这种情况的存在显然不利于购物中心提高盈利水平。有影院的购物中心则不然，如将影院置于顶层的购物中心，在影院聚集客流的功能带动下，可以将楼下的消费者吸引到高层来购物消费；同时，由于消费者在看电影时得到了休息，仍有精力在看完电影后继续向下逛其他楼层的商铺。这样一来，就使消费者不知不觉中"由下至上"或"由上而下"地逛完整座购物中心，优化了购物中心各楼层的客流情况，提高了高楼层的整体租金水平，让原来不容易出租的楼层变得抢手。

最后，影院能提高购物中心的时尚性和生命周期。不断更新的上映影片带来新鲜的一手时尚信息，对年轻消费群体的时尚消费引导作用非常强烈。例如，电影里释放出的时尚信息会在短时间内转变为电影观众的时尚消费，从影院出来的观众会立即转变为其他商品的消费者，如效仿电影明星的衣着打扮，选择他们消费的品牌，如此一来，影院所释放出的文化时尚与其他消费时尚相互关联，由此刺激购物中心时尚消费的整体水平提升，如此相互促进，可以长久地保持购物中心在消费者心中的时尚地位，非常符合经济学中的"产品生命周期理论"，不断地延伸购物中心的生命周期。

总之，影院"嵌入"购物中心，会对购物中心产生经济学上所说的正外部性，由此而受到商业地产的青睐，而成为商业地产业态中的重要组成部分。

四、票房提成租金模式的弊端

嵌入购物中心的影院，由于占据优势区位，租金必然不低，直接增加了影院的经营成本，但同时也直接提升了观影人次，从而拉升票房收入。但是，如果由区位因素带来的票房收入增长幅度小于租金的增长幅度，影院的利润就要损失一部分用以贴补房地产商了。其中，现有的票房提成租金模式是问题的核心。

票房提成租金，是指影院公司以影院票房收入为基数，按照约定的比例计算出向开发商交纳的租金。这种租金方式将影院与地产开发商两者利益捆绑在一起，风险共担、收益共享。在影院运营时，开发商给影院更多的支持与配合，让影院最大化地创造票房收入。

所谓的"固定保底租金和票房提成租金二者取其高"，就是在一个租赁年度结束时，双方按照约定的提成租金计算方式来计算当年度的提成租金，并与已支付的当年度固定保底租金做比较：若当年度提成租金额超过当年度固定保底租金额，影院公司再向开发商支付这个差额部分；反之，则不再给付，而以固定保底租金为准。

由于越来越多的影院投资者把影院选在购物中心内，使商业地产的影院招租逐步升温，影院已成为商业地产项目中"最不愁租"的业态。影院投资的竞争使得影院租金峰值，已经从早年的票房提成比例5%，飙升到近年的20%左右，高的甚至有25%左右，难怪有"电影票房都进了房地产商的腰包，影院是在为商业地产商打工"一说。

影院租金的高涨不利于影院投资的良性发展。影院的票房收入在扣除上文所说的制片方、发行方等利益主体的分成后还剩40%左右，如果按照20%的票房提成租金来算，仅剩20%的票房收入，此时，还有水电、人工等的费用未支付，因此影院的盈利空间并不大；加之影院的消费人群是年轻时尚的人群，因而在装修、设计上需要不断进行更换、更新，影院播放设备也会随着IMAX等电影形式的流行而适时更新换代，如此成本投入自然不小。事实上，国家电影事业发展专项资金管理委员会2012年上半年数据显示，全国2531家影院当中，半年票房超过百万元的为1286家，即全国有半数影院半年票房还不到100万元，总体影院票房收入持续增加的背后，是不少单个影院票房增速下滑的事实。[8]影院票房收入不理想，直接影响影院的收入，在影院租金连年上涨的前提下，影院投资盈利目标的实现困难重重，如此发展，必然会影响影院投资持续健康发展。

租金上涨导致影院投资失败的后果也绝不是单方面的，它也会对商业地产产生严重的负面影响。首先，影院不同于其他商业业态，其对场地的层高、面积、布局等都有特殊要求，一旦影院因运营失败退出商业地产，开发商很难将其改造后租给其他业态，开发商为建设影院场地投入的前期资金也"打水漂"了；其次，即使另有院线公司有望接手该场地继续做影院，不同的影院星级定位或院线公司对场地建设要求不同，开发商不仅要在改建场地上加大投入，因场地改建而浪费的时间成本也无法忽视；最后，一旦影院退出购物中心，原本业态互补、功能齐全的购物中心变得不再完整，必然会降低对喜欢"一站式"消费顾客的吸引力，那些因看电影顺带购物的观影者也可能不再光顾该购物中心，客流的流失影响商业地产盈利水平，间接造成开发商的损失。

五、结论与对策建议

从土地经济学角度来看，影院与商业地产反映了同一块土地上的两种租金水平要求，不同的用途必然体现出不同的租金水平，而不同的租金水平必然会导致土地用途向更高层次转变，从经济上来讲，就是价高者得。但是，从影院与商业地产的业态上来看，二者有较强的互补性和共生性，脱离开两者的内在联系而单纯地讲究经济上的竞争与"价高者得"同样不可取。因此，影院与商业地产的共赢与可持续发展是双方的必然要求，这就要求两者做到以下三点：

首先，影院业应避免租金的过度竞争。票房收入的逐年增长并不意味着影院经营稳赚不赔，投资影院不能只看到巨大利润，而忽略潜在风险。由于一线城市房价大幅上涨，商业地产的开发商和投资者市场预期随之提高，加之适合建设影院的优质地产项目少于影院建设需求，一旦有好的商业地产项目（如购物中心、城市综合体等）出现，影院投资者便蜂拥而至，同行之间的恶性竞争必然造成一些影院所在核心地段年租金水涨船高，使影院投资回报期拉长，风险增加。同时，核心地段租金的上涨也会扩散至非核心的局部商业板块，形成租金上涨的示范效应，在短期内将影院租金整体抬升。这样一来，伴随着商业地产的泡沫，必然形成影院投资泡沫，不利于影院业的可持续发展。因此，影院在发展中，必须注重提升品牌形象、服务质量及管理水平等方面,以在竞争中摆脱价格战的被动局面,而在差别化竞争中突出优势。

其次,地产投资者和开发商应"放水养鱼"。影院作为商业地产业态组合中非常重要的一环,对商业地产有着无可比拟的积极效应。但是,影院业是一种需要长期培养的业态,影院本身也并非商业地产利润的主要增长点,地产开发商一味地追求高租金,忽视影院为商业地产带来的正外部效应,是一种竭泽而渔的短视行为。因此,地产开发商应有和影院投资方风险共担的意识,票房提成租金高低应与影院当期的收入变动呈适合比例关系,以共同做大票房这块蛋糕,而不是在影院投资者的竞争中来蚕食票房蛋糕。具体地,为维护影院和商业地产的整体利益,商业地产投资者和开发商应主动拒绝坐收影院投资者恶性竞争的渔利,在影院竞争中起到良好的正面引导作用,在影院投资合作中,更多地考虑非租金因素,如影院的品牌、服务质量及管理水平等因素。

最后,商业地产与影院投资两者选址均应摆脱"单中心"模式,向"多中心模式"拓展。众所周知,由于商业中心常常处于城市区位的核心地段,城市核心区域由于交通便利等因素,具有其他区域不可比拟的最大接近性,土地价值最高,租金自然最贵。如果影院和商业地产都追求城市核心地段(这在经济学中被称为"一百个百分点地段",具有不可替代性),那就会形成一个"单中心"模式[9]。与此相关联,建立在商业中心内的影院,一般是硬件设备与软件设施配置较高的五星级豪华影院,投资经营与后期维护成本较高,其电影和服务价格也必然高于其他地段的影院票价(不仅影院如此,商业中心内的其他业态也是一样),这是一种典型的单中心思维。实际上,无论是商业地产,还是影院,其投资都大可不必局限于城市的单中心,而是可以根据城市内不同区域的功能定位、人口规模与结构、经济总量与结构等因素来综合考虑,将影院业及影院市场进行细分,从而优化商业地产及影院投资功能。具体地,商业地产及影院投资选址可避开核心地段的恶性竞争,而在人均收入中等、住宅小区集中的地区,建立社区型影院,此类型影院租金通常低于核心地段的影院租金,且社区人口规模及结构相对固定、社区建筑适合兴建或改造为中小型影院。社区型影院一方面能方便社区及周边居民看电影，满足那些目标仅仅是在较短的休息时间里看一场电影、不愿因堵车或排队购票等去往大型购物中心的消费群体的消费需求；另一方面能凭借相对较低的租金成本投入让利于较低的影票价格，维持消费者的忠实度，保持影院上座率，实现影院的长远发展。此外，社区影院常会播放一些在一线影院下线的火爆大片或经典影片，弥补那些因错过上映档期没看到影片的消费者的遗憾，满足老电影爱好者的口味，从而给消费者留下好印象。[10] 事实上，近年来如中影集团就于两年前携手四川红旗影业，在成都建立多家以社区影院、廉价影院、连锁影院的模式发展的数字影院，取得了良好的投资收益，并实现了可持续发展[11]；而一些在核心地段拼价格的投资者，则容易陷入价格胶着状态，往往被动，如上海星光影城就因租金问题与所在的亚新生活广场发生矛盾，被商场切断影院供电，损失巨大不说，还给影院口碑带来无法弥补的负面影响。

参考文献

[1]［美］巴里·利特曼．大电影产业［M］．尹鸿，刘宏宇，肖洁，译．北京：清华大学出版社，2005．

[2] 龙锦，俞胜男．新媒介环境下的中国电影产业链建构［J］．当代电影，2012（12）：116．

[3] 刘阳．大众艺术的"亲民"之困［N］．人民日报，2011-03-18．

[4] 王慧丽，文依．电影院给地产商打工？［N］．人民日报（海外版），2012-12-17．

[5] 李保煜．电影院与开发商的合理租金分析［N］．中国电影报，2012-05-17．

[6] 徐阳，苏兵．区位理论的发展沿袭与应用［J］．商业时代，2012（33）：138．

[7] DOURY, NATHALIE. Successfully integrating cinemas into retail and

leisure complexes：an operator's perspective ［J］. Journal of leisure property，2001，1（2）.

［8］李璇. 规模小问题多一线城市影院非票房收入调查［N］. 综艺报，2012-08-26.

［9］RALEIGH BARLOWE. Land resource economics：the economics of real estate［M］. United States：Prentice-Hall，1978.

［10］吴鹤沪，汪献平. 二三线城市影院的市场现状及未来方向［J］. 当代电影，2011（6）：18.

［11］郑洁，王可，李雪. 把电影院开进超市［N］. 北京商报，2012-07-05.

附录 B
房价上涨与城市土地利用：
以城市轨道交通线周边住宅价格特征分析为例[①]

随着城市规模日益扩大，通勤成本已成为影响住宅价格的主要因素之一。通过运用特征价格法，对北京市地铁大兴线沿线住宅市场的实证研究发现：居住地至CBD距离越远，住宅价格越低，并呈现梯度递减的规律；"居住地至轨道交通站点距离"对住宅价格影响显著，而且离CBD越远，住宅价格受其影响越大；"居住地周边1000米公交站点数量"与住宅价格负相关。政府有关部门制定城市规划时，应充分考虑住宅特征要素对住宅价格的影响，并有助于开发商提供更富有市场竞争力的住宅产品。

国际金融危机使中国房地产市场在2008年陷入低谷，由此引发宏观政策出手"救市"，2009年房地产景气开始恢复。自2010年3月起，国内房地产市场又步入新一轮上涨周期，土地市场继续产生高价地王，导致同年9月出台了号称"史上最严厉的"房地产调控政策，2011年初的限购令旨在进一步遏制房价快速上涨。但是，调控政策多集中于金融、土地、税收等宏观层面，忽略了对影响房地产价格微观因素的考察。其中，近年来各城市大力发展的以轨道交通为主的城市通勤系统以及轨道沿线大量住宅开

[①] 本文受北京市哲学社会科学规划项目（项目编号：11JGC113）、北京市社科联青年社科人才资助项目（项目编号：2010SKL005）和北京师范大学文科青年教师发展培育项目资助，初稿完成于2013年6月，2015年元月定稿，作者王宏新、白智慧、周拯、邵俊霖、高姗姗等。本章略有改动。

发，已经成为城市住宅市场中的重要组成部分，从而使通勤成本成为影响城市住宅价格的重要微观因素之一。本文从影响住宅价格特征因素的特征价格法视角，深入研究城市通勤成本对住宅价格的影响。

一、文献综述

消费者通过消费商品从中获得效用。但是，住宅具有显著的异质性，住宅价格是所有特征价格的集合。美国著名学者兰卡斯特1966年提出的消费者理论从商品具有的异质性出发，对构成商品的特征要素进行细致分析，认为商品的每一项特征要素的数量和质量决定各自的特征价格，商品的价格由各种特征价格构成[1]。美国经济学家罗森基于特征法分析了房地产市场上消费者、政府和开发商的均衡状态，提出市场供需均衡模型，建立了隐性市场理论[2]。以上研究为特征价格法的应用建立了基本的理论与技术基础，特征价格法已成为国际上研究住宅市场的主流方法。

区位可达性是影响住宅价格最重要的特征变量，早在1826年，德国著名经济学家屠能就开始研究区位对土地租金的影响。相对于屠能对农用土地市场的阐述，阿隆索于1964年提出城市投标租金模型，分析了在城市单中心条件假设下的城市土地租金空间分布。区位特征与交通状况密不可分，对住宅所处区位优劣的判断，一方面可以通过住宅到CBD距离来衡量，另一方面则可以用住宅到达CBD地区交通的便利程度进行衡量。国内有些学者实证研究发现，区位优势较好会使住宅增值，如杨赞通过北京市住宅市场研究发现，到市中心的距离每减少1000米，住宅单价上升237.8元[3]。So等研究发现，香港居民对公共交通依赖性较高，购房者宁愿为节省交通成本而选择较高的住宅价格[4]。

由于轨道交通具有快速、准时、舒适、污染小等特点，近年来，国内外城市均大力发展轨道交通，其对住宅价格影响广受关注。Weinstein和Clower对美国得克萨斯州达拉斯市轻轨系统周边住宅市场研究发现，市区轻轨车站周边住宅价格涨幅明显高于远离轻轨车站地区[5]。但是，Bowes和Ihlanfeldt研究发现城市轨道交通对居住用地价格提升幅度有限，这是因为轨道交通在提高轨道交通周边土地价格的同时，也会带来噪声、犯罪率高等负面影响[6]。王琳对轨道交通带来的住宅价格上涨时间分布进行了实证研究，发现住宅价格上升幅度较大的时间段是开始建设的第一年与开通运营的第一年，而在轨道交通建设中期住宅价格增值影响幅度会有所回落，也与轨道交通建设带来的噪声、空气污染、交通不便等负面影响有关[7]。

特征价格法的一个显著特点就是分析住宅的各种建筑特征（如建筑年代、建筑面积、楼层、户型等）对住宅价格的贡献程度。郭文刚、崔新明等研究发现各建筑特征对住宅价格的总贡献率占60%[8]。朱建君、贺亮对南京住宅价格研究发现，建筑面积是对住宅价格影响程度最大的特征因素[9]。温海珍、贾生华的研究也得出如上结论[10]。孙斌艺对上海市住宅价格影响因素的研究结果显示，建筑面积每增加1%，住宅价单价将上涨0.11%[11]。

邻里环境特征也是影响住宅特征价格的重要考量因素。吴冬梅、郭忠兴等的研究显示城市生态景观对住宅价值的提升作用非常显著[12]。石忆邵、张蕊研究了大型公园绿地对住宅价格的时空影响效应，结果发现公园绿地的最大辐射影响半径为1590米，距公园绿地290米的区域为最强影响区[13]。孙斌艺的研究结果则证明住宅周边中小学数量及其教育质量与住宅价格正相关，说明人们偏好基础教育质量较高区域住宅，从而提高了住宅交易价格[11]。

居民通勤方式的选择直接影响通勤成本，从而影响交通可达性等区位因素，进而对住宅价格产生影响。国内学者在通勤成本与住宅价格关系方面有所研究，郑思齐、张文忠认为住宅价格和通勤成本是城市空间结构中两个相互关联的内生变量[14]。董藩、丁宏、赵安平以北京轨道交通五号线为例，考察了至轨道交通站点的距离、周边800米范围公交站点的数量等构成通勤成本的变量对住宅价格的影响，研究表明，到轨道交通站点距离对住宅价格的影响程度，与住宅所处环线位置及所处南北方向有关。到轨道交通站点距离越近，到CBD距离越短，住宅价格便越高；研究结果表明，在北京市二环开外，住宅周边800米公交站点的数量与住宅价格显著负相关[15]。以上研究说明通勤成本对住宅价格影响显著。

因此，从国内外研究来看，特征价格法在住宅市场的应用相当广泛，这对本文的研究具有一定的借鉴与参考意义。

二、数据分析与模型构架

在北京市"十一五"规划中，虽然指出北京未来"两轴两带多中心"的发展方向，据许多实证研究发现，事实上，北京市住宅价格空间布局仍然基本符合城市单中心格局的规律，而且，北京市住宅价格大体上以环路为界线进行分区。因此，以单中心城市发展模式为基础，本文以轨道交通大兴线为例，见附图2-1，利用特征价格模型对其周边住宅市场进行实证研究。

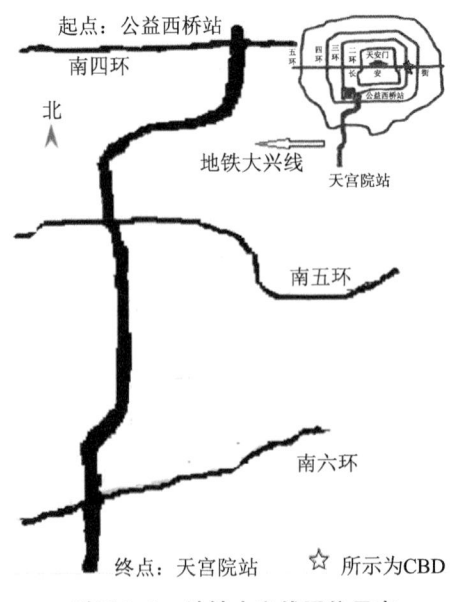

附图2-1 地铁大兴线区位示意

1. 变量选取

本文在借鉴以往研究的基础上，选取每平方米建筑面积的卖方要价作为因变量，用 P 表示（单位：万元），它是具体单个观测对象样本的实际要价。自变量主要由以下要素组成：建筑特征（R_{square}）、区位可达性特征（$D_{subway-s}$、D_{CBD}、C_4、C_5、C_6、$N_{bus-stop}$）和邻里环境特征（N_{school}、V）。

（1）区位可达性特征。区位对住宅价格的影响非常显著，具有决定性影响，区位因素对住宅价格的影响是本文的研究重点。根据以往研究，区位可达性通过到 CBD 距离、轨道交通可达性、公共汽车可达性三个方面进行衡量。在通勤成本变量选取中，笔者将衡量区位可达性的各个方面综合考虑，将通勤成本定义为居民自居住地至工作地距离以及其他交通设施的可达程度。在通勤成本指标体系的测量中，笔者选取住宅所处地至最近的轨道交通站点距离来测量居民乘坐轨道交通的出行成本，用住宅所处地到北京 CBD 距离来测量自居住地到工作地的出行成本，用住宅周边 1000 米内公共汽车站点数量衡量居民乘坐公共汽车出行的便利度，[①] 分别用 $D_{subway-s}$、D_{CBD}、$N_{bus-stop}$ 表示。选取 1000 米作为半径，是因为地铁大兴线周边建筑密度较北京市主城区低，公共设施配套相对也差一些，笔者认为对普通居民来说，步行 1000 米到达公交站点是可以接受的。

在北京，住宅所处的环线位置被认为对住宅价格有明显的影响，南 C_4、南 C_5、南 C_6 是用来表示住宅实际所处环线位置的虚拟变量。

（2）建筑特征。在不同的国家，购房者进行决策时建筑面积都显得相当重要。建筑面积直接影响居住的舒适程度，同时又是计算住宅总价的重要基础，因为一般来看，购房计算建筑面积而不是使用面积，本文用 R_{square} 代表住宅的建筑面积，测度其对住宅价格的影响。

（3）邻里环境特征。住宅对购房者带来的效用一方面取决于住宅本身的建筑质量；另一方面取决于住宅周边公共设施配套所具有的一些特征属性，如是否有学校、商业设施是否完备、是否有可供休闲娱乐的公园与自然景观等。显然，这些属性特征越丰富，住宅价格相应越高。住宅周边中小学数量是居民购房时考虑的重要环境因素，本研究也将这一环境因素考

---

① 一般认为，北京市国贸地区为北京的 CBD，本研究遵循这一约定俗成。

虑在内,选取"住宅周边1000米范围中小学数量"作为其中的一个自变量,用N_{school}表示,考察其对住宅价格的影响。在自然景观衡量方面,以住宅周边1500米范围内是否存在自然景观(公园、花卉园、河流、水库等)为标准,用符号V代表,用虚拟变量1或0表示有或无。

2. 模型设定

根据特征价格理论与模型,将模型设定为如下形式

$$\ln p = \alpha_0 + \alpha_1 R_{square} + \alpha_2 \ln D_{CBD} + \alpha_3 \ln D_{subway-s} + \alpha_4 N_{bus-stop} + \alpha_5 C_4 + \alpha_6 C_5 + \alpha_7 C_6 + \alpha_8 N_{school} + \alpha_9 V + u$$

其中,取对数的自变量的含义是变量每变化1%,因变量变化百分之几,不取对数的自变量的含义是变量每变化一个单位,因变量变化多少个单位。该公式是基于前者对住宅特征价格模型研究基础之上,总结归纳得出的。

3. 数据收集

由于轨道交通大兴线周边新建楼盘较少,新建商品房数量有限,而且分布极其不均匀,而二手房建筑特征丰富而且具有较大差异性,大都经过几年到十几年发展,邻里环境也各有不同,特征要素的多样性可以满足本文数据收集的要求。因此,本文以轨道交通大兴线周边二手房为主要数据收集对象,以搜房网提供的二手房交易专区为途径,收集了包括住宅卖方要价、建筑面积、所在区位等数据内容。多数学者采用搜房网所提供的相关数据,由此可见,学术界基本认同搜房网所发布数据的权威性,可以采纳使用。为了保证数据的相对一致性,降低政策变化以及楼市价格波动对模型估计准确性的影响,笔者所选取的数据均限定在2011年2月底到3月底[①],以期规避宏观经济变化对楼市的影响,更好地反映住宅特征因素对住宅价格的影响。

为了更科学地考察通勤成本与住宅价格之间的关系,在充分考虑站点分布情况的基础上,将地铁大兴线沿线住宅以轨道交通站点为核心划分为

---

① 这一时段数据可能存在的一个问题是,由于限购政策的出台,当前北京市住宅市场正处于一个暂时的阶段性低潮,2—3月的房屋价格可能会略低于其他月度的数据。

9个区域板块，分别为公益西桥、新宫、西红门、高米店、枣园、清源路、黄村、义和庄、天宫院①。以上不同区域板块获得的样本数量取决于限定时段内登记入网的住宅总数。因此，本文的样本代表了轨道交通大兴线周边住宅市场，对各变量的描述性分析详见附表 2-1。

附表 2-1　变量的描述性数据

	$P_{单价}$	R_{square}	$D_{subway-s}$	D_{CBD}	$N_{bus-stop}$	N_{school}
最小值	0.31	35.00	0.10	8.30	4.00	1.00
最大值	3.55	375.00	5.40	29.70	41.00	28.00
中位数	1.57	145.00	1.50	20.95	15.00	5.00
均值	1.62	103.44	1.72	19.92	17.22	7.16
标准差	0.38	54.38	1.08	4.49	9.84	5.88
样本数	714	714	714	714	714	714

三、结论与政策建议

根据以上函数形式与回归方法，笔者对整理分析后的 714 个有效样本进行回归分析，相应回归结果详见附表 2-2。模型拟合结果显示，所选 9 个参数在 10% 的显著性水平下都显著。在 5% 的显著性水平下，只有 R_{square}、$N_{bus-stop}$ 和 V 三个参数不显著，因此，在 10% 显著性水平下，不排除任何自变量，模型的拟合结果是相对合意的。

附表 2-2　回归结果

自变量	系数	P 值	T 统计量
R_{square}	-0.0001687	0.086	-1.73
$\lg D_{subway-s}$	-0.0816799	0.000	-8.28
$\lg D_{CBD}$	-0.3940498	0.000	-7.34

---

① 由于相邻站点间距离较短，区域内住宅重复度高，将高米店北站和高米店南站、黄村西大街站和黄村火车站、生物医药和天宫院站周边分别合并为高米店、黄村、天宫院三个区域。

续表

自变量	系数	P 值	T 统计量
$N_{bus-stop}$	-0.0019399	0.061	-1.88
C_4	0.3397885	0.000	4.54
C_5	0.1378575	0.004	2.88
C_6	0.1225853	0.001	3.20
N_{school}	0.0048721	0.001	3.38
V	0.0066381	0.059	2.21
A	0.0012328	0.025	2.42
C	10.74242	0.000	58.94
R^2	0.6869		
加权 R^2	0.8328		
F 统计量	103.32		

回归结果表明，通勤成本对住宅价格具有决定性影响。根据本文定义的通勤成本指标，"居住地至 CBD 距离""居住地至轨道交通站点距离"和"住宅周边 1000 米范围公交站点数量"，其显著性都小于 10%，都对住宅价格有显著性影响。

其中，"居住地到 CBD 距离"这一变量对住宅价格影响最大，到 CBD 距离每减少 1%，住宅价格增加 0.39%；即到 CBD 距离越远，通勤成本越高，住宅价格越低，"居住地至轨道交通站点距离"与住宅价格负相关。这在土地利用规划方面给我们带来启示，在距 CBD 较近的区域，土地价格较高，适合进行商业、高档公寓等带来高利润的物业建设，而且，在这些区域，由于租金较高，为了提高土地利用率，建筑密度和容积率往往很高。在城南区的住宅市场中，住宅价格的分布与环线位置紧密相关，由实证分析可知，南四环以内的住宅价格相对较高，南四环以外的住宅价格明显相差很多，与城北区出现明显的差异。一方面，由于远离市中心而带来了通勤成本的增加；另一方面，在北京城市规划历史中，由于城北区依山傍水，地理位置优越，属于上风上水的区域，历来注重对城北区的利用与规划，城北区的城市建设较成熟，基础设施配套完善，城南区的建设相对起步晚，而且基础设施配套相对差一些。因此，在城南区的规划建设中，在南四环以外靠近轨道交通的区域可以规划为廉租房、经济适用房等保障房的建设，这既可以减少由于保障房建设占用城市核心区域土地带来的城市经济损失，同时，由于靠近轨道交通，也可以降低保障房居住区居民的通勤成本。

根据回归结果，住宅周边1000米范围公交站点数量每减少1个，住宅价格相应提高0.19%，公交站点数量与住宅价格负相关，与预期相反，因为公交站点的增多在提高居民出行便捷性的同时，也会带来噪声、污染、交通拥堵等负面效应。因此，政府在进行公共汽车交通建设中，应考虑到公交站点的增多对住宅价格带来的负面效应，如由此带来的噪声、空气污染，以及交通拥堵等情况。一方面，要提高公共汽车设计的技术含量，如在燃料方面进行改进，以减少公共汽车对城市带来的噪声和空气污染；另一方面，可以适当地减小公共汽车的体积及载客量，以提高公共汽车乘坐的舒适度和灵活性。这样政府在增加公交交通站点的数量、提高居民出行便利性的同时，也会减少由此而带来的污染和交通拥堵现象的出现。

在区位可达性方面，除了以上构成通勤成本的三个因素外，在北京，住宅的环线位置也是影响住宅价格的重要因素。实证结果显示，住宅价格从南四环到南六环递减，这与现实情况一致。

实证分析表明住宅建筑面积与住宅价格负相关，由此可知，居民对中小户型的住宅需求较强烈，开发商在进行户型设计时，应充分考虑到市场需求，在北京，中小户型的住宅可以被更多的购房者所接受。

在对"住宅周边1000米范围中小学数量"与住宅价格关系进行分析时发现，其与住宅价格正相关，和预期一致。由此可知，购房者在选择住宅时，越来越注重住宅周边的教育配套，一方面，可以为子女在义务教育阶段的入学提供便利；另一方面，学校的建设会为周边住宅带来一个安静、优美的环境。这两方面的原因使得周边中小学数量的增多带来住宅的增值。因此，政府在进行居住区建设时，应充分考虑到居民子女的入学问题，为其创造良好的教育环境。同时，开发商也可以与政府合作，在住宅开发的过程中将中小学校的建设纳入自己的规划中，以提升住宅的价值。

在对"住宅周边1500米范围是否存在自然景观"这一虚拟变量进行考察时发现，周边有自然景观的住宅价格明显高于远离自然景观的住宅，城市绿地、湖泊、河流等良好的环境要素可以提升城市居民基本生活状况。因此，政府在进行土地利用规划时，应加大对绿地的规划面积，改善城市的居住环境，从而拉升城市综合竞争力。

参考文献

[1] LANCASTER K J. A new approach to consumer theory [J]. Journal of political economy, 1966, 74 (1): 132-157.

[2] ROSEN S. Hedonic prices and implicit markets: product differentiation in pure competition [J]. Journal of political economy, 1974, 82 (1): 34-55.

[3] ZAN YANG. An application of the Hedonic Price Model with uncertain attribute—the case of the People's republic of China [J]. Journal of property management, 2001 (6): 50-63.

[4] SO H M, TSE R Y C, GANESAN S. Estimating the influence of transport on house prices: evidence from Hong Kong [J]. Journal of property valuation and investment, 1997, 15 (1): 40-47.

[5] WEINSTEIN B L, CLOWER T L. An assessment of the DART LRT on taxable property valuation and transit oriented development [D]. University of North Texas: center for economic development and research, Denton, TX, 2002.

[6] BOWES D R, K R. IHLANFELDT. Identifying the impacts of rail transit stations on residential property values [J]. Journal of urban economics, 2001, 50 (1): 1-25.

[7] 王琳. 城市轨道交通对住宅价格的影响研究：基于特征价格模型的定量分析 [J]. 地域研究与开发, 2009 (2): 57-70.

[8] 郭文刚, 崔新明, 温海珍. 城市住宅特征价格分析：对杭州市的实证研究 [J]. 经济地理, 2006 (12): 172-187.

[9] 朱建君, 贺亮. 基于 Hedonic 模型的南京住宅价格实证分析 [J]. 中国物价, 2008 (12): 44-47.

[10] 温海珍, 贾生华. 住宅的特征与特征的价格：基于特征价格模型的分析 [J]. 浙江大学学报（工学版）, 2004, 38 (10): 1338-1342, 1349.

[11] 孙斌艺. 住宅市场的微观结构：关于教育因素对上海住宅价格影响的计量经济分析 [J]. 财贸经济, 2008 (9): 114-118.

[12] 吴冬梅, 郭忠兴, 陈会广. 城市居住区湖景生态景观对住宅价格的影响：以南京市莫愁湖为例 [J]. 资源科学, 2008 (10): 1503-1510.

[13] 石忆邵, 张蕊. 大型公园绿地对住宅价格的时空影响效应：以上海市黄兴公园绿地为例 [J]. 地理研究, 2010 (3): 510-520.

[14] 郑思齐, 张文忠. 住房成本与通勤成本的空间互动关系：来自北京市场的微观证据及其宏观含义 [J]. 地理科学进展, 2007, 26 (2): 35-42.

[15] 董藩, 丁宏, 赵安平. 通勤成本与轨道交通周边房价的空间分布：以北京地铁五号线周边住宅市场为例的实证分析 [J]. 北京师范大学学报（社会科学版）, 2009 (4): 137-143.

| 附录 C |
关于加快盘活闲置土地、
促进稳定增长提质增效升级的政策建议[①]

宏观经济半年报数据表明，稳定增长政策实施取得了关键性成效，经济运行仍在合理区间且呈现增长、物价、就业、收入、环保多重目标健康发展态势。但是，经济下行压力依然较大，趋稳向好基础尚未稳固，稳增长需要付出持续努力。在诸多财政、货币政策实施后，稳增长政策应更加注重在存量资源上动脑筋、下功夫、使力气，深挖政策潜力。2015年7月8日，国务院常务会议提出"对闲置土地处置不力的收回年度新增建设用地指标"，就是要积极利用当前稳增长政治保障有利环境，加快盘活闲置土地、进一步挖掘存量资源，促进提质增效升级，在稳定增长中打造中国经济升级版。

一、高度重视、迅速果断清理闲置土地问题事关我国提质增效升级发展大局

"土地是财富之母。"无论是在传统经济还是在现代经济增长中，土地都是市场在资源配置中起决定性作用的重要支撑要素。但同时，我国工业化、城镇化发展始终面临人多地少、耕地稀缺的资源约束特殊国情。通过不断完善土地调控政策和机制，大力推进节约集约用地新机制的建设和完

---

① 本文完成于2015年7月。

善，促进土地利用方式转变，既保障经济增长，又坚守耕地保护"红线"，是实现"四个全面"的具体要求，也是我国必须长期坚持的一条根本方针。近年来，各地采取措施推进土地节约集约利用，取得了积极进展。但是，土地粗放利用状况没有根本改变，建设用地批而未供和闲置土地问题突出。2014年国土部节约集约用地专项督察结果显示，近五年内全国批而未供土地就达1300多万亩，闲置土地100多万亩，可见土地粗放浪费现象非常严重。土地闲置造成了计划供地未能转成实际开发用地、浪费建设用地指标而紧缩了地根、推高了地价和房价，社会财富分配差距不断拉大，与市场在资源配置中的决定性作用、公平正义的法治精神相背离。

据国土资源部公开的数据，闲置土地问题中，城市规划调整、征地拆迁未完成影响开发等政府原因的比重（54%），高于因资金不到位、囤地投机等企业原因（46%）。重审批、轻监管，土地闲置问题长期存在，不仅抑制经济发展活力，也容易滋生腐败。

二、推进政府治理能力现代化、深挖存量政策潜力，加快盘活闲置土地

1. 推进国土资源领域简政放权放管结合职能转变工作

加大国土资源领域简政放权、放管结合、优化服务等改革力度，加快修订《城镇国有土地使用权出让和转让暂行条例》《招标拍卖挂牌出让国有土地使用权规范（试行）》和《协议出让国有土地使用权规范（试行）》等相关法律法规，减少国有土地使用权出让行政审批环节、清除对土地市场主体的不合理束缚和羁绊、消除导致土地闲置的政府因素，盘活出于政府原因闲置的土地，有效发挥市场配置资源的决定性作用。

2. "多规合一"改革试点中纳入清理闲置土地工作

由规划交叉、冲突、调整等原因导致用地单位不能按期开工建设而生成的政府性土地闲置，必须从改革规划本身来解决。市县"多规合一"试点是中央全面深化改革的一项重要任务。通过"多规合一"可推进发改、

规划、国土等部门审批流程进行再造，加快审批制度改革，同时推动政府简政放权，规范行政权力运行，提质增效。可以将闲置土地清理工作与"多规合一"试点统筹考虑，在试点中抓闲置土地清理，在闲置土地清理中促改革，既清理历史遗留问题、盘活存量闲置土地，又探索出一条多规合一、土地集约节约利用的新路子，从根本上消除由规划变更或规划冲突而导致土地闲置的政府治理性因素。

3. 政府债券额度置换存量债务政策与地方政府清理闲置土地适度挂钩

长期以来，地方财政过度依赖土地财政，地方政府融资平台贷款主要以土地作为抵押、以土地出让金和财政收入为偿还来源的经济结构并未消除。不少地方政府投融资平台公司仍通过各种手段进行"圈地—抵押、融资—再圈地—再融资"循环，其掌握的大量土地未实质性开发。如果不斩断平台公司的以地融资链条，很难遏制地方政府传统单一的"银行贷款—土地增值收益偿债"的粗放融资模式。

中央政府初步建立了以政府债券为主体的地方政府举债融资机制，以"开明渠、堵暗道"方式规范政府举债融资制度，以剥离地方政府投融资平台公司所具有的政府融资职能。采用定向承销方式、以政府债券置换部分债务，既有利于保障在建项目融资和资金链不断裂，处理好化解债务与稳增长的关系，也有利于优化债务结构，降低利息负担，缓解部分地方支出压力，为地方腾出一部分资金用于加大其他支出创造条件。为此，建议在化解存量债务工作中，应协调财政、国土、金融等部门力量，针对地方政府投融资平台利用土地抵押举借的、地方政府负有偿还责任的债务，通过债券置换优先偿还、解押后收回闲置的国有土地使用权，重新组织出让，以实实在在投入开发建设过程。

4. 结合"以地控税、以税节地"试点经验，尽快启动土地闲置税立法工作，完善财税调节机制、激励企业按期开发

根据《闲置土地处理办法》，闲置土地处置在法律条文里规定得很清楚，但受制于种种因素，国土部门对土地闲置费的征收难以落实，导致土地闲置问题久拖不决，积重难返。2013年5月以来，"以地控税、以税节

地"试点工作在征收闲置土地费方面取得突破，实现了地方财政收入增加和税源可控，也推进了土地集约节约利用。2015年4月起，湖北省在全国率先实行"地税代征"新模式征收土地闲置费。其中，国土部门负责土地闲置费征收对象的认定和征收费用的核定，地税部门负责征收，财政部门负责资金管理，人民银行负责资金入库监管，多部门配合的"以地控税"模式已初见成效。建议总结湖北"以地控税"经验，改革现有土地闲置费征收模式，加快在土地保有环节将追缴土地闲置费改为征收土地闲置税的立法工作，建立国土、财政、税收、银行等多部门"一站式"执法体系，利用财税调节机制激励企业按期开发。

三、加强组织领导、落实责任机制体制，确保闲置土地清理工作取得成效

清理闲置土地，涉及面广、难度大，绝非国土资源行政部门可以解决，必须站在经济社会全局高度统筹规划、周密组织，积极稳妥向前推进。

1. 加强领导，成立国务院清理闲置土地专项督察工作组稳步推进工作

抽调国家发展和改革委、国土资源部、财政部、住房和城乡建设部、中国人民银行、银监会、税务总局、审计署、监察部等相关部门力量，成立专项工作组，依据国土资源部节约集约用地专项督察结果，选择闲置土地数量大、闲置时间久的省、自治区、直辖市进行督办闲置土地清理工作，在具体工作中摸清情况，找准试点与突破，经验成熟后由点到面，全面推进各地闲置土地清理工作。

2. 强化问责，明确地方党委、政府"一把手"在清理闲置土地工作中的领导责任

清理闲置土地，既是当前保增长工作的一大抓手，也具有综合性、复杂性和长效性特点，因而建议将清理闲置土地工作纳入地方党委、政府绩效考核工作，促使各地下大力气消化存量土地，用科学、严格、有效的政策措施管好、用好土地，为稳增长、调结构、惠民生提供支撑，协调经济

社会发展。

3. 扩大参与，加大媒体、公众等多元主体参与清理闲置土地力度

因势利导、适时对社会公布闲置土地分布及清理情况，发挥媒体监督、公众参与等多元主体的协同治理效应，促进地方政府清理闲置土地取得实质成效。

重要术语索引表

B

不确定性 ……………… 3

C

草场 ……………………… 5
城市更新 ………………… 6

D

地价 ……………………… 2

F

房地产开发 ……………… 3
房价 ……………………… 1
风险 …………………… 68
复原设计 ………………… 6

G

公地悲剧 …………… 185
公共池塘资源 ……… 148
公共政策 ………………… 5
古诺模型 ………………… 1

轨道交通 ………………… 2
过度竞争 ………………… 1

K

开发价值 ……………… 82
开发决策 ………………… 3
开发时机 ………………… 4
可持续发展 ……………… 5

L

流域资源 ………………… 5
绿地 …………………… 112

Q

期权价值 ………………… 4
区位 ……………………… 2

S

实物期权 ………………… 3
实物期权定价模型 …… 92
水资源开发 ……………… 5

· 249 ·

T

特征价格 …………………… 78
通勤成本 …………………… 233
土地财政 …………………… 28
土地储备 …………………… 2
土地开发 …………………… 4
土地利用 …………………… 1
土地市场 …………………… 1
土地信托 …………………… 3
土地一级开发 ……………… 29

X

闲置土地 …………………… 3
闲置土地价格 ……………… 80

信托投资基金 ……………… 3

Z

"招拍挂"制度 ……………… 11
再开发 ……………………… 6
政策工具 …………………… 3
政策文本 …………………… 3
治理 ………………………… 1
住宅开发 …………………… 81
住宅质量 …………………… 5
资产证券化 ………………… 3
自主治理 …………………… 5
棕地 ………………………… 6
棕地再开发 ………………… 6
租金 ………………………… 2

后 记

我们这代研究者,是改革开放以来各种问题产生、发展与积累的亲历者,也自然被赋予了参与、奉献到全面深化改革大潮中的历史使命和责任担当。通过对已有问题研究的回顾和反思,结合实践进行检验、再审视,探寻诸多问题的深层次成因、解决之道的共性规律,是全面深化改革进程中科学研究总结、政策创新探索的重要途径。本书筛选了我们团队10多年来在土地政策领域的代表性成果,再次"回炉"与"集成",用新视角看待老问题、从老问题中发现新思想,探寻破解全面深化改革难题之道。

全书由我围绕全面深化改革这一主题进行总体设计与构思,在第一版的基础上对内容进行了梳理和适当修改。参与作者及基金资助情况等在每章均以脚注的形式进行说明。第一版出版后,我又相继发表了多篇论文,其中有3篇与本书内容直接相关,其余几篇与扶贫、治理等问题相关。本次修订对部分篇章的内容进行了增删,删去了第一版中创新历程回顾的内容,增加了闲置土地、加快推进我国住宅工程质量强制保险制度的内容。我曾设想将修订版改名为"资源、可持续发展与治理",将第一版后发表的文章一并收录进来,可更换书名涉及出版管理上诸多环节,就放弃了这个想法。不过,2017年获得国家社会科学基金重点项目,2020年又获得中国国际扶贫中心与比尔及梅琳达·盖茨基金会合作研究项目,都与乡村振兴、城乡融合、贫困等可持续发展与治理问题密切相关,相信后面仍有机会收录。席卷全球的新冠肺炎疫情、连续三个月居京不出,让我对科学研究和人文关怀有了更深刻的认识。"未曾抵达的风景,是内心最后的荒野。"这本书也是我踏上新征程之际给自己的一个小小留念。

感谢教育部人文社会科学研究规划基金项目（项目编号：14YJA630057）和北京师范大学中央高校基本科研业务费专项基金项目（项目编号：SKZZY2014106）、北京师范大学青年教师基金项目（项目编号：SKXJS2014036）等相关基金资助，感谢前期发表成果的合作者、相关刊物与中国经济出版社，感谢北京师范大学政府管理学院对本书出版的资助。此刻，更要感恩家人、恩师、领导、同事和学生，以及这些年来在社会各界结交的友人，期待我们疫情之后见，重逢情更浓！

王宏新

2020年4月于北京